**Feel the Change!**

*Klaus Doppler* absolvierte eine psychoanalytische Ausbildung sowie ein Psychologiestudium. Heute ist er als selbstständiger Organisationsberater auf die Begleitung von Entwicklungsprozessen beim strukturellen und kulturellen Umbau spezialisiert. Er ist Autor des Standwerks *Change Management* (12. Auflage, Campus 2008) sowie führender Kopf auf dem Gebiet der Organisationsentwicklung.

*Bert Voigt* arbeitet als selbstständiger Psychologe. Sein Schwerpunkt als Berater, Coach und Trainer liegt auf der Unterstützung bei herausfordernden Managementaufgaben sowie bei der Gestaltung und Begleitung von Veränderungsvorhaben.

Klaus Doppler, Bert Voigt

# Feel the Change!

Wie erfolgreiche Change Manager
Emotionen steuern

Campus Verlag
Frankfurt/New York

ISBN 978-3-593-39473-2

Copyright © 2012 Campus Verlag GmbH, Frankfurt am Main
Umschlaggestaltung: Guido Klütsch, Köln
Satz: Fotosatz L. Huhn, Linsengericht
Gesetzt aus: Sabon LT, Neue Helvetica und Titillium
Druck und Bindung: Beltz, Bad Langensalza
Printed in Germany

Dieses Buch ist auch als E-Book erschienen.
www.campus.de

# Inhalt

# Vorwort

Zum Thema Management ist wahrlich viel geschrieben worden, zu allen möglichen Aspekten wie zum Beispiel Personalführung, Kooperation, Strategie, Steuerung von Projekten, Selbstmanagement usw. Auch wir selbst haben zusammen, allein oder mit Koautoren eine Reihe von Beiträgen geleistet, in den letzten Jahren speziell zum Thema Change Management. Warum jetzt noch dieses Buch?

Wir sind beide Praktiker. Wir begleiten herausfordernde Change-Projekte in Unternehmen völlig unterschiedlicher Couleur, wir trainieren und coachen Manager, die solche Prozesse verantworten und gestalten, sowie Berater, die diese begleiten. Bei dieser Arbeit hat uns schon immer beschäftigt, wie es gelingen kann, strategische Konzepte in konkretes Handeln umzusetzen. Viele Projekte und Konzepte scheitern erfahrungsgemäß nicht, weil die inhaltliche Ausrichtung nicht passgenau wäre. Sie scheitern an den Menschen, die das eins zu eins umsetzen sollen, und letztlich daran, wie die Umsetzung gesteuert wird. Als Gruppendynamiker und Psychologen war uns auch schon immer klar, dass genau diese psychologischen und gruppendynamischen Aspekte zu wenig berücksichtigt werden. Wie das konkret geschehen könnte, haben wir unter anderem in dem Buch »Unternehmenswandel gegen Widerstände. Change Management mit den Menschen« in vielen Beispielen und methodischen Anregungen beschrieben. Trotzdem, wir spüren in der praktischen Beratung und Begleitung solcher Prozesse immer wieder, wie schwer es doch vielen fällt, sich konsequent an diese Empfehlungen zu halten. Diese Beobachtung hat uns schon länger dazu gebracht, intensiver darüber nachzudenken, was die Gründe für dieses zögerliche Verhalten sein könnten. Mittlerweile sind wir zur Erkenntnis gekommen, dass es nicht daran liegt, dass man nicht wüsste, was konkret zu tun wäre. Deshalb haben wir uns auch entschieden, nicht nochmals ein Buch darüber zu schreiben, was eigentlich zu tun wäre. Die

Ursache liegt unseres Erachtens an einer tieferen Stelle. Wir haben zwar in unseren Publikationen sehr bewusst und gezielt die gruppendynamischen und damit immer auch emotionalen Prozesse beschrieben, die bei Veränderungsprozessen ablaufen, und in welcher Weise sie im Vorgehen zu berücksichtigen sind. Aber wir haben dabei eines unterschätzt: Emotionen sind bei allen Beteiligten im Spiel. Nicht nur bei den Mitarbeitern, die von der Umsetzung betroffen sind, sondern maßgeblich auch bei denen, die solche Projekte und Prozesse konzipieren und verantworten.

Nicht wenige Manager und Berater erwecken den Eindruck, sich ausschließlich sachorientiert zu verhalten und sich nicht von persönlichen Emotionen beeinflussen zu lassen. In aller Regel verhalten sie sich damit auch konform zu den Erwartungen, die an sie gerichtet sind. Sie wissen allerdings, dass bei den Betroffenen viele Emotionen im Spiel sind und versuchen, diese so zu kanalisieren, dass die sachlich angestrebte Veränderung gelingt. Und exakt hier passiert der Kurzschluss. Auch Manager und Berater sind hochemotional gesteuert. Solange sie allerdings die eigenen Emotionen nicht zulassen, sie unterdrücken und nicht bereit sind beziehungsweise sich nicht erlauben, diese genauer anzuschauen, können sie die Emotionen der anderen gar nicht wirklich verstehen, infolgedessen auch nicht berücksichtigen oder beeinflussen. Damit meinen wir keineswegs, dass Manager, statt sachorientiert zu steuern, nun ausschließlich ihren Gefühlen folgen sollen. Aber je besser jemand versteht, seine eigene Gefühlswelt zu erkunden, und erkennt, wie stark seine Gefühle und Empfindungen seine angeblich so objektive Sicht der Dinge und sein Verhalten beeinflussen, umso besser kann er auch die Emotionen der anderen erkennen, verstehen und gegebenenfalls beeinflussen. Wer diese emotionale Welt bei sich selbst verdrängt, eventuell aus dem Verständnis seiner Rolle als Manager oder Berater heraus sogar glaubt, verdrängen zu müssen, kann nicht in der Lage sein, in emotional schwierigen Zeiten andere erfolgreich zu führen oder bei Veränderungen kompetent zu begleiten. Er kann es nicht, »weil nicht sein kann, was nicht sein darf«. Denn würde er sich nämlich ernsthaft mit den Emotionen anderer auseinandersetzen, könnte er kaum vermeiden, dass seine eigenen Emotionen sich einen Weg nach oben bahnen. Was aber nun tun, um die Ursachen für den oben geschilderten Kurzschluss zu beheben?

Wir möchten in diesem Buch in erster Linie folgende Thesen genauer begründen:

- Jeglicher Antrieb speist sich aus dem Energiepotenzial der Emotionen;
- ohne emotionale Energie keine Entwicklung, keine Veränderung;
- Change Manager und Berater können das energetische Potenzial bei den Betroffenen nur so weit erschließen, wie sie Zugang zu ihren eigenen Emotionen haben;
- die innere Reife, die eigenen emotionalen Welten zu akzeptieren, ist die unbedingte Voraussetzung, Emotionen so zu steuern, dass sie nicht als unerwünschte und deshalb zu unterdrückende Störfaktoren gesehen werden, sondern als willkommene Energiefelder.

Wir bleiben allerdings nicht bei theoretischen Erörterungen. Wir legen den Schwerpunkt unserer Ausführungen darauf, wie es gelingen kann, die Erkenntnisse in konkretes Handeln als Betroffener, als Manager oder als Berater umzusetzen.

Wir werden bei unserer Darstellung das Geschehen in Veränderungsprozessen immer wieder vertieft aus den folgenden drei unterschiedlichen Dimensionen beziehungsweise Perspektiven anschauen:

- Was passiert emotional bei denen, die von der geplanten Veränderung betroffen sind?
- Welche Emotionen sind bei denen im Spiel, die Veränderungen veranlassen, begleiten und verantworten (sollen)?
- Wie können diese beiden Welten offener betrachtet und so gestaltet werden, dass beide Seiten das vorhandene Energiepotenzial voll erschließen und optimal nutzen können?

Der ärztliche Auftrag besteht darin, bestmöglich zur Gesundung der Patienten beizutragen. Die Kompetenz eines Arztes besteht darin, auf der Basis einer fachkundigen Anamnese und entsprechenden Untersuchungen seine Diagnose zu erstellen und daraus passende Therapieempfehlungen abzuleiten. Ein Arzt wird sich in aller Regel freuen, wenn sein Patient gesundet, wird aber im Endeffekt nicht daran gemessen. Unter Druck käme er nur, wenn ihm ärztliche Kunstfehler nachgewiesen werden könnten.

Im Gegensatz dazu werden Manager immer auch am Ergebnis gemessen. Damit stehen sie unter einem deutlich höheren Druck. Und es ist durchaus nachvollziehbar, dass sich dieser Druck auf ihr Vorgehen auswirken kann. Und insofern ist es auch verständlich, wenn Manager in Drucksituationen zu Handlungsstrategien Zuflucht nehmen, bei denen sie sicheren Boden unter den Füßen zu haben glauben. Wir möchten mit diesem Buch dazu beitragen, den Zugang zu und Umgang mit Emotionen so fassbar zu machen, dass sich auch der emotionale Bereich immer mehr zum sicheren Boden entwickeln kann.

# Teil I
# Die Macht der Gefühle

# Kapitel 1

# Urkraft Emotionen

Alles, was lebt, ist bestrebt und ringt darum, möglichst lange am Leben zu bleiben – zumindest solange dieses Leben in Würde gelebt werden kann. Viele fürchten nicht mal den Tod. Sie sehen ihn nicht als Ende des Lebens, sondern lediglich als Übergang zu einer neuen Form des Lebens.

Leben bedeutet deshalb, zugleich immer auch nach einem Umfeld suchen, welches das Überleben sichert oder zumindest wahrscheinlicher macht – durch entsprechende Gestaltung oder durch geschickte Anpassung. Und so ist, wer (über-)leben will, immer auf der Hut, beobachtet sein Umfeld, bewertet es im Hinblick auf Chancen und Bedrohungen, ist insgesamt immer in Bewegung, immer auf Überraschungen gefasst, immer bereit zum Wandel auf der Suche nach dem bestmöglichen Umfeld, um sein Überleben zu sichern.

Dieser (Über-)Lebenstrieb und die damit verbundenen Suchbewegungen sind als permanentes natürliches Geschehen zutiefst emotional verankert. Leben und permanenter Wandel sind so untrennbar miteinander verbunden.

Die evolutionäre Entwicklung nicht nur des Menschen ist die Folge eines steten Anpassungsprozesses an die Welt. Und die Emotionen stellen darin ein automatisiertes, aber immer wieder angepasstes Signal- und Alarmsystem dar, das uns half und hilft zu überleben. Man kann deshalb die menschliche Entwicklungsgeschichte durchaus als dialektischen Prozess zwischen der Sehnsucht nach einer lichten Zukunft, einem besseren Leben also, und der Angst vor Verlusten, also vor Scheitern und Katastrophen auf dem Weg dorthin, beschreiben: als Dialektik von Sehnsucht nach einem Paradies und Furcht vor einer Weltendämmerung, vor apokalyptischen Reitern, vor Hungersnöten, Kriegen und Seuchen oder – in unserer Zeit – vor Migrationsströmen und Klimawandel bis hin zum atomaren Super-Gau und zusammenbrechenden staatlichen Ordnungssystemen.

Darwin hat aber auch dargelegt, dass die menschliche Emotion nicht nur evolutionäre Wurzeln hat, sondern selbst ein Produkt sehr lang währender evolutionärer Prozesse ist. Durch die Hirnforschung des letzten Jahrzehnts hat sich diese Aussage bestätigt und sich vertiefen lassen, sodass sie heute – zumindest im Feld der Wissenschaften – nicht mehr wirklich bezweifelt wird.

Das emotionale Informations- und Signalsystem hat in diesem Prozess das Überleben des Menschen und die Bewältigung der sich ständig verändernden Umwelt nicht nur durch die Warnung vor Risiken und durch initiative Impulse bei Chancen unterstützt, sondern hat sich selbst mit entwickelt und differenziert, hat sich zunehmend mit kognitiven Funktionen verkoppelt, und so entstand ein automatisches Wechselspiel: Einesteils entlastet uns unser emotionales Signalsystem von aufwendigen Analyse- und Kombinationsleistungen; wir spüren intuitiv und ohne langes Räsonieren, in welche Richtung wir uns verhalten sollten. Andererseits werden unsere Emotionen auf Plausibilität, Nützlichkeit und Stimmigkeit abgecheckt. Dies allerdings nur ansatzweise und im Schnellgang, das heißt nur an Erfahrungsfraktalen orientiert.

Der stärkste Entwicklungsschub bei unseren Vorfahren entstand aber nicht aus der Suche nach Nahrung, der Abwehr von Naturgewalten, dem Erobern und Halten eines Reproduktionspartners und dem Überstehen apokalyptischer Katastrophen. Der stärkste Antrieb kommt vielmehr durch die Herausforderung, die Tücken des Zusammenlebens mit anderen Menschen zu bewältigen und deren Möglichkeiten zu erschließen. Denn nur das Leben in sozialen Verbünden konnte das Überleben des Einzelnen, damit aber auch der Art, sichern. Zusammenhalt, Austausch und Kooperation wurden zur Existenzfrage. Die jedoch erzwang dann Rücksichtnahme, Absprachen, Verhandlungen und Kompromisse, aber eben auch Klärungen und Konfliktregelung, Aufgabenaufteilung, Akzeptanz von Ungleichheiten im Geben und Nehmen und auch Rangordnungskämpfe. Auf Verrat, gebrochene Versprechen, Raub oder Diebstahl folgten Streit und Gewalt, Kampf und Krieg. Und nun bedurfte es der Abwägung, was günstiger war: Verzicht und Kapitulation oder doch lieber ein Risiko einzugehen. Wenn-dann-Überlegungen und erste Ansätze von strategischem und politischem Denken waren gefragt. Diese Gegebenheiten haben sich im Laufe der Jahrtausende zu einem komplizierten und differenzierten System von Regelungen und komplexen sozialen Interaktionen entwickelt.

Die Fähigkeit, sich darin erfolgreich zu bewegen, ob nun als Machiavelli oder Gandhi, basiert auf dem Vermögen, sich in die Motive und Absichten anderer einzufühlen, zu erkennen, wie eigene Handlungen und eigenes Verhalten von anderen aufgenommen und erlebt werden, und dann dies alles in die eigene Verhaltensstrategie einzubeziehen, und zwar unter Berücksichtigung auch der eigenen sozio-emotionalen Lage.

Um im Laufe der Zeit – und in zahllosen kleinen evolutionären Schritten – die Bereitschaft zu Zusammenhalt und Kooperation, aber auch die Fähigkeit zu tragfähiger Konfliktbewältigung und damit das auszubilden, was wir heute als *emotionale Intelligenz* und Empathie bezeichnen, bedurfte es eines differenzierten Wahrnehmungs- und Signalsystems, das uns Informationen über den jeweiligen Stand unserer sozialen Beziehungen vermittelt und über unseren Gemützustand und dessen Veränderungen unterrichtet. Gleichzeitig muss dieses System diese Daten aber auch unserer Ratio, das heißt unserer Logik und Kombinatorik – unserem kognitiven System also – öffnen, damit Risiken, Optionen und Konsequenzen mitbedacht und taktische oder zielbezogene Schlussfolgerungen gezogen werden können. Ein hochkomplexer und anstrengender Prozess, der sinnvollerweise nur in Teilen zu automatisieren ist und deshalb auch gezielte Selbst- und Fremdbeobachtung und bewusste Reflektion erfordert.

Die Evolution hat uns diesen unseren *Gefühlshaushalt* so beschert, und wir können davon ausgehen, dass er seinen Zweck erfüllt. Einen Zweck, der sich zwar primär auf die Überlebens-, Reproduktions- und Expansionschancen der Art, also des Menschen, richtet, aber dies tut, indem er uns auch bei der täglichen Lebensbewältigung unterstützt. Aus ihm speisen sich zudem Intuition und Empathie – also die Möglichkeit zu erspüren, was in anderen vorgeht – wie eben auch die Fähigkeit zur schnellen situativen Einordnung von sozialen Vorgängen und Ereignissen. Es geht also nicht nur darum, wie Emotionen zustande kommen und wie sie sich differenzieren, sondern es geht um ihren Wert und ihre Bedeutung bei der Lebensbewältigung, auch unter wechselnden widrigen und unsicheren Bedingungen.

Es handelt sich also um ein intuitives Aufmerksamkeits- und Bewertungssystem, das das Umfeld gleichsam automatisch auf relevante Bedeutungen hin abprüft. Das Ganze ist ein intuitiver, automatisch und blitzschnell ablaufender Prozess, der im Verlauf der evolutionären Geschichte durchaus unterschiedliche Nutzen und Vorteile schaffen konnte, zum Beispiel mitten im Kampf, wenn der Schmerz einer Verletzung bewusst kaum gespürt wird. Aber dieser Mechanismus hat auch manchen Nachteil bewirkt, zum Beispiel Nichtbeachtung oder Verzögerung, wo die kognitive Erkenntnis unmittelbares Handeln geboten hätte, oder impulsiv affektgesteuerte, spontane Aktion, wo Zurückhaltung, Abwarten und Zu-Ende-Denken nützlicher gewesen wären. Unter dem Additionsstrich der Evolution hat aber wohl der Nutzen überwogen.

Dies entspricht allerdings nicht einem im vorigen Jahrhundert häufig vertretenen Postulat, dass die Evolution die jeweils Stärksten bevorzugt, also jene, denen es gelingt, sich ob ihrer körperlichen Stärke brutal durchzusetzen oder ob ihrer Intelligenz die anderen geschickt auszuspielen. Die Evolution gibt darauf eine andere Antwort: Siege sind gefährlich! Siege erzeugen langfristig neue Kriege. Der Besiegte fügt sich nicht in die ihm zugedachte Rolle. Das Selbstwertgefühl ist verletzt. Bewusst oder auch unbewusst baut sich die Bestrebung auf, die Scharte auszuwetzen. Das Risiko des Sieges – und die häufige Folge – sind dann eben Bemühungen, das verletzte Selbstwertgefühl wiederherzustellen, die Niederlage nachträglich zu relativieren oder teilweise zu korrigieren. Und im schlimmsten Fall bleibt Feindschaft oder – auf Organisationsebene – Widerstand, vielleicht auch Intrige gegen die Veränderung.

Emotion und Intuition gelten in unserem aufgeklärten Jahrhundert als zwielichtige Gesellen. Über sie in der Arbeitswelt zu sprechen, sie offen auszudrücken, sich auf sie beziehen, um etwas zu begründen, fällt eher schwer. Insbesondere Männer neigen dazu, eher mit *objektiven* Fakten, harten Daten und logischen Schlussfolgerungen zu argumentieren und die meist ebenfalls vorhandenen *Bauchgefühle* und emotionalen Anmutungen zu verbergen. Als attraktiv gilt, zumindest in unserem Kulturkreis, ganz im Gefolge der Aufklärung und des Siegeszuges naturwissenschaftlichen Denkens, ein rational geprägter Habitus, eben cool und sachlich. Unangefochten von irrationalen, diffusen Gefühlsregungen und Befindlichkeiten. Was bei diesem Beiseiteschieben allerdings ebenfalls abhandenkommen kann, ist die aufmerksame Wahrnehmung und Berücksichtigung von Impulsen jenes differenzierten und hoch entwickelten emotionalen Signalsystems, das auch ein Teil unserer Persönlichkeit ist.

Allerdings: Diese Bedeutung widerspricht unserer aufgeklärt-rationalen Sicht der Welt. Unsere eigenen Gefühle erscheinen uns deshalb bisweilen wie Schmuddelkinder, mit denen man besser nicht spielt. Neid, Eifersucht und Rachebedürfnis sind zum Beispiel Affekte, die wir meist lieber nicht bei uns dulden wollen. Sie passen nicht in den Kulturkreis, das Zivilisationsniveau oder genügen nicht deren Moral und Zeitgeist. Es scheint uns deshalb geraten, lieber auf sie zu verzichten. Und wenn wir sie dennoch verspüren, mühen wir uns, sie zu unterdrücken, zu verbergen oder zu ignorieren. Denn wir haben gelernt und meist auch schon erfahren, dass Gefühle und deren Ausdruck sozial missbilligt und als eine erkennbare Schwäche markiert werden, die wir nicht im Griff haben. Zudem haben wir vielfach erkannt, dass unser Gefühlsleben auch mit Mängeln behaftet ist, dass es manchmal unsere Wahrnehmung verzerrt, unser Wollen zu sehr dominiert, unsere Interessen zu sehr mitbestimmt und somit unser Handeln sehr stark ausrichtet oder einengt. Wir wünschen uns deshalb manchmal, davon weniger beeinflusst zu werden, vernünftiger, sachlicher und rationaler zu sein.

Dennoch: Jedes Gefühl, das wir empfinden, gibt uns ein Signal, verweist uns auf unsere Bedürfnisse, deren mangelnde oder geglückte Befriedigung. Auch und gerade unangenehme, störende oder schmerzhafte Emotionen zeigen uns auf, was uns wichtig ist, was wir eigentlich wollen. Und was wir brauchen! Gleichzeitig übernehmen sie eine Signalfunktion, wenn aktuell Probleme vorhanden sind: in uns selbst, zwischen uns und anderen oder im Umfeld. Diese Probleme und ihr Konfliktpotenzial bleiben ja bestehen, selbst wenn wir die »Alarmglocke« ignorieren.

Moderne Organisationskonzepte wie auch Teams, Start-ups und Joint Ventures generieren bisweilen Situationen, in denen ein tragfähiges gemeinsames Zielbild noch fehlt, die Verantwortung, das Zusammenwirken und das Rollengefüge noch nicht geklärt sind, sondern sich erst durch das gemeinsame Tun entwickeln. Solch komplexe Situationen in sinnvoller Weise zu beeinflussen und möglichst erfolgversprechend zu gestalten ist ohne Einfühlung, ohne *emotionales Verstehen* kaum möglich. Auch für das Gewinnen von Einfluss auf andere – also von Macht –, etwa um die gemeinsame, solidarische und kooperierende Durchsetzung von Anliegen, Vorhaben oder Interessen zu bewirken, bedarf es der Fähigkeit, sich auf die Bedürfnisse und Befindlichkeit anderer einzustellen. Ohne diese Fähigkeit kann man zwar vielleicht aufsteigen, sich aber kaum auf längere Sicht oben halten.

Ähnliches gilt für Change Manager. Veränderungen sind eben – auch in technischen, wirtschaftlichen oder administrativ geprägten Unternehmen – Eingriffe in nicht immer logisch und rational gewachsene, sozio-emotionale Systeme. Selbst wenn sie vor allem aufgabengetrieben und hoch strukturiert erscheinen, sind sie darauf angewiesen, die Energie und die Kräfte, die in den (Arbeits-)Beziehungen und dem Zusammenwirken der beteiligten Menschen schlummern und die nicht selten dort bisher blockiert sind, aufzuspüren und zu mobilisieren. Ohne eine hohe Empfangsleistung der *emotionalen Antennen*, ein *Hineindenken* in Sichtweisen, Interessen und Bedürfnisse der Beteiligten wird das nicht gehen.

Kapitel 2

# Von der emotionalen Intelligenz zur sozialen Kompetenz

Manager sind in Bezug auf emotionale Defizite – in ihrem geschäftlichen Umfeld und bei sich selbst – oft sprachlos. Ein Grund für diese Sprachlosigkeit ist Angst. Man fürchtet zum Beispiel, verspottet, ausgenutzt, öffentlich bloßgestellt zu werden oder ganz einfach die Kontrolle über sich und über die Situation zu verlieren, sich erkennbar nicht mehr völlig im Griff zu haben. Wer über Gefühle redet, zeigt Schwäche. Wer Schwäche zeigt, ist verwundbar. Wer verwundbar ist, wird angegriffen. Diese drohende Verkettung von eskalierenden Ereignissen wird in den Köpfen vieler Führungskräfte zur verhaltenssteuernden Realität: Man fühlt sich von Gegnern umzingelt, die nur darauf warten, eine offene Flanke zu finden, um ihre Pfeile abzuschießen. Von einigen wenigen, die vielleicht tatsächlich auf solch eine Beschädigung von Gegnern abzielen, wird auf die Allgemeinheit geschlossen. Mit dieser zur Realität erklärten Befürchtung verschafft man sich ein perfektes Alibi für die eigenen Abgrenzungs- und Verteidigungsmuster. Und das Ganze wird – als Höhepunkt – noch gekrönt von einem Muster, das wir bei Kindern beobachten können: Hände vors Gesicht – und weil es dann so dunkel ist, dass du selbst nichts mehr siehst, wirst du auch nicht gesehen. Oder hier: Worüber nicht geredet wird, das gibt es auch nicht – und dann kann auch nichts passieren.

Dieser zwar etwas pointierte, aber gar nicht so seltene Ablauf dieses Musters steht als Beispiel für ein Erleben und Verhalten, das man auch als emotional unintelligent charakterisieren könnte. Es vermeidet, verleugnet und verdrängt, nutzt Ressourcen und Potenziale nicht, grenzt ab und isoliert, statt einzuladen. Es unterstellt unüberprüft Risiken, lotet aber Chancen nicht aus oder übersieht sie und reduziert damit Spielräume und Handlungsmöglichkeiten. Es zwingt uns selbst auf einen ganz schmalen Pfad. Ohne faktischen Grund und ohne perspektivischen Nutzen wird der Befürchtung, der Sorge um das Manager-Prestige, der Angst um den situativen

Status des Ego das Feld überlassen. Der Ausdruck dieser emotionalen Lage aber wird tunlichst unterbunden, ritualisiert hinter Business-Regeln und -Gebräuchen versteckt und als Management-Kodex maskiert.

Aber was ist und worin zeigt sich nun emotionale Intelligenz? Was wäre emotional intelligentes Verhalten? Und mit welchen Folgen und welchem Nutzen wäre dann zu rechnen?

Die Gefühle selbst, die wir haben, die wir empfinden, die wir benennen und ausdrücken können, bilden – in welcher Kombination auch immer – *nicht* das ab, was mit emotionaler Intelligenz gemeint ist. Deren Begriff und Konzept stellen ab auf eine kombinierte, ganzheitliche Leistung, die auf einem komplexen Verarbeitungsmechanismus oder Wirkungszusammenhang von emotionalem und kognitivem System, von Sensorik und Motorik, von Erfahrungsbeständen, persönlichen Prägungen und kulturell vermittelten Inhalten beruht. Die Gefühle selbst sind Grundmaterial in diesem Verarbeitungsprozess, ebenso wie Erinnerungen, Assoziationen und Ähnliches. Ebenso wenig wie *Sensibilität* oder *Empathie* trägt die Emotionale Intelligenz eine Tendenz zum Guten bereits in sich: Sie ist weder gut noch schlecht. Sie ist ein Bündel von Fähigkeiten, mit deren Hilfe bestimmte Leistungen erbracht werden können. Sie ist ein Werkzeug und Hilfsmittel bei der Bewältigung komplexer psychogener und sozioemotionaler Situationen: in unserem Umfeld und auch in uns selbst. Sie kann als emotionales Gespür, als soziale Differenziertheit, als Charisma in Erscheinung treten oder als *kommunikative Cleverness*, die dem Opportunismus Vorschub leistet oder einem Heiratsschwindler hilft, seine Beziehungsspiele zu optimieren.

Das Konzept der emotionalen Intelligenz, das vor circa 30 Jahren vor allem an der Yale University entwickelt wurde, umschreibt dieses ganze Bündel von Fähigkeiten, die sich alle auf eine Basis emotionaler Grundleistungen beziehen. Wer demnach emotional intelligent ist, kann die Gefühle bei sich selbst, aber auch bei anderen gut wahrnehmen und schenkt ihnen Beachtung, folgt ihnen aber nicht blind, sondern reflektiert sie. Er kann seine Gefühle ausdrücken, deren Ausdruck aber kontrollieren und regulieren, das heißt Form und Intensität dieses Ausdrucks auf die jeweilige Situation und ihren Kontext fein abstimmen. Er spürt, wie er den oder die anderen erreicht, und kann so die Wahrscheinlichkeit einer angemessenen Resonanz – also zum Beispiel einer korrespondierenden Antwort – erhöhen. Eine hohe emotionale Kompetenz hilft dabei, durch andere und mit anderen Ziele zu erreichen, Probleme zu lösen, soziale Beziehungen aufzubauen und tragfähig zu entwickeln. Sie gilt seit langem als ein zentraler Erfolgsfaktor im Privaten und im Beruf.

Als Daniel Goleman 20 Jahre später sein Konzept publizistisch vorstellte, avancierte das Buch zu einem internationalen Bestseller und löste eine Explosion von nachfolgender Literatur aus. Dieser Hype erreichte, wie das bei angesagten Themen so ist, wenn sie Lösungen für bereits vorhandene Problemlagen versprechen, schnell die Arbeitsorganisationen und fand dort Eingang in deren Auswahl- und Aufstiegskriterien, sodass die emotionale Intelligenz sich nach kurzer Zeit als Beobachtungspunkt in Bewerbungsgesprächen, Assessment-Prozessen und als Diagnosekategorie bei Potenzialanalysen wiederfand.

Während in der wissenschaftlichen Welt die Klassifizierung als Intelligenz strittig blieb, entstand dort schnell Einigkeit darüber, dass dieses Bündel emotional fundierter Fähigkeiten sich in der Evolution gerade deshalb so entwickelt habe, weil wir damit in zunehmend komplexeren und kritischeren sozialen Situationen schneller und besser reagieren können, weil wir damit in der Lage sind, jene Informationen, die uns unser emotionales System unmittelbar in der aktuellen Situation zur Verfügung stellt, nicht nur zu erkennen und zu verarbeiten, sondern auch umgehend zu nutzen, also sowohl in reflektiertes Denken und Antizipieren als auch in aktives Handeln umzusetzen. Dadurch ergaben sich eben Vorteile unter den Aspekten der Lebensbewältigung und der Überlebenschancen und bei der Erarbeitung und Nutzung attraktiver Reproduktionsmöglichkeiten.

Trotz vieler solcher Übereinstimmungen im Kreis der Wissenschaften zeigen sich jedoch auch dort Unterschiede, die sich vor allem – ausgehend vom Yale-Konzept – an zwei Punkten festmachen lassen:

- Goleman beschreibt ein sehr individualisiertes Verständnis emotionaler Intelligenz und ihrer Wirkungen, und dies wird von vielen Autoren der Folgeliteratur nur als Teilmenge von sozialer Kompetenz verstanden, während die verhaltenswissenschaftlichen Forschungen stärker auf sozialpsychologische, soziologische und sogar politische Einflussfaktoren und Konsequenzen abheben. Beispiele: komplexe soziale Prozesse, emotionale Gruppen- und Massenphänomene, schwer überschaubare soziale Situationen, geschichtliche Ereignisse, Bewegungen und Umstürze. Goleman zielt dagegen vor allem auf eine Systematik, eine kategoriale Zuordnung der von ihm benannten persönlichen Fähigkeiten und deren Erfassbarkeit, möglichst quantifiziert oder gar durch Tests messbar.

• Das Yale-Konzept räumt – im Gegensatz etwa zu Goleman – der Empathie eine sehr zentrale Bedeutung ein und stellt zudem die Bereitschaft und Fähigkeit zur Selbstreflexion in den Vordergrund. Damit ist etwa das gemeint, was das Orakel von Delphi auch schon gefordert hat: Erkenne dich selbst! Werde dir deiner Motive, Antriebe und Bestrebungen bewusst, schaue ehrlich auf deine Stärken und Schwächen, bemühe dich zu verstehen, wie deine Gefühle und Bedürfnisse deine Wahrnehmung und dein Handeln lenken, deine Leistung beeinflussen. Und – nicht zuletzt – achte darauf, wie sich dies auf andere, deren Stimmung und die Situation um dich herum auswirkt, sie quasi infiziert. Damit wird auch einbezogen, sich die eigenen negativen oder destruktiven Affekte wie Neid, Schadenfreude, Häme und Eifersucht ebenso bewusst zu machen wie Ärger, Wut und Zorn. Erst dies hilft – so das Verständnis –, sie in eine konstruktive Richtung zu lenken.

Offen bleibt dabei weiterhin die Frage, ob nun Bauchgefühle wirklich gute oder sogar die besseren Ratgeber sind, obwohl uns ihr Zustandekommen in der jeweiligen Situation meist verborgen bleibt, sie uns manchmal einfach überkommen, und obwohl uns unsere Lebenserfahrung fast täglich das Versagen und die Manipulierbarkeit unserer Intuitionen – vom ersten Eindruck über einseitige und anschließend bereute Entscheidungen bis zu kurzschlüssigen Spontanhandlungen – vor Augen führt. Selbst wenn ein kritischer Geist wie Kurt Tucholsky meinte, dass man vieles falsch versteht, aber das meiste richtig fühlt, hat schon Paul Valéry solchem Wunsch, sich dem Bauchgefühl hinzugeben und sich von ihm leiten zu lassen, entgegengehalten, dass die Orientierung durch Gefühle ohne Intellekt ein Unglück ist.

Und dieser Meinung steht auch im Konzept der emotionalen Intelligenz nichts im Wege. Es fordert allerdings auch die Umkehrung: Intellekt ohne Gefühle ist nicht besser!

Wir Menschen sind aufgrund der Fähigkeiten, die als emotionale Intelligenz zusammengefasst sind, zu einer sehr schnellen *Kettenreaktion* von Fühlen, reflektiertem Denken, Antizipieren – also einer Art *Probehandeln* – und fast gleichzeitig zur Verwertung im aktiven Handeln imstande.

Dieser vielfach verknüpfte und rückgekoppelte Mechanismus wird aber keinesfalls als Gegenspieler, Widerpart oder Gegenstück zu kognitiven Fähigkeiten gesehen. Wir können vielmehr von einer dynamischen Interaktion beider Fähigkeits-Cluster ausgehen, die im günstigen Fall als perfekte Kombination von Persönlichkeit und Intellekt in Erscheinung tritt: beispielsweise als ein sowohl einfühlsamer Kommunikator als gleichzeitig auch scharfer Denker – und auch bereit zu handeln.

Was heißt dies aber nun bezogen auf Unternehmen und vor allem deren Veränderungsprozesse?

Es heißt beispielsweise, dass die Mitarbeiter nicht nur bereit sein sollen, den Weg einer Veränderung oder Neuerung mitzugehen, weil sie ihn als notwendig oder als logisch auf nachvollziehbare Ziele und Interessen abgestimmt ansehen. Sie sollen vielmehr zudem bereit sein, bei sich selbst einiges zu verändern. Dies heißt vielleicht, mancherlei bisherige Gewohnheiten abzulegen, vielleicht auch eine neue Sicht auf bestimmte Dinge und ihre Zusammenhänge zu entwickeln, entsprechende Verhaltensweisen aufzubauen und dann auch wirklich zu praktizieren. Aber dies bedeutet eben nicht nur, Neues zu lernen, sondern auch Bisheriges, Gewohntes zu entlernen. Und dabei geht es nicht nur darum zu verstehen. Führung und Steuerung eines Veränderungsprozesses kann sich deshalb nicht damit bescheiden, Ziele darzustellen, sie vielleicht noch zu erklären und rational zu begründen, sich aber ansonsten auf die bereitwillige Umsetzung in die Alltagspraxis der Arbeitsebenen zu verlassen.

Über die schlichte Befolgung von Vorgaben und Regelungen hinaus gilt es deshalb, möglichst das zu bewirken, was neuerdings *Ownership* heißt. Und das bedeutet mehr, als sich zu fügen, sich einzuordnen und zu akzeptieren. Es bedeutet eben, sich zu engagieren, aktiv mitzumachen, mitzudenken, sich Dinge anzueignen und verpflichtet zu fühlen. Dies allerdings sind hochemotionale Leistungen, die sich unter dem Begriff Motivation bündeln. Um sie zu erwecken, zu fördern und über einen längeren Zeitraum zu erhalten, ist es notwendig, das emotionale, das limbische System im Veränderungsprozess anzusprechen und einzubeziehen. Und dies fordert, zu erspüren und zu identifizieren, wo Ansatzpunkte für Motivation und Engagement liegen und wo sie helfen können, den Change in einem positiven Sinn zu emotionalisieren. Konkret meint das: in der Prozessgestaltung und -steuerung emotionale Aspekte gleichwertig mitzudenken, sie zu berücksichtigen und sie auch zu nutzen. Dabei geht es allerdings auch darum, die Ankerpunkte für absehbare Auseinandersetzungen ebenfalls und ebenso frühzeitig zu erkennen wie jene für Motivation und die positive Seite der Gefühle. Für Ärger, Enttäuschung und Spannungen ist ebenfalls Platz vorzusehen. Und es sind eben auch Zeiten einzuräumen, um Konflikte angemessen aushandeln zu können. Und dies alles bedeutet, nur etwas anders formuliert: emotional intelligent handeln.

## Interkulturell maßschneidern

Wir wissen, dass emotional intelligentes Verhalten in Europa, den USA, China oder Neu-Guinea durchaus verschiedenartig aussehen kann. Dies wird auch zwischen Sub- oder Unternehmenskulturen des gleichen Kulturkreises oder Umfelds der Fall sein. Die Formen emotional intelligenten Verhaltens sind zudem dem Zeitgeist und Normierungen von Bezugsgruppen unterworfen, stehen in manchen Aspekten zur Disposition von gesellschaftlichen Regeln der Höflichkeit und Etikette, von Forderungen der Political Correctness und des aktuellen Moralkodex. Insofern muss der persönliche Kompass gelegentlich entsprechend der je geltenden Norm- und Regelungssysteme nachjustiert oder neu geeicht werden. Andererseits wird der Satz von Basisgefühlen – zum Beispiel Freude und Stolz, Ärger, Wut oder Trauer, also das Grundmaterial des Wirkgefüges emotionale Intelligenz – und deren je spezifischem Ausdruck kulturübergreifend erkannt und verstanden.

Kapitel 3

# Gute und schlechte Gefühle

## Lernen zwischen Lebenslust und Alltagsfrust

Zwei unterschiedliche emotionale Muster sind zunächst einmal vor-
gelegt: auf der einen Seite das Bedürfnis nach Freiheit, Lebenslust und
Lern-Erfahrung mit Selbststeuerung und Selbstverantwortung; auf der
anderen Seite die Sehnsucht nach Bindung und Bereitschaft zur Selbstunterwerfung aus Angst vor Liebesverlust. Beides eventuell gekoppelt mit
sehr unterschiedlichen emotionalen Grundhaltungen: Ärger und Rachegelüste, Ohnmacht und Apathie, sich aber dennoch wohlfühlen unter dem
kontrollierend-behütenden Schutz von oben. Und andererseits die Lust
zu leben verbunden mit dem Zusammenwirken untereinander, mit Entwicklung und Anpassung, Wandel und Konflikten, mit Hoffnungen und
Freude über das Gelingen, mit Ärger, Trauer oder Schmerz bei Nieder-
lagen und Misslingen – und vielleicht auch manchmal Neid oder Nieder-
geschlagenheit, wenn andernorts etwas glückt, was bei einem selbst trotz
aller Mühe fehlschlägt.

All diese Reaktionen und emotionalen Möglichkeiten sind in der
menschlichen Natur tief verankert, wenn auch unterschiedlich ausgeprägt. Es ist unser emotionaler »Werkzeugkasten«! Und wir können
ihn immer wieder nutzen, auch wenn manches Werkzeug oft als un-
nütz oder unbrauchbar abgestempelt wird und gelegentlich auch tatsächlich versagt. Rationalität und Emotionalität stehen dabei vielleicht bei
manchen Gelegenheiten, aber eben nicht prinzipiell in einem antago-
nistischen Spannungsverhältnis. Denn all dies zusammen macht ja den
Kern menschlicher Erfahrung aus – privat, gesellschaftlich, beruflich,
im Freundeskreis oder in Lebensgemeinschaften, in Institutionen und
Unternehmen.

## Management als »Ingenieurskunst«: Die Reste der Aufklärung

Im beruflichen Umfeld kommt das Thema Gestalten und Verändern vor allem beim Thema »Führung« und dort speziell bei der Funktion des Steuerns und in der Rolle des Managers zum Ausdruck. Genau dort bedarf es der Vernunft, der klaren Analyse und des planenden Kalküls, aber dort ist ebenso eine wache soziale Wahrnehmung, emotionale Intelligenz und emotionale Stabilität relevant, das heißt die Fähigkeit, auch bei widrigen, turbulenten und gefühlsmäßig belastenden Ereignissen handlungs- und steuerungsfähig zu bleiben. Und hier kann man eine interessante Entdeckung machen: Mit dem Zeitpunkt der Etablierung des Managements als wissenschaftlicher Kategorie verschwinden ganz plötzlich die Emotionen von der offiziellen Bildfläche. Die Wissenschaft des Managements ist in großen Teilen normativ ausgerichtet an Zahlen, Daten, Fakten – prinzipiell am Ideal der Rationalität, der *reinen Vernunft* orientiert. Diese einseitigen Nachwehen der Aufklärung aus dem 17. und 18. Jahrhundert sind deutlich zu spüren, wenn Führung und Change Management in einen Rahmen von Sach- und Verstandeslogik gesetzt werden, der weit über die banale Feststellung hinausgeht, dass natürlich beide, Emotionalität und Rationalität, durchaus auch natürliche Gegenpole bilden können. Das kurze Credo heißt dann: Rationalität ist grundsätzlich gut und richtig. Aufgabe des Managements ist es, das Organisationsgeschehen von »Emotiönchen« (Malik) zu befreien, stattdessen dort – durch entsprechende Strukturen, Regeln und Vorgehensweisen – Rationalität und strikte (betriebs-)wirtschaftliche Logik umzusetzen. Als störend empfundene Einflüsse durch Irrationalitäten und beschränktes Verständnis sind mittels »vernünftiger«, strukturierter Informations- und Überzeugungsprozesse und entsprechender Maßnahmen zu beheben.

Die Psychologie hat zwar immer versucht, dieser an der Ingenieurkunst orientierten Auffassung von Führungskunst und der damit einhergehenden Unterdrückung von Gefühlen Paroli zu bieten. Gestaltpsychologie, Tiefenpsychologie, Psychoanalyse, Individual- und Sozialpsychologie und Gruppendynamik haben eine Reihe unterschiedlicher Modelle und Konzepte entwickelt, um aufzuzeigen, was die andere Seite des Menschen – das ausgeblendete Psycho-Logische, das Emotionale in und zwischen Menschen – sehr weitgehend mitbestimmt. Dass Gefühle und Affekte auf das Verhalten und das Zusammenspiel von Menschen, ihre Interaktionen und ihre Kommunikation einwirken, dass Vernunft und Gefühl in gegenseitiger Beeinflussung untrennbar miteinander verflochten sind, ist uns dabei völlig plausibel. Und es bestätigt sich ja auch jederzeit und allerorten in unseren Alltagserfahrungen.

## Homo oeconomicus 2.0: Ganzheitlich und mehrdimensional!

Aber in Wirtschaftswissenschaft und Managementlehre tut man sich schwer miteinander. Die eine Gruppe von Managern, Beratern und Professoren entwirft Führungs- und entsprechende Ausbildungs- und Auswahlkonzepte, die sich maßgeblich am *Homo oeconomicus*, am Menschen als Vernunftwesen orientieren, die die anderen Menschen dazu bringen wollen, sich ebenfalls ausschließlich an die Vernunft zu halten und ihr Handeln konsequent an ihr auszurichten: Sie sollen ihren ökonomischen Vorteil maximieren und sonst gar nichts. Der ideale Mitarbeiter soll planbar, messbar und reibungsfrei funktionieren. Gefühle sind in diesen Denkmodellen meist hinderliche Störfaktoren, die die Performance beeinträchtigen und denen man nicht allzu viel Aufmerksamkeit widmen sollte, weil sie zum Managementhandeln eigentlich keinen Beitrag leisten.

Dass Emotionen als Störgrößen ausgemerzt werden sollten, gilt dabei im Kleinen wie im Großen. Auch eine Mehrheit der Volks- und Finanzwirtschaftler unterstellt ökonomischen Prozessen strikte Rationalität und überantwortet den so nicht erfassbaren »kleinen« Rest – meist ohnehin unangenehme Phänomene wie Panik, Gier, Krise oder Depression – Spezialdisziplinen wie den *behavioral economics*, die sich in den Lehrplänen, wenn überhaupt, bestenfalls als Nebenfach wiederfinden. Dort soll erforscht werden, warum die Leute sich nicht so benehmen, wie die Ökonomen glauben, dass sie es tun sollten, um aus dem rätselhaften Verhalten möglichst neue komplexe Modelle zu entwickeln. Psychologen sind in solchen Konzepten lediglich als Seelenklempner willkommen, aber nur bis zur erwarteten Heilung und der Rückkehr zur eigentlich verlangten Vernunft.

Wir selbst sind mit der anderen und sehr viel kleineren Gruppe der Meinung, beide Seiten, Emotionen und Vernunft, steuern die Menschen in ihrem Handeln und in ihren Entscheidungen, sind untrennbar ineinander verflochten und miteinander vernetzt. Affektivität und Intellekt sind wie siamesische Zwillinge, wie zwei Seiten einer Medaille. Sie stehen in ständigem Austausch und beeinflussen sich wechselseitig. Das heißt, Emotionen sind immer beteiligt, so rational wir uns auch geben und anstellen. Sie sind nicht zu vermeiden. Bestenfalls gelingt es, sie zu verdrängen, zu überspielen oder zu übergehen. Anders formuliert: Wir können versuchen, unsere Gefühle in unserem Denken und Handeln möglichst beiseitezuschieben, oder aber sie beachten und uns bewusst machen. Ob wir zum einen oder anderen neigen, hängt davon ab, ob wir Gefühle eher als ergänzende, erweiternde, auf jeden Fall hilfreiche Orientierungsmarken für unsere Wahrnehmung, deren Interpretation und die darin sich abzeichnenden Assoziationen und Handlungstendenzen akzeptieren – und damit ernst nehmen –, oder ob wir sie als Störung, als unsachliche Einflussnahme bewerten, von der es sich zu befreien gilt, um »richtig« und »effektiv« handeln zu können.

## Zwischen Gefühlskontrolle und Gefühlsausdruck

> Unser Körper ist die Bühne unserer Gefühle.
>
> *Antonio Damasio*

Die persönliche Bewertung, Emotionen eher als erweiternde Orientierung oder als störende Einflussnahme zu verstehen, ist eine persönliche Grundhaltung, die wir an jeder Gabelung auf dem Weg zu einer Einschätzung oder Entscheidung als Erstes antreffen. Darauf folgen wahrscheinlich Differenzierungen, die aufgrund weiterer affektiver und auch rationaler Faktoren der betreffenden Entscheidungssituation dann zugeordnet werden: *Ist mir der Gesprächspartner sympathisch oder nicht? Kann ich ihm vertrauen oder nicht? Welche Bedeutung hat die Situation, und was bedeutet ein Konflikt, ein Kompromiss oder auch die Übereinstimmung für mich?*
  Dabei sind die entscheidenden Fragen, ob ich meine eigenen emotionalen Einfärbungen und Abtönungen – ob nun positiv oder negativ – dabei beachte, ob ich sie mir bewusst mache und wie stark ich sie auf mein Handeln Einfluss nehmen lasse. Und dies verbindet sich natürlich mit der Frage, inwieweit bin ich bereit, dies alles im Rahmen meiner Verhaltens-

optionen auch zu berücksichtigen, also meine emotionalen Resonanzmechanismen in Mimik und Stimme offen zum Ausdruck zu bringen, oder behalte ich die völlige Kontrolle über meine Gefühle oder dosiere situativ?

## Das Verhältnis der positiven und negativen Gefühle

Positiv gestimmte Menschen – aber auch Arbeitsgruppen und Organisationseinheiten mit dieser Gefühlslage – sind flexibler, dynamischer, kreativer und aufmerksamer. Zahllose Experimente und Untersuchungsreihen zeigen dies, zumindest im Vergleich mit negativ gestimmten Personen oder Gruppen. Freude, Zufriedenheit, heiterer Optimismus, empfundener Stolz und erlebtes Glück, sie alle versüßen also nicht nur das persönliche Dasein, sondern verbessern die Performance. Sie wirken sich auf Qualität und Quantität der Arbeitsleistung aus, und dies in Teams, Prozessen und ganzen Unternehmen. Der Nobelpreisträger Kahneman wies sogar einen direkten Zusammenhang zwischen der Produktivität einer Volkswirtschaft und der Stimmung im Land nach: Nicht der Erfolg einer Volkswirtschaft macht die Bürger glücklich, sondern frohgemute Menschen sind die besseren und erfolgreicheren Mitarbeiter. Auch Deutschland hat jetzt einen »Glücksatlas« auf der Grundlage des Well-Being-Index, des Gefühlsbarometers des Gallup-Instituts. Er soll Investoren auch hier bei der Standortentscheidung helfen.

## Warum wir immer gut drauf sein müssen

Im Elternhaus, im Kindergarten, in der Schule und in Freizeit und Sport lernen wir, positive Gefühle zu haben und diese im Zusammenspiel mit anderen auszudrücken. Wir sollen uns freuen, uns aktiv und dynamisch fühlen, antriebsstark und manchmal auch ehrgeizig. Sind wir es einmal nicht, wird uns gesagt, den *Kopf nicht hängen zu lassen*, also disziplinierter, konsequenter, härter mit uns und unserem Innenleben umzugehen, uns *zusammenzureißen* und positiv zu denken. Denn, so sagen selbst Wissenschaftler, positive Gefühle sind die *Geschenke der Natur*. Freude bewirkt eine unspezifische Aktivierung der sozialen und intellektuellen Problemlösefähigkeiten, erweitert also das Spektrum unserer Denk- und Handlungsmöglichkeiten, unseren Wahrnehmungshorizont, und begünstigt den Aufbau sozialer Beziehungen. Gute Gefühle fördern Kreativität, wirken sich positiv auf die körperliche Gesundheit aus, dienen dem Abbau von Stress, aktivieren die Intelligenzleistung und stimulieren uns zugleich zum Erkunden unserer Umwelt.

Ihr Kern liegt also darin, dass sie aktivieren, uns mit Energie versorgen und Handlungsbereitschaft bewirken. Dennoch sind sie meist unauffällig, werden auch nicht von heftigen körperlichen Reaktionen begleitet, bringen uns nicht aus der Balance wie Angst oder Wut, sie »essen nicht Seele auf« wie Neid und Eifersucht. Positive Gefühle erleben wir als Wohlbefinden, Heiterkeit, Zufriedenheit. Sie lassen uns »aufblühen« und entspannen. Nach außen treten sie als vager, unspezifischer Optimismus in Erscheinung. Man ist guter Dinge, guter Stimmung, einfach gut drauf!

## Die dunkle Seite der Emotionen

Die als negativ bezeichneten Gefühlsbereiche, die unangenehmen und schmerzhaften, die traurigen, zornigen, eifersüchtigen, angstvollen, feindseligen Emotionen, die Gefühle des Neids, der Einsamkeit, der Scham und der Schuld sind dagegen gesellschaftlich und pädagogisch nicht sonderlich wohlgelitten, eher sogar verpönt. Wir sollten sie tunlichst besser unterdrücken, sie ignorieren oder sie uns einfach ganz abgewöhnen. Sind sie dennoch spürbar, werden sie bagatellisiert oder weggetröstet: »Reg dich deshalb doch nicht so auf, das ist doch nicht so schlimm, nimm dir das doch nicht so zu Herzen, deshalb bricht die Welt doch nicht zusammen.« – bis hin zu »Das wird schon wieder, morgen ist ein neuer Tag und alles sieht ganz anders aus.« So lernen wir sehr schnell, dass diese Gefühle nichts Gutes sind, unerwünscht und unpassend. Auch Facebook hat nur einen Like-Button und keinen für *dislike*, also die Mitteilung: Ich mag das nicht! Besser wäre es eben, es gäbe sie nicht, die negativen Gefühle, oder man wäre sie schnell wieder los.

Wir sehen und realisieren dann nicht, dass diese Gefühle wichtige Signale sind, durch die uns unser emotionales System mitteilt, dass etwas nicht in der Balance ist, dass uns etwas fehlt, was wir benötigten. Oder es ist ein Signal dafür, dass das, was wir tun, nicht im Einklang steht mit unseren Werten und Zielen, Ansprüchen oder Erwartungen.

Aber selbst wenn diese Signale beachtet und ernst genommen werden, fällt es vielen vor dem Hintergrund der beschriebenen Sozialisationsprozesse schwer, mit diesen negativen Emotionen umzugehen. Sind es unsere eigenen *schlechten* Gefühle, so trachten wir danach, sie zu überspielen oder zu verdrängen. Begegnen uns diese Emotionen bei anderen, ist es uns häufig unangenehm, lästig oder peinlich. Vielleicht ergreift uns auch ein Fluchtimpuls oder aber wir werten sie ab, finden sie schlicht lächerlich, übertrieben oder unangemessen.

Es gibt sie aber, diese Gefühle. Wir kennen sie und haben sie gelegentlich selbst. Und irgendwie wissen wir, dass sie zwar ungeliebt und unerwünscht, aber dennoch eine Resonanz aus uns heraus, also echt sind. Ein Teil von uns selbst eben. Und sie lassen sich auch nicht völlig vermeiden. Wir können sie verleugnen, tabuisieren, aber nicht wegzaubern.

Was sind das aber nun für Gefühle, die wir als negativ, als »schlechte Gefühle« betrachten? Was ist ihr Sinn und Nutzen? Was wollen sie uns sagen?

Im wissenschaftlichen Diskurs besteht Einigkeit darüber, dass es unter den menschlichen Gefühlen Primär- oder Basis-Emotionen gibt. Damit sind solche Gefühle gemeint, die weltweit empfunden und deren Ausdrucksformen auch kulturübergreifend erkannt und verstanden werden. Die Uneinigkeit beginnt bei der Frage, welche Emotionen denn dies nun sind – die Mehrheit ist für Glück (*happiness*), Furcht (*fear*), Ärger (*anger*) und Traurigkeit (*sadness*) – und ob aus dem Zusammentreffen beziehungsweise der Vermischung solch primärer Gefühle weitere, sekundäre Emotionen entstehen oder ob sich diese aus eigenständigen Prozessen generieren.

Wir glauben, das Dickicht für unsere Zwecke etwas zu lichten, indem wir einige jener »schlechten Gefühle« herausgreifen, die im Zusammenhang mit Entwicklung, organisatorischem Wandel, mit Führung und Change-Prozessen eine Rolle spielen und dabei Bedeutung erlangen.


## Rivalität, Konkurrenz, Eifersucht

Man könnte alle diese drei »negativen« Gefühlsimpulse der Kategorie Revierverhalten zuordnen. Stammesgeschichtlich waren diese Impulse durchaus sinnvoll. Das Gewinnen und Halten eines Reproduktionspartners, um Nachwuchs zu bekommen und aufzuziehen, sowie die Sicherung eines Reviers, um dafür auch ausreichend Nahrung zu gewährleisten, waren unmittelbar als auch langfristig notwendig. Macht sich hier ein ungebetener Dritter zu schaffen, schmälert dies die eigenen Möglichkeiten, ausreichend Nahrungsmittel zu erjagen oder zu sammeln. Dringt ein anderer in das Revier ein, geht es letztlich um die Sicherung der Existenz. Der emotionale Impuls, der durch die Wahrnehmung solcher Bedrohungen ausgelöst wird, bewirkt eine erhöhte Aufmerksamkeit und sorgt gleichzeitig für Energie zur Verteidigung des Reviers und der Familie. Die emotionale Lage ist also durchaus verständlich, der Impuls sinnvoll.

Deren Übertragung auf die Reviere unserer Zeit, also berufliche Positionen, Verantwortungs- und Einflussbereiche bis hin zum Arbeitsplatz, liegt auf der Hand, ebenso die Ausdehnung auf erworben geglaubte oder eben auch nur vermutete und erhoffte Anrechte. Genau aus diesen Rechten – subjektiv durchaus als zustehendes Eigentum empfunden – entspringt jedoch ein häufiges Problem. Während die Energie und die gerichtete Aufmerksamkeit, die uns der Revierimpuls zur Verfügung stellt, in vielen Fällen konstruktiv, ja notwendig für Entwicklung und Ringen um Verbesserung erscheinen, gibt es auch Anlässe, in denen sich jene vermeintlichen, subjektiv eingebildeten Anrechte sehr negativ auswirken.

Jeder kennt Personen – ob nun im Unternehmen oder im Privatleben –, bei denen Revierdenken das durchgängig leitende Motiv des Verhaltens zu sein scheint. Besitzstandswahrung! Das Gefühl der Bedrohung entsteht dann schon im leisesten Verdachtsfall. Insofern ist nahezu jeder verdächtig und dies nahezu immer. Und damit finden sich nahezu alle anderen im Kreis potenzieller Konkurrenten wieder.

Solches Rivalitätsgehabe kann im beruflichen Feld bisweilen anhaltende schwelende Konkurrenzhaltungen induzieren, die dann auf ganze Gruppen oder Bereiche übergreifen, diese infizieren, das Klima belasten und die Arbeitseffizienz ernsthaft schwächen können. Wird aus den Folgen solch fehlgeleiteter und in ihren Ansätzen und Anfängen oft gar nicht bewusst aufgenommener Phänomene eine dauerhafte Vorsichtshaltung, ein durchgängiges misstrauisches Beäugen, so führt dies zumeist auch zu vorbeugenden Maßnahmen zur Abwehr. Haben sich solche aber erst einmal gebildet, neigen sie dazu, sich zu verfestigen und zur Regel zu werden. Dann entstehen Konflikte an den Reviergrenzen, also eben auch an den Schnitt- und

Kontaktstellen der Arbeitsebene; häufige Folge: Rangeleien um Einfluss und aufwendige mikropolitische Manöver. Die Konkurrenten selbst können sich dabei meist aus gut gefüllten Werkzeugkoffern bedienen, deren Sortiment von überflüssigen Memos und E-Mails über aufwendige Dokumentation im Vorgriff auf zukünftig erwartete Vorwürfe bis zu gegenseitigen aggressiven Schuldzuweisungen reicht. Dies alles bezieht der Revierimpuls – ob nun zu Recht oder Unrecht – auf als sicher geglaubte Besitzstände, selbst wenn es sich nur um eine lieb gewonnene Gewohnheit, eine erhoffte Perspektive oder eine vermutete Gelegenheit zur Einflussnahme und Mitsprache handelt.

Neben dem schlichten genetischen Selektionsvorteil liegt der Sinn und evolutionäre Nutzen solcher Revier- und Rivalitätskämpfe wohl darin, dass sie für Vergleich, Bewährung und Erneuerung sorgen. Denn die erwünschte Folge ist, dass die Inhaber von attraktiven Revieren, Rollen und sozialen Rängen sich nicht zu sehr ausruhen können, sondern einen Antrieb erhalten, sich fit zu halten, und dass dann letztlich möglichst der Beste Revier, Rang oder Partner erhält. Dies wiederum kommt auch der jeweiligen Gemeinschaft zugute. So wird beispielsweise auch in Organisationen und Unternehmen die jeweilige Hackordnung – also die Hierarchie, die Kaskade oder die Berichtslinie – stabilisiert, indem die Führungspositionen gelegentlich infrage gestellt, überprüft und gegebenenfalls eben auch neu besetzt werden.

Sind wir selbst ganz persönlich betroffen, so warnt uns unser emotionales System entsprechend – wir spüren Konkurrenten und *riechen* Rivalen – und sorgt so für die nötige Aufmerksamkeit sowie Handlungsbereitschaft (gegebenenfalls auch für Angriff oder Verteidigung). Ebenso fokussiert es die Wahrnehmung für Chancen und Risiken der Auseinandersetzung. Zudem und gleichzeitig verkoppelt es diese Wahrnehmungen mit unserem kognitiv-reflektierenden und schlussfolgernden System. Wir analysieren dann die Situation, überlegen, ob wir etwas tun wollen oder sollten und was, überprüfen Handlungsabsichten anhand von Erfahrungen. Dabei findet ein routiniertes, teils automatisiertes, aber immer eng verzahntes Zusammenwirken unseres emotionalen Systems mit dem rationalen System statt. Streckenweise ist auch unser Körper mit all seinen hormonellen, kardiovaskulären und muskulären Subsystemen in dieses Zusammenspiel einbezogen. Wir merken das, wenn wir erbleichen, wenn uns der Appetit vergeht oder der Schweiß ausbricht, unser Herzschlag sich erhöht oder die Muskulatur sich anspannt. Gelegentlich dominieren die Impulse des emotionalen Systems aber so stark, dass sie die kognitive Partnerfunktion überwältigen oder deren Kontrollmechanismen außer Kraft setzen. Dann kann es zu Übersprunghandlungen kommen, und wir begehen Fehler und Dummheiten, die wir später bereuen. Selbst dann, wenn sie uns in diesem Augenblick vielleicht gutgetan haben.

In sozialen Systemen und Wirtschaftsorganisationen hilft dieser Revier/Konkurrenz-Mechanismus dagegen bis heute, sich personell und sachlich in Schuss zu halten, auch wenn dies für das einzelne Organisationsmitglied nicht immer angenehm ist. Ohne den Druck von Rivalen und Attacken von Konkurrenten wäre manche Idee nicht verfolgt worden, manche Innovation hätte nicht stattgefunden, und manche Errungenschaft wäre auf der Strecke geblieben. Und der Mechanismus hilft zudem der nachdrängenden jungen Generation, sich zu erproben, eine Perspektive für die eigene Entwicklung zu finden und dafür zu kämpfen. Wird dieser Vergleichs- und Bewährungsmechanismus durch allzu defensive und bewahrende Regelwerke oder – wie häufig am Markt, aber eben auch in Unternehmen – durch entsprechende Absprachen und Kartellbildungen ausgehebelt, so treten nach einiger Zeit Verfestigungen und Verkrustungen ein. Sie blockieren Chancen für sinnvolle oder notwendige Veränderungen und bremsen dadurch Innovation und Entwicklung. Entweder *knackt* dann ein überraschendes Ereignis diese alle Entwicklungen blockierende Konstellation oder sie verödet mehr und mehr, verliert ihre (Über-)Lebenskraft und scheidet ganz langsam dahin, weil sie dem Anpassungsbedarf des Umfelds und dessen inspirierendem, forderndem, konkurrierendem Druck nichts mehr entgegenzusetzen hat.

## Neugier oder der Drang, Unsicherheit in Sicherheit umzuwandeln

> Die Neugierde steht immer an erster Stelle
> eines Problems, das gelöst werden will.
>
> *Galileo Galilei*

Neugier ist ebenfalls ein zwiespältiges Gefühl. Bereits in jungen Jahren ist uns beigebracht worden, uns zurückzuhalten und – selbst wenn wir sie sehr stark verspürten – ihr nicht nachzugeben, sie nicht zu befriedigen.

Dennoch begleitet uns die Neugier, drängt und verführt uns. Wir lernen, unsere Neugier zu disziplinieren, manchmal zu unterdrücken, aber sie lässt sich einfach nicht abstellen. Denn wir brauchen sie. Allerdings wechseln wir das Etikett, um sie zivilisiert zulassen zu können: Wir nennen sie dann Interesse. Und als solches darf sie nun unsere Aufmerksamkeit gezielt ausrichten und uns die Energie spenden, um das Objekt der Begierde forschend zu verfolgen. Denn hinter der Neugier steht der Drang, Unklarheiten zu beseitigen, Unwissenheit durch Wissen zu ersetzen und Unsicherheit in Sicherheit zu verwandeln.

Für die Befriedigung dieses Gefühls spielt es grundsätzlich keine Rolle, ob dies mittels eines Blicks durchs Schlüsselloch, in ein astronomisches Teleskop oder ein Elektronenmikroskop geschieht, das uns erlaubt, sonst unsichtbare Strukturen zu erkennen. Entscheidend ist unser Interesse, das uns neugierig macht. Der Reiz der Neugier liegt darin, die Grenzen des bekannten Reviers zu überschreiten und sich an neuen Herausforderungen zu versuchen. Nicht nur, aber auch deshalb expandieren Unternehmer, entscheiden Manager auch unter Risiko, wollen Potenzialträger neue Verantwortungen übernehmen, und auch deshalb sind schon in grauer Vorzeit Menschen, Gruppen und ganze Völker auf Wanderschaft gegangen, haben fremde, bis dahin unbekannte Gegenden entdeckt, erkämpft, besetzt. Und in anderer Form tun wir das heute immer weiter, ob wir nun an einem Experiment, einem Forschungs- oder Entwicklungsprojekt, einer Pilotaktion oder einer Expedition teilnehmen. Scheinbar feste Grenzen zu überwinden, sichere Gewissheiten infrage zu stellen, scheinbar Unmögliches möglich zu machen, das ist es, was die Neugier weckt und antreibt.

## Dauerkampf zwischen Neugier und Risikovermeidung

Selbst wenn wir fremde Länder als Touristen besuchen, begleitet uns dieses Gefühl der Neugier, treibt uns, dies überhaupt zu tun, auch wenn es manchmal teuer oder beschwerlich ist. Solange es Lücken, Unklarheiten und Zweifel in unserem Wissen gibt, so lange wird sich unsere Neugier daran festbeißen. Ohne den emotionalen Impuls der Neugier gäbe es über den Zufall hinaus keine Dynamik, keine Entwicklung und keine Innovation. Wir lernen: Der Einsatz lohnt sich – wenigstens manchmal.

Doch es gibt auch einen entgegengesetzten emotionalen Mechanismus: Unsicherheit kann Angst machen. Und Angst drängt zur Risikovermeidung. Dies sogar häufig, bevor die Risiken wirklich rational bewertet sind. Bisweilen werden die Klärung und Abschätzung eines Risikos durch emotionsgeprägte Katastrophenfantasien ersetzt, die dann der Neugier Einhalt gebieten. Manchmal spiegeln sich in solchen halb gedachten (das kann im Streit oder im Chaos enden), halb gefühlten (das kann mir um die Ohren fliegen und ich bin dann auch noch schuld) Erinnerungsresiduen Fragmente ehemaliger – vielleicht sogar traumatisch gefärbter – Erfahrungen, die angstvolle Impulse setzen. Oft bleiben wir dann stehen, um durch den Blick in den Rückspiegel den vor uns liegenden Risiken auszuweichen. Statt Risiken zu klären, beziehen wir uns auf die bereits vorhandenen, vorgeblich nun doch ausreichenden Sicherheiten. Wir konzentrieren uns und unsere Energie auf Risikovermeidung, statt Risikomanagement zu betreiben. In Organisationen geschieht das zumeist über Verzögerung und Hinausschieben oder über eine Form der Rückdelegation, die Flucht in die hierarchische Struktur, zur Autorität, zur meist höher bezahlten Einsicht. Wir holen deren Zustimmung ein, erbitten von ihr ein klärendes Machtwort. *Machen!* Das eigentliche Ansinnen aber lautet: Nimm uns das Risiko ab – die Verantwortung nämlich.

Die Neugier, die Lust zur Entdeckung, das Vertrauen in den Prozess des Erkundens, des Ausprobierens, die Herausforderung des überschaubaren Experiments, die uns über die bisherigen Grenzen hinausführen, vielleicht sogar mit unseren eigenen Grenzen in Berührung bringen, sind dann verflogen. Was bleibt, ist: weiter wie bisher und Absicherung durch Rückgriff auf die bestehenden Ordnungen und Abläufe oder auch Fundierung durch einen möglichst breiten Konsens. Im Zentrum steht die Risikovermeidung, das Bestreben, keinerlei Risiken einzugehen. Unser kognitives System stellt uns dafür ausreichend Rationalisierungen und *vernünftige Gründe* zur Verfügung, um es vor uns selbst und anderen zu legitimieren. Jedes Risiko ist endlich so abgesichert, dass es keines mehr ist. Allerdings werden uns immer mehr die zufälligen Ereignisse und Erfahrungen fehlen, die das Leben spannend machen, die unseren Blick auf etwas Neues richten und uns ermöglichen, etwas dazuzulernen.

Aber ohne die Neugier, die uns drängt, es doch herauszubekommen, sind Innovationen nur schwer möglich. Es ist also nicht die Unberechenbarkeit, die uns wirklich zu schaffen macht. Es ist die Berechenbarkeit!

Denn in diesem Sinne behindert und bremst sie Perspektivwechsel, Erfahrungslernen und Innovation.

## Manager und Bauchgefühl – ein Widerspruch?

Vor anstehenden Veränderungen geht es ja vor allem darum, Dinge zu analysieren, eine Situation realistisch zu erfassen und dann zu entscheiden; bei komplexen Fragen gehört noch dazu, sich abzustimmen, wenn die Möglichkeiten einer späteren Korrektur eher gering oder sehr aufwendig sind. Dann ist auch eine nochmalige Prüfung erlaubt, sich eine zweite Meinung einzuholen oder sich mit Experten zu besprechen. Aber für Manager, die davon überzeugt sind, in ihrer Rolle stets wissen zu müssen, wo es langgeht, ist es schwierig zu zögern, um noch mal nachzudenken, andere um Rat zu fragen oder sich mit Dritten auszutauschen. Dies insbesondere dann, wenn eine schnelle Lösung gefordert zu sein scheint oder unter Zeitdruck eine schnelle Hauruck-Aktion gewünscht wird. Sie sehen dabei vielleicht auch das Image, das sie sich erarbeitet haben, aktiv auf die Probe gestellt. Wenn man glaubt, sich aufgrund der eigenen Selbstdarstellung Zögern und Unsicherheit nicht trauen oder nicht leisten zu können, ist selbst die Vorstellung mit Scham behaftet, nochmals mit anderen zu reden oder sich selbst alles noch einmal durch den Kopf gehen lassen zu wollen. Aufgrund diffuser »Bauchgefühle« selbst Unsicherheit zu zeigen, darüber auch noch offen zu sprechen und dies als Grund für ein Zögern ins Feld zu führen, sehen die Spielregeln des Managerverhaltens nicht vor. Aufgrund eines »Bauchgefühls« nicht zu entscheiden passt eben nicht zu einem heroischen, durchsetzungsstarken Manager.

In der Entscheidungstheorie wird Zögern zurückgeführt auf Faktoren wie Unsicherheit, unklare Lage und Unwissenheit. Die Warnung aus dem emotionalen System, das »ungute Gefühl« eben, spiegelt uns genau diese Faktoren in unsere aktuellen Handlungsbestrebungen hinein. Diese Spiegelung kann aber bisweilen auch blenden, kann irrlichtern, kann Aspekte widerspiegeln, die ganz anderer Art sind und ganz andere Wurzeln haben. Dies können zurückliegende Erfahrungen und Analogien sein – durchaus passende, aber eben auch nicht vergleichbare. Es können auch die Reflexe eines generell unsicheren Selbstwertgefühls sein, vielleicht sogar die aufkeimende Vermutung, dass man etwas vorgegeben oder übernommen hat, das man gar nicht halten kann, also das eigene Leistungskonto überzogen hat. Deshalb ist es klug, sich darüber klar zu werden, woher das ungute Gefühl stammt, was es signalisieren und worauf es aufmerksam machen will. Das aber kostet Zeit. Zeit, nachzudenken und in sich zu gehen.

Ein ungutes Gefühl zu verdrängen kostet Kraft. Vor allem aber: Es verschwindet nicht einfach! Da hilft eigentlich nur die klare An- und Aussage: Ich bin mir noch nicht ganz sicher, ich habe noch kein gutes Gefühl, ich bin noch nicht wirklich überzeugt. Offenheit, ein klares, ehrliches Bekenntnis zur eigenen Unsicherheit, zum verbliebenen Rest eigener Zweifel. Und sich die Zeit zu nehmen und sie zu nutzen, um sich zum Beispiel mit Kollegen zu besprechen, um sich Rat zu holen, um alles noch einmal zu überdenken, zu überprüfen, ob und welche Aspekte vielleicht übersehen oder falsch gewichtet wurden. Das hat mit »Herumeiern« wenig zu tun und wirkt langfristig eher seriös und auch vertrauensbildender als ein sich immer dynamisch gebender Manager, der zwar schnell handelt, aber eben auch bei Gelb seine eigenen emotionalen Ampeln überfährt. Der manche Risiken nicht wirklich mit- oder zu Ende denkt. Oder der solche Risiken eben eingeht und andere mit hineinzieht.

Kapitel 4

# Strukturen im Unternehmen – emotionale Anreize und Effekte

Ob Restrukturierung, Strukturanpassung oder organisatorische Neuausrichtung, strukturelle Veränderungen sind immer organisatorische Antworten und Reaktionen auf aktuelle Problemlagen. Diese sind zwar meist von Außeneinflüssen, also Markt, Wettbewerb, technologischen oder auch politischen Entwicklungen induziert, aber die Auswirkungen der Veränderung zeigen sich zuerst immer als Binnenwirkung. Sie verändern die Arbeits- und Lebensumstände vieler Mitarbeiter, formelle und informelle Rollen-, Beziehungs- und Bedeutungsstrukturen. Denn: Je nach der angestrebten Richtung der Veränderung bewirken Organisationsstrukturen aus sich heraus spezifische emotionale Muster, die anschließend das Zusammenleben und das Zusammenspiel im Unternehmen beeinflussen oder sogar neu prägen.

## Die Urform: Hierarchische Pyramide und heilige Ordnung

### Steuerungsprinzipien und organisatorischer Nutzen

Bis in dieses Jahrtausend hinein waren Hierarchie, Arbeitsteilung, Funktionsorientierung und kaskadenförmig gestaffelte Verantwortung die wesentlichen und weithin gültigen Prinzipien der Gestaltung von Arbeitsorganisationen, ihrer Steuerung und ihrer Kontrolle. Die Denkmodelle entsprachen alle mehr oder weniger dem klassischen Pyramidenaufbau, den seit Jahrhunderten auch Militär, Kirchen und hoheitliche Verwaltungen ihren Ordnungsstrukturen zugrunde gelegt hatten. Er galt als heilige Ordnung. An diesem orientierten sich dann auch die Unternehmen. Organisationen anders auszurichten als im hierarchischen Pyramidenmodell erschien nahezu absurd. Denn nur so konnte ein Entscheider einige wenige Vertraute und Qualifizierte, und diese wiederum Hunderte, führen, steuern und kontrollieren. Die Folge: Kopf, Herz und Hände wurden – anders oder zumindest sehr viel stärker als in den früheren handwerklich geprägten Arbeitszusammenhängen – voneinander getrennt, durch Rangordnungen separiert und auf verschiedenen Rangstufen untergebracht. Gedacht und entschieden wird an der Spitze; der Zugang dazu ist streng limitiert. In der Mitte tun die mittleren Führungskräfte ihr Werk: Sie veranlassen, koordinieren, exekutieren, kontrollieren und berichten. Und unten wird die operative Arbeit getan, da wird vollzogen, umgesetzt und gemacht.

Die Bausteine in dieser Organisationswelt sind Ab-Teilungen und strenge, straffe Befehlskaskaden. Die Devise ist: Teile und herrsche. Mit seiner Vielzahl von tief gestaffelten Verantwortungsebenen, aber klaren Zuständigkeitsregelungen, straffen Weisungsverhältnissen und engen Kontrollmechanismen gibt dieses Muster verhältnismäßig wenigen Managern die Kontrolle über vergleichsweise große Belegschaften. Das Maß ist die Kopfzahl: Größe zählt, vermittelt die Bedeutung und spiegelt die Machtverhältnisse. Und die eingeschliffene Antwort auf neue Herausforderungen und Problemstellungen aller Art ist: mehr Personal, mehr Budget. Also mehr vom selben. Interne Optimierungspotenziale werden eher weniger gesucht und genutzt. Stattdessen wird Skaleneffekten vertraut.

Selbst da, wo mittlerweile prozessgetriebene Strukturen sich durchsetzen, wo sich anfänglich Maximen wie Ablauf vor Aufbau und Prozess vor Funktion in Denken und Haltung verankern konnten, haben sich zahlreiche Funktions- und Bereichs-Silos lediglich angepasst und quergelegt, um sich nun, als (Teil-)Prozess getarnt, wieder in alter Manier im hierarchischen Grundmuster in Abschottungspraktiken zu ergehen.


## Hierarchische Grundstruktur – Herrschaftsmodell und emotionale Fluchtburg

Woher bezieht aber diese heilige Ordnung, dieses funktionsteilig-autoritär geprägte Architektur- und Ordnungsschema seine Zähigkeit, seine (Über-)Lebenskraft, seine hohe Ansteckungskraft? Wer und was tragen dazu bei? Und was hat das alles mit Gefühlen zu tun?

Nun, erst einmal glauben wir, dass wir alle Teil dieses Musters sind.

Denn wir alle streben nach Sicherheit, wir alle suchen einen Handlungs-raum, auf den wir uns einstellen können, ein Umfeld, in dem wir uns aus-kennen, das wir zu überblicken und zu durchschauen glauben. Es bietet uns Sicherheit, wenn wir Erfahrungen haben, die wir nutzen und dabei gleichzeitig unseren eingespielten Gewohnheiten nachgehen können. Wir suchen unsere vertraute Welt.

Und wir wünschen uns dort Ordnung, Klarheit, Eindeutigkeit. Wir be-vorzugen einfache und transparente Prinzipien und Regeln, selbst wenn wir wissen, dass sie letztlich suboptimal und unterkomplex sind, der Wirklichkeit auf Dauer nicht gewachsen. Wir wissen zwar um die Viel-falt, Unterschiedlichkeit und Komplexität der Aufgaben- und Problem-stellungen, verfallen aber dennoch einer Sehnsucht nach dem einfachen Leben, den unkomplizierten Lösungen. Einstein soll einmal gesagt haben: *Everything should be made as simple as possible ...* Und wir vergessen dann, dass er fortfuhr: *... but not simpler.* Deshalb schätzen wir rasier-messerscharf abgegrenzte Schnittstellen im Organisationsschema, die wir zwar Nahtstellen nennen, die wir aber häufig gleichzeitig erleben und nutzen als Dreh- und Angelpunkte von Schuldzuweisungen, Zuständig-keitsgerangel und Eskalationsrampen für Interessenkonflikte, mit hoher Eignung als dauerhafte Störquelle, als Bahnhof für Schuldverschiebungen und als Entstehungsort hoher Aufwände für Kommunikation und die pro-phylaktische Ausarbeitung von Dokumentationen zur Abwehr anderer Ansprüche.

## Der »versteckte« Nutzen der Hierarchie

Ein vergleichbarer Nutzen liegt auch in der Hierarchie, in der inneren Logik der Aufbauorganisation. Denn sie hilft uns, Verantwortung nach oben zu delegieren oder uns sogar völlig von ihr zu entlasten. Die Ent-scheidung, die Zustimmung oder auch nur ein orientierender Hinweis von oben nimmt uns die Last ab, die wir eigentlich schultern sollten und wohl auch könnten. Wenn die Dinge sich schwierig, mehrdeutig, schwer über-schaubar entwickeln, wenn das Risiko zunimmt, dass etwas nicht klappt, oder wenn wir einfach nicht mehr weiterwissen, gibt uns diese Struktur eben die Chance, die Risiken, die Verantwortung auf eine höhere Rang-stufe zu verlagern. Und in überraschend vielen Fällen fühlen sich dann beide Seiten wohl. Der Vorgesetzte fühlt sich respektiert, vielleicht auch wertgeschätzt, freiwillig eingebunden. Man fragt ihn um Rat, sucht seine Hilfe, erwartet seine Entscheidung. Der Mitarbeiter wiederum hat sich seiner Verantwortung weitgehend entledigt oder sich durch Rücksprache zumindest teilweise entlastet.

Die Scheu vor der Verantwortung für die Risiken des eigenen Handelns, ohne den eigenen Kompetenzrahmen wirklich auszuloten, bedeutet wiederum eine Bestätigung oder sogar Übererfüllung hierarchischer Ansprüche. Und dies manchmal, bevor sie überhaupt gestellt werden.

## Was es so schwer macht, Freiräume zu nutzen

Wenn Strukturen verändert und flexibilisiert werden, kennt kaum eine Führungskraft von vorneherein wirklich sicher den Rahmen des eigenen Kompetenz- und Handlungsraums. Mancher Weg entsteht eben erst beim Gehen. Die wirklichen Grenzen sind meist eine Mischung aus Zugeständnis und Absprache, der Duldung schlüssigen Tuns, sowie von Gewohnheit und – last, but not least – natürlich auch formeller Festlegung. Freiraum zu erforschen und zu nutzen – und damit auch die Verantwortung dafür zu übernehmen – würde bedeuten, das in Anspruch zu nehmen, was als eigenständiges, unternehmerisches Denken und Handeln gefordert wird. Wenn vielleicht auch nicht immer und überall, aber doch zunehmend.

Jedoch ist uns vieles davon schon frühzeitig ausgetrieben worden. Ob Elternhaus und Schule, ob Studien- und Lehrzeit, sie alle haben einen kleinen Beitrag zu jenem anerzogenen – aber auch gerne gelernten – Opportunismus geleistet, der uns letztlich eher zum Teil des Problems und eben nicht der Lösung macht.

Aus der Bezwingung unserer Neugier, aus der Scheu vor einem Risiko, der Unlust, freiwillig Verantwortung zu übernehmen, vor allem aber aus dem durchgängigen Wunsch nach möglichst viel Sicherheit und – damit eng verbunden – der Vermeidung von Experimenten resultiert letztlich eine fortwährende Demonstration eines Bedürfnisses nach Abhängigkeit, das die Hierarchie immer wieder bestätigt. Denn in deren Logik wird dies meist ohnehin unterstellt und auch nur allzu gerne befriedigt. Eine innere, emotionale Neigung zur Anpassung und die nachhaltig antrainierte Fähigkeit, sich zu fügen, sich einzuordnen, helfen und fördern dabei, dies auch weitgehend reibungsfrei zu tun.

Beide Seiten fühlen sich immer wieder wohl, wenn es zurückgeht zum Grundmuster, zu jenen Mechanismen und Strukturen, in denen die alten, vertrauten Spielregeln immer noch oder schon wieder gelten, ein sicheres emotionales Nest, das wir gut kennen. Wo oben noch oben ist. Organisatorische Gegebenheiten also, in denen man verlässlich guten Willens ist, Diskussionen begrenzt, Widerspruch homöopathisch dosiert und ansonsten das eigene organisatorische Fortkommen sichert. Und dies möglichst, ohne aufzufallen.

## Warum soziale Symbiosen gemütlich, aber nicht hilfreich sind

Meist finden sich in solch hierarchieorientierten Strukturen ausreichend Personen, die gerne Gefolgschaft leisten, die sich Orientierung von oben wünschen, ja diese gesucht haben, und die sich – im Austausch gegen eine gewisse Freistellung von Entscheidungsrisiken und Verantwortungsbürden – mit Gefühlen der Abhängigkeit gerne arrangieren. Mancher Manager bleibt dann auch gerne bei einer solchen Praxis, weil er sich eben von fachlichen Problemstellungen magisch angezogen fühlt. Oder er befürchtet vielleicht, sich bei zu viel Selbstständigkeit der nachfolgenden Ebene den Ast abzusägen, auf dem er sitzt. Hierarchische Systeme lassen dieses Mikromanagement und die obrigkeitliche Zwangsverwaltung des Operativen trotz Rollendistanz und Verantwortungsstaffelung durchaus zu. Aber umgekehrt bremst sich auch selbst aus, wer vor jeder Entscheidung die Erlaubnis heischende Rücksprache mit seinem Chef sucht. Denn: Je stärker und starrer sich diese Strukturen einschleifen, umso mehr Energie und Kreativität bleiben in ihnen gebunden.

## Die Hierarchie nistet in unserem Kopf und spiegelt sich in den Gefühlen

Bei aller Eindeutigkeit der klassischen Pyramidenstruktur, bei aller Transparenz, wo oben und wo unten ist, bei allen Entlastungsmöglichkeiten von Verantwortung und Schuld und allen patriarchalisch-fürsorglichen

Schutz- und Stützpotenzialen bietet diese hierarchische Ordnung vor allem viel Raum für eine emotionale Macht/Ohnmacht-Dynamik, für das Wechselspiel von Abhängigkeits- und Gegenabhängigkeitsgefühlen und dessen Kränkungspotenzialen. Der Homo sapiens verfügt eben über beides: den Wunsch, geführt, behütet und geschützt zu werden, und das Streben nach Eigenständigkeit, den Wunsch, sich von Autorität zu befreien, sich ihr zu widersetzen; und dies bis hin zur Rebellion.

Und so bietet sich für die Mitarbeiter und einfachen Führungskräfte – also jene, die nahe der Basis ihren Job zu machen haben – eben auch an, mit Vermutungen von autoritärer Abgehobenheit oder aber Weisheit, mit der Zuschreibung von Macht oder dem Verdacht der Willkür zu reagieren und diese subjektiven Eindrücke emotional entweder mit Gefühlen der Sicherheit und des Aufgehobenseins oder aber der Entmündigung und des Ausgeliefertseins zu beantworten. Vielleicht gesellen sich auch noch solche der Missachtung, der mangelnden Anerkennung und der fehlenden Wertschätzung hinzu. Die emotionale Achtsamkeit ist jedenfalls stark nach oben gerichtet, und auf Impulse von dort wird emotional sehr intensiv reagiert. Die Hierarchie bestätigt und spiegelt sich damit stark in unserer Gefühlswelt. Das hierarchische Prinzip bleibt als eine Art Schattenmodell in unserem Hinterkopf erhalten, unabhängig davon, in welcher Organisationsstruktur wir uns gerade befinden. Und deshalb steht es dort auch jederzeit auf Abruf bereit und im sogenannten Notfall als Alternative immer zur Verfügung!

## Verankert im vertrauten Silo

Die vertrauten hierarchisch abgeschotteten Silomodelle mit exakt definierten Fachkompetenzen und/oder Aufgabenfeldern mögen für bereichsübergreifende Zusammenarbeit zwar nicht unbedingt hilfreich gewesen sein – und manch einer mag unter dieser Abschottung auch sehr gelitten haben. Aber Silos haben einen unbestreitbaren Vorteil: Man lebt behütet in einem Kokon, kann sich voll auf seine persönliche Fachkompetenz konzentrieren und das eigene Aufgabenfeld ist sicher vor direkten Angriffen, Erwartungen, Ansprüchen und Zumutungen aus anderen Funktions- und Zuständigkeitsbereichen. Entscheidend ist der kompetente Beitrag aus dem eigenen Bereich, relativ unabhängig davon, ob und wie weit der übergreifende Wertschöpfungsprozess insgesamt zum gewünschten Ergebnis führt. Im Gegenteil, man kann aus Erfahrung auf folgenden Ablauf spekulieren: Andere Bereiche, die ihre Leistung in der Wertschöpfungskette vor dem eigenen Beitrag zu erbringen hätten, werden mit einer gewissen Wahrscheinlichkeit mit ihrem Teil in Verzug sein – und so kann man sich guten Gewissens auch mit dem eigenen Beitrag Zeit lassen und sich stattdessen anderen, dringenderen Themen widmen, aber nach außen scheinheilig so tun, als ob man selbstverständlich leistungsbereit gewesen wäre. Der zuständige Silofürst bildet die Schutzmauer, hinter der man sich verstecken kann – und hinter der man bei (drohendem) Misserfolg des Gesamtprojekts die Schuld anderen Silos zuordnen darf.

*Vertrautes Grundgefühl*: Hauptsache, bei uns ist so weit alles in Ordnung und wir sind nicht schuld, wenn etwas schiefgeht. Manchmal auch eine gewisse Häme, wenn der Sündenbock für ein Misslingen eindeutig in einem Bereich entdeckt und zur öffentlichen Hinrichtung freigegeben wird, der nicht unbedingt zu den Lieblingsgeschwistern gehört.


## In freier Fahrt von unberechenbaren Zumutungen umgeben

Die neue Situation flacher Strukturen ist gekennzeichnet durch vielfältige wechselnde Leistungs- und Kooperationserwartungen aus teilweise völlig unterschiedlichen Bereichen. Alleinige Bezugspunkte sind die Wertschöpfungskette und der Erfolg insgesamt, unabhängig davon, wer welchen Beitrag dazu leistet, und unabhängig von hierarchischen Zuständigkeiten – zumindest offiziell. Inwieweit de facto die Mikropolitik des informellen Systems die alten Abgrenzungsmuster nach wie vor ermöglicht und zu pflegen erlaubt, möchten wir in diesem Zusammenhang im Moment mal außen vor lassen.

*Neues Grundgefühl*: Man fühlt sich immer wieder überraschend mit übergreifender Verantwortung konfrontiert, unabhängig von rein fachlicher Kompetenz und funktionaler Zuständigkeit.

Je nach Einstellung ist das ein gutes Gefühl, weil die früheren Fach- und Funktionsgrenzen nicht mehr behindern und man sich stattdessen überall einmischen kann und sogar soll, oder ein Gefühl von wachsamer Besorgtheit, weil man so lange nicht sicher sein kann, einen wirklich guten Beitrag geleistet zu haben, wie das gewünschte Ergebnis nicht erreicht ist.

Selbst dann muss man noch in dem offenen gruppendynamischen Kräftefeld unterschiedlicher Interessen dafür Sorge tragen, dass der eigene Beitrag angemessen sichtbar wird.

Spontan wird eventuell immer mal wieder das alte gewohnte Gefühl, die Situation nur aus der eigenen Fach- oder Funktionsperspektive bewerten zu wollen, hochkommen und die Oberhand gewinnen. Die persönliche Psychohygiene wird in erster Linie für das eigene Wohlbefinden sorgen wollen. Solange das persönliche Selbstverständnis auf die eigene Leistung im eigenen Bereich bezogen ist, wird sich an dieser Erlebnisweise auch nichts ändern. Auch wenn der Verstand das neue Grundgefühl prinzipiell als logische Folge der neuen Arbeitsmodelle akzeptiert, wird es immer gefährdet sein, in das alte Gefühl zu kippen – außer es gelingt, für das übergreifende neue Rollenverständnis ein tragfähiges emotionales Fundament zu schaffen.

## Moderne Organisationsmuster und ihre emotionale Dimension

Drei Muster finden sich zurzeit – in Abgrenzung oder Ergänzung zur funktionalen Hierarchie – mehr oder weniger in den Aufbauarchitekturen und den Organisationsbildern der Unternehmen: Projekte, Matrix und Netzwerke. Diese Muster sind allerdings nur rudimentär umgesetzt. Zwar zieren sie einige Organigramme sehr demonstrativ und markant, sind aber bei genauerer Betrachtung doch vielfach eingebunden in die sehr hierarchisch geprägten Grundmuster, sind als Reste ehemaliger Restrukturierungsprogramme nur in Nischen der überkommenen klassischen Strukturen angesiedelt und bedroht, von den funktional-hierarchischen Regelungssystemen und Handhabungsformen im Laufe der Zeit wieder überwuchert zu werden. In einigen Fällen ist es den neuen Formen jedoch gelungen, sich nicht nur strukturell klar und prägnant zu erhalten, sondern – der jeweiligen Struktur entsprechend – die Prozesse und Verhaltensweisen zu prägen und die Art des Zusammenspiels, die Kultur sozusagen, ganz wesentlich mitzubestimmen. Wir wollen die Prinzipien, die diese drei Strukturmuster leiten, holzschnittartig und im kurzen Überblick betrachten, um anschließend vor allem die emotionalen Aspekte deutlich zu machen.

# Die Projektorganisation – Chancen und Risiken

Auch in klassischen Unternehmen wird die Projektform gerne benutzt, um Themen zu bearbeiten, die ansonsten in der vertikalen und nach Funktionen gegliederten Organisation absehbar hängen bleiben, im Machtgerangel unterschiedlicher Funktionsinteressen zerrieben würden. Ein wichtiges Anliegen in Projektform zu kleiden, einen starken, ehrgeizigen Projektleiter an dessen Spitze zu setzen, dem Thema sichtbare Aufmerksamkeit von ganz oben und dem Projektmanager Wertschätzung und deutliche Promotion von ebenda zu sponsern reicht in der Regel aus, solche Organisationsformen als erfolgreiche temporäre Sonder- beziehungsweise Ausnahmelösungen zu installieren; insbesondere dann, wenn direkte Ressourcenkonkurrenz mit den fachlichen Linien, die diese Mitarbeiter abzustellen haben, vermieden wird.

Auf solche Weise ist Projektarbeit als Notbehelf und Bypass an der hierarchischen Staffelung vorbei, quer durch funktionale Zuständigkeiten, in viele Unternehmen eingedrungen, von der täglichen Bürokratie und den formalen Regelwerken zumindest teilweise befreit.

## Der Vorteil von Projekten

Durch ihre horizontale Perspektive, in der vor allem die ablauforganisatorischen Aspekte betont werden, erzeugt die Projektorganisation eine starke Ziel- und Ergebnisorientierung und löst auch eine hohe sozio-emotionale Integrationswirkung auf die Beteiligten aus. Durch die multifunktionale Projektstruktur verbessern sich die Chancen, dass innovative Potenziale entdeckt und genutzt werden, um neue inhaltliche Lösungen zu ermöglichen, aber auch, um Abläufe zu beschleunigen, Durchlaufzeiten zu verkürzen und einen möglichst schonenden Umgang mit Ressourcen zu realisieren.

Effizienz und Projekterfolg hängen sehr stark von der Stringenz und Güte der Projektorganisation ab: klare Struktur mit Meilensteinen, Audits auch mit Linienmanagement, genügend Information und Kommunikation, straffe Controllinginterpunktionen sowie weitere eingebaute Rituale, um Austausch und Wir-Gefühl sowie Energie und (Zusammen-)Arbeitsfreude aufrechtzuerhalten, jedoch auch, das Potenzial von Konflikten im Projekt bei der späteren Stabübergabe an die Linie zu kanalisieren und zu dosieren.

## Freiheitsgefühle, Angst vor Kontrollverlust
## und opportunistisches Doppelspiel

Aus unserer Erfahrung entwickelt sich in solch projektförmig aufgebauten Organisationen ein sehr starkes unternehmerisches Selbstverständnis im Denken und Handeln bis in die unteren Führungsebenen hinein. Entsprechendes Verhalten und entsprechende Forderungen – vielleicht sogar mit stiller Unterstützung des Projektleiters – treffen dann auf eine Regelorganisation, in der dies als anmaßende Grenzüberschreitung und Eingriff in die eigene Zuständigkeit aufgefasst wird. Und dies löst auf den unterschiedlichen Seiten unterschiedliche emotionale Resonanzen aus, die dann auch wieder ebenso emotional wie unterschiedlich beantwortet werden.

Sozio- und psychodynamisch relevante Aspekte finden wir hier in mehrfacher Weise. Gerade in klassischen Unternehmen ist die Arbeit in einem solchen projektspezifischen Rahmen ungewohnt. Projektteams müssen sich finden, sich (ein-)schätzen lernen, sich trauen, bisher gewohnte Regeln, Wege und Denkweisen zu verlassen, wirklich über Hierarchien und Funktionen hinweg zu kommunizieren, sich gegenseitig zu nutzen, sich aufeinander vertrauensvoll zu verlassen.

Insbesondere die Vernetzung der Teams im Projekt untereinander kann anfänglich problematisch sein. Viele sind Einzelarbeit und Kommunikation zwar mit engen, direkten Kollegen, aber eine eher formalisierte Berichterstattung dem Vorgesetzten gegenüber gewohnt. Selbsttätig Kontakt und kommunikative Beziehung zu anderen Gruppen und hierarchischen Ebenen aufzunehmen, manchmal sogar ohne direkten Anlass, sondern nur zum Austausch von Ideen und Perspektiven, ist nicht geübt, braucht Zeit und Legitimation. Bisher war dies Sache des Vorgesetzten. Hemmungen und Ängste, sich vom eigenen Vorgesetzten, zumindest was intime Angelegenheiten des Projekts betrifft, abzunabeln beziehungsweise sich gar kommunikativ zu verweigern, müssen erst schrittweise abgebaut werden. Aber auch die ingenieurmäßig versachlichten Denk- und Sprachgewohnheiten, die alles Psychosoziale außen vor lassen, abzubauen und stattdessen die Bedeutung vertrauensvoller persönlicher Beziehungen zu erkennen, ja solche aktiv aufzubauen, funktioniert nicht von jetzt auf gleich. Es beansprucht das emotionale System, den Gefühlshaushalt auf andere Art als das (Arbeits-)Leben in der Regelorganisation.

## Politische Manöver: Die emotionale Dynamik
## zwischen Linie und Projekt

Projekte stehen in hierarchisch-funktionalen Organisationen phasenspezifisch häufig in starker Ressourcenkonkurrenz zu den Linien, manchmal auch – dadurch induziert – zu anderen Projekten; auch und gerade im Bereich der Humanressourcen. Wenn die Stärke zwischen Projekt und Linie nicht gut balanciert ist, dominieren häufig Linieninteressen, und diese schwächen oder verformen das Projekt, ersticken es bisweilen sogar.

Die Reaktion der Linienfunktionen reicht manchmal von Neid, Konkurrenzgefühlen (»Warum gerade die? Warum nicht wir? Eigentlich ist das unser Thema! Es sind eigentlich unsere Ressourcen, die da verbraten werden!«) über »*Not invented here*«-Attitüden, Auflaufen lassen, Schadenfreude (»Geschieht ihnen gerade recht!«) bis hin zu Sabotage in Form von Zuarbeit verzögern, Informationen vorenthalten, Warnungen vor Fehlern beziehungsweise Fehleinschätzungen unterlassen und anderen mikropolitischen Taktiken. Wirklich gefährlich wird solche emotionale Dynamik zwischen Projekt und Linie, wenn dieses ganze psychodynamische Geschehen nicht offen angegangen und geklärt wird. Das Ergebnis kann dann durchaus sein, dass es bei günstiger Gelegenheit gelingt, das latente mikropolitische Ziel solcher Schachzüge, nämlich eine Schwäche oder ein kritisches Ereignis zu nützen, um das Projekt zu kippen oder es wieder in die Fachabteilung einzugliedern, tatsächlich zu erreichen.

## Es geht auch anders: Projektstruktur
## im Rahmen einer neuen »weltlichen Ordnung«

Wenn die Organisation in Projektformation nicht eine Ausnahme- oder Sonder-, sondern die Regelstruktur eines Unternehmens ist, das heißt, wenn die klassische Pyramide nur noch als Hintergrundfigur dient, die tatsächlichen Geschäftsprozesse aber in den Projekten realisiert werden, entsteht eine völlig andere emotionale Dynamik. Diese Organisationsvariante haben wir vor allem in Unternehmen gefunden, die sich aus Ingenieurbüros oder technologiegetriebenen Start-ups heraus entwickelt haben. Sie läuft oft unter dem Etikett »Projektmatrix« und ermöglicht eine große Beweglichkeit und hohe Anpassungsleistungen. Die Teilprojekte sind hochflexibel, sowohl was Umfang und Größe als auch was ihre personelle Zusammensetzung und ihr Funktions- beziehungsweise Kompetenzspektrum im Ablauf der Auftragsabwicklung anbelangt. Die Mitarbeiter sind flexibel einsetzbar und variable themen-, auftrags- oder phasenbezogene Zuordnungen gewohnt. Die emotionale Dynamik dieses Organisationsmusters ist zwar durchaus auch durch einen unterschwelligen Wettbewerb der Projekte und Teilprojekte untereinander beeinflusst, aber dabei geht es weniger um Macht und organisatorische Bedeutung, um Ressourcen- und Budgetfragen, sondern vor allem um die Frage: Wer kann was besser, ist schneller, erfolgreicher? Das Klima ist teamähnlich geprägt, durch starke Kollegialität – man trifft sich in unterschiedlichen Arbeitszusammenhängen und darin auch in verschiedenen Rollen immer wieder – sowie durch projektorientierte Leistungsorientierung und auch persönliche Beziehungen. Es geht um gute und enge Kooperation, die sozial und emotional allerdings ebenfalls unter Wettbewerbsbedingungen steht. Abgrenzungsmanöver und Funktionskonkurrenzen sind dennoch selten; und wenn, dann sind es Ressourcenkonkurrenz und allgemein menschliche Eitelkeiten, die das Zusammenwirken und den Austausch gelegentlich erschweren. Eine unternehmerische, auf Ergebnis und den gemeinsamen Erfolg bezogene Grundhaltung hält Konflikte meist in engen Grenzen. Identitäts-, Loyalitäts- und Zugehörigkeitsgefühle binden sich stark an Kollegen, an Themen und gegebenenfalls auch an den Projektleiter, weniger an das Unternehmen – außer wenn die Firma zum Beispiel für ein besonders attraktives Thema respektive Produkt steht oder die Person des Gründers beziehungsweise des Unternehmers hohe öffentliche Aufmerksamkeit genießt.

## Die organisatorische Matrix

Eine Matrixorganisation versucht, unterschiedliche, aber für das Unternehmen und seine Wettbewerbsfähigkeit gleichermaßen relevante Zielsetzungen in formellen Verantwortungsstrukturen abzubilden. Natur und Sinn einer Matrix ist es, Ausgewogenheit bei der Berücksichtigung verschiedenartiger, aber gleich wichtiger Unternehmensinteressen und -ziele zu erzeugen und durch eine ebenfalls balancierte Machtverteilung

zwischen vertikalem Aufbau und den horizontalen Abläufen strukturell möglichst weitgehend zu gewährleisten. Dabei können mehrere
Dimensionen ineinandergreifen und organisatorisch dargestellt werden:
produkt-, wettbewerbs- oder technologiespezifische, regionale oder
internationale, zentrale oder dezentrale, strategische oder operative.
Matrixarchitekturen sind häufig hochkomplex. Für eine Mehrheit der
Organisationsmitglieder bedeutet dies zumeist mehrere Unterstellungen
und mehrfache Berichtspflichten. In jüngerer Zeit wurde die personelle
Weisungsbeziehung aber zumeist auf eine Linie beschränkt, sodass zumindest der normale Mitarbeiter nur einen disziplinarischen Vorgesetzten hat, sich die Komplexität auf dieser Ebene reduziert und dadurch
zumindest in der persönlichen Führungsbeziehung schnelle und klare
Orientierung möglich ist.

## Die emotionalen Aspekte in der Matrix

Matrixkonzepte sind häufig emotional strapaziös und herausfordernd. Sie
sind meist die organisatorisch-strukturelle Antwort auf ein sehr komplexes, vielgestaltiges und dynamisch-wechselhaftes Umfeld. Entsprechend
stehen die Organisationsmitglieder – je nach der spezifischen Konfiguration der Matrix – stets in mehrfachen, mehrdimensionalen und wechselseitigen Abhängigkeitsbeziehungen mit je unterschiedlichen Formen der
Einflussnahme. Einige Modellvarianten sehen bereits auf den operativen
Arbeitsebenen mehrfache Weisungsbeziehungen vor, denen gleichzeitig
Rechnung getragen werden muss. Dies und die Berücksichtigung der durch
sie repräsentierten Interessenlagen, Zielsetzungen und aktuellen Wünsche
im Abgleich mit jenen anderer Einflussträger gelingt selbst Führungskräften nur schwer, führt zu Irritationen, manchmal auch zu andauernden Unsicherheiten und dem Grundgefühl, sich auf letztlich unüberschaubarem
Gelände zu bewegen.

Damit stellt sich den jeweiligen Managern die Aufgabe, ihren Anliegen
Beachtung zu verschaffen und verbindliche Bereitschaften zu gewinnen,
diese Anliegen zu unterstützen. Das aber wird im autoritären Habitus zumindest nachhaltig kaum gelingen. Es erfordert wohl eher eine Form, die
sich auf gute Beziehungen, attraktive Kommunikation und auch auf einen
Anteil von personellem und thematischem Marketing gründet.

## Die Gefahr, wieder entmündigt zu werden

Haben sich Mitarbeiter und Führungskräfte an die Matrix gewöhnt, gelingt zunehmend ein faires Abwägen und Aushandeln der unterschiedlichen Aspekte, Standpunkte und Interessen. Die wechselseitige Gefühls- und Beziehungslage ist freundlich-kollegial, aber auch anstachelnd und wettbewerbsgeneigt. Die eigenen Interessen werden dennoch ebenso offen benannt wie eigene Begrenzungen. Sachkompetenz hat dann Vorrang vor hierarchischer Stellung oder der Lust am Leistungsvergleich. Kritisch ist allerdings, wenn die Führungsebene Erfolge und Misserfolge nicht klar und nachvollziehbar zuordnen kann beziehungsweise will, wenn keine klaren Vorfahrtsregeln festgelegt und wenn die Konflikte nach unten delegiert werden, frei nach dem Motto: Macht das mal unter euch aus! Die Arbeitsebene wird dadurch überfordert, die Leistungsbereitschaft nimmt ab, und es kann leicht passieren, dass Konflikte quasi individualisiert werden – jemand, der die Aspekte sorgfältig abwägen will, gilt dann als »schwierig«, ein anderer, der sich unbefriedigenden oder faulen Kompromissen entzieht, wird als »streitsüchtig« und »kompromissunfähig« etikettiert – oder dass einzelne (Zusammen-)Arbeitsbeziehungen auch längerfristig getrübt und belastet werden, zum Nachteil des Geschäftsablaufs, des Klimas und der benachbarten Prozesspartner. Für Führungskräfte ist es andererseits bei Mehrfachunterstellungen schwer, die Auslastung von Mitarbeitern oder ganzen Organisationseinheiten abzuschätzen und zu steuern, da ein Gesamtbild kaum herstellbar ist und deshalb eher durch Gefühl, Gespür und situative Eindrücke ersetzt wird.

## Der Weg »Zurück auf Los!« ist kurz

Wird dagegen das organisatorische Zugriffs- und Einflusspotenzial ungleich zugunsten der fachlichen Linien gestärkt, so fördert dies eindeutig eine Rückentwicklung zu hierarchisch-funktionalen Mustern – nicht selten in Form einer schleichenden (Wieder-)Entmündigung der wertschöpfenden horizontalen Prozesse in der operativen Ebene. Was übrig bleibt, ist dann eine »Schein-Matrix«.

## Machtspiele in der Matrix

Allerdings kann auch die reine Matrix eine ständige Einladung zu ressourcenzehrendem Kräftemessen und zu anhaltenden Machtkämpfen sein. Latent ist diese Gefahr in einer reinen Matrix ohnehin immer vorhanden. Um diese aber zu vermeiden und nicht aus der Latenz zu erwecken, wird eine Vielzahl prophylaktischer Maßnahmen praktiziert, die teilweise hohes mikropolitisches Talent erfordern und nicht jedem liegen. Interessen werden dann vor allem über Bündnispolitik und Seilschaften realisiert, manchmal auch über sehr bequeme Arrangements statt durch mehrdimensionale Ausgleichs- und Aushandlungsprozesse. Oder aber sie binden Aufwand in Zeit und Nerven durch langwierige und ermüdende Abstimmungsprozesse, um Kompromisse zu finden. Wenn Machtkämpfe und Machtspiele im balancierten Kontext einer Matrix stattfinden, gibt es zwar seltener Sieger und Verlierer, dafür aber viele Frustrierte und Erschöpfte.

Wenn das Pendel andererseits einseitig zugunsten der horizontalen Prozessdimension ausschlägt, können Projekt-Pragmatismus und Ad-hoc-Lösungen auch dort Platz greifen, wo eigentlich die in der Linie vorgehaltene Fachkompetenz mit entsprechend fundierter Expertise besser am Platz wäre. Das kann dann auf längere Sicht dazu führen, dass vertieftes Fachwissen und Expertise minder bewertet und deshalb schließlich zum Engpass werden.

## Alte Egoismen neu etikettiert

Hat sich die Matrix in relativ eigenständige und ergebnisverantwortliche Divisionen, regionale GmbHs oder Center gegliedert, kann es geschehen, dass sich starke Organisations-Egoismen breitmachen. Wenn zwischen den divisionalen Prozessen und Organisationseinheiten Leistungs-, Kosten- und Ergebnisvergleiche stattfinden oder sogar »Rennlisten« geführt werden, stärkt dies natürliche Konkurrenzimpulse und Rivalitätsgefühle, die nur zum kleineren Teil zur Leistungssteigerung führen. Der Kapazitäts- beziehungsweise Ressourcenausgleich zwischen den Prozessen oder zwischen verschiedenen Divisionen ist dann erheblich erschwert.

Diese neuen Prozess- oder Center-Egoismen ersetzen aber lediglich den alten Ressort-Egoismus, in dem man vorher – in der funktionsteiligen Hierarchie – so gut trainiert und gegebenenfalls auch durchaus erfolgreich war. An den schädlichen Grundmustern hat sich im Prinzip allerdings nichts geändert: Ressourcen werden gehortet und gebunkert, auch wenn andere sie dringend benötigen. Werden ambivalente Gefühle mit auch destruktivem Potenzial – neben Rivalität also auch Neid, Eifersucht und Eitelkeit – allzu forciert angestachelt, zum Beispiel durch Prämien, Titel oder demonstrative vergleichende Würdigung, werden Informationen, Wissen, Fähigkeiten und andere Ressourcen wechselseitig auch bewusst vorenthalten.

## Wie Unwuchten in der Struktur Energie vernichten

Eine stark dezentralisierte Matrixorganisation kann nur funktionieren, wenn sie durch ein ihrer Komplexität entsprechendes Controlling konsequent gesteuert wird. Dennoch kann es immer wieder passieren, dass bestimmte Prozesse, Center und Divisionen schneller als andere und ohne große Umstände die kompetenteren fachlichen Mitstreiter zugewiesen bekommen, die bessere Marketingunterstützung erhalten, weniger scharf vom Controlling unter die Lupe genommen werden. Geschieht dies mehrfach – aus welchen Gründen auch immer –, schafft es ungleiche Bedingungen, die im Grunde nie wirklich ausgeglichen werden können. Auch anfänglich dadurch vielleicht angeregte und um Leistungssteigerung bemühte Wettstreit-Anstrengungen gehen dann relativ schnell in Frustration, Gleichgültigkeitsgefühle und letztlich Demotivation über. Die Hoffnungen, die auf Energie, Inspiration, Flexibilität und kurze Reaktionszeiten in dieser Organisationsform gesetzt werden, sind dann schnell verflogen und mit ihnen die konstruktiv treibenden Emotionen, oben wie unten.

# Netzwerke

Der Begriff Netzwerk hat in den letzten Jahren die Berufs- und Alltagsrhetorik vielfach bereichert, ähnlich wie die Begriffe Team und Projekt. Aber: Nicht jede bereichsübergreifende Kommunikation oder Kooperation ist schon ein Netzwerk, ebenso wenig wie jedes Managementmeeting automatisch den Namen Teamsitzung verdient.

Darüber hinaus wird unter Netzwerk allerdings sehr Unterschiedliches verstanden. Manche denken zum Beispiel an persönliche Netzwerke, an Networking als Ausdruck und soziale Umsetzung von emotionaler Intelligenz für den persönlichen Bedarf, als wirkungsvolle und erfolgreiche Sozialtechnik, die weit über Visitenkartensammeln und Ansprache wichtiger Leute hinausgeht, als überlegten Aufbau und bewusste Pflege eines persönlichen Beziehungsgefüges, das soziale Resonanz schafft. Anderswo denkt man dagegen an Produktionsnetzwerke, zum Beispiel Cluster oder regionale Verbünde von Unternehmen, die sich in Kompetenzen ergänzen oder bei Wertschöpfungsstufen aufeinander aufbauen. Wieder andere denken noch weiter, vielleicht an ein globales Geflecht von Kooperationen, an Allianzen, Beteiligungen und Joint Ventures von Zulieferern, Lizenznehmern und Vertriebspartnern.

Auch wenn diese Verständnisse von Netzwerk keinesfalls ohne sozialpsychologischen Charme und emotionale Relevanz sind, konzentrieren wir uns hier auf die folgenden zwei Netzwerkkonzepte:

*Erstens*, Netzwerk als ein Geflecht von informellen Verbindungen zwischen Mitgliedern einer Organisation, quer durch das Unternehmen, in dem Informationen und Meinungen ausgetauscht werden, man sich gegenseitig und auf kurzem Dienstweg unterstützt und sich übergreifender Probleme oder Korridorthemen verstärkt annimmt.

*Zweitens*, Netzwerk als eine Organisationsstruktur, die mehrere kleine Organisationseinheiten oder Firmen von gegebenenfalls unterschiedlicher Organisationsform zu einem größeren (virtuellen) Unternehmen verknüpft. Innerhalb dieser neuen Form besteht ein reger Austausch zwischen Funktionsbereichen, Management und regionalen Einheiten – und zwar über die einzelnen Organisationseinheiten oder Firmen hinweg. Die kleinen Basiseinheiten agieren weitgehend eigenständig in breiten, relativ hierarchiefreien Spiel- und Handlungsräumen bei hoher Dezentralisierung der Verantwortung. Das dritte Merkmal ist eine interne Dynamik, die unmittelbare direkte Reaktion und Handlung von Punkt zu Punkt erzeugt – unabhängig von Stellung, Fach- und Sachbereich – und die Kooperationen und Zusammenspiel auch zwischen Unternehmen wie temporäre Quasi-Fusionen erscheinen lässt. Man zieht sich gegenseitig zu, beteiligt einander an Angeboten, Projekten und Aufträgen, kann aber auch mit Dritten außerhalb kontrahieren, wenn diese Leistungen innerhalb des Verbundes nicht oder nur ungenügend zur Verfügung stehen. Auch dabei werden Erfahrungen und Empfehlungen aus dem Netzwerk genutzt. Die Gesamtsteuerung erfolgt, indem Ziele, ein strategischer Rahmen und Spielregeln gesetzt und vereinbart werden.

Menschen haben manches von der Natur gelernt, was diese in unendlichen, evolutionären Prozessen entwickelt hat. Dass die jüngeren Organisationsarchitekturen angesichts ständig zunehmender Komplexität in letzter Konsequenz auf netzwerkartige Grundstrukturen hinauslaufen, dass Steuerung zunehmend weniger hierarchisch tief gestaffelten Anweisungs-Gehorsamsketten überlassen wird, dass man statt der bisherigen Ein-Wirkung mehr auf Wechselwirkung setzt, ist dafür ein gutes Beispiel – auch wenn die Umsetzung noch in den Kinderschuhen steckt und gerade erst Gehen lernt. Durch solche Netzwerke versuchen einige Unternehmen jedenfalls, Flexibilität, Kundennähe, unbürokratisches Verhalten und rasche Reaktion auf Veränderungen im Umfeld zu fördern, Entscheidungswege zu verkürzen und Entscheidungen näher am Ort der Wertschöpfung zu treffen beziehungsweise dort horizontal abzustimmen.

Netzwerkmodelle setzen gegenüber höher strukturierten Organisationsformen essenziell viel stärker auf die Beziehungen der handelnden Personen untereinander. Der Kerngedanke ist, diese Beziehungen so zu organisieren, dass dadurch Informationsflüsse, Kommunikationsmuster und Zusammenarbeitsformen so ermöglicht oder gefördert werden, dass sie ohne die Nachteile einer hochkomplizierten Matrix zu einer schnelleren, effektiveren und intelligenteren Bewältigung komplexer Arbeitsprozesse führen. Vor allem aber sollen sie in einem unsteten, zersplitterten Umfeld zu mehr Beweglichkeit führen, die kürzere, markt- und kundennähere Entscheidungen gewährleistet. Und dies eben ohne zentrale Formalismen, Berichtsrituale und verzögernde bürokratische Vorgaben.

## Netzwerke als wirtschaftlich-organisatorische Struktur

Ein Netzwerk verknüpft, bindet ein, gleicht unterschiedliche Kräfte aus und bietet dennoch, wie die Natur zeigt, innovative Chancen; es lässt Variationen und Mutationen zu, entwickelt sich dadurch weiter und regelt beiläufig neu, was sich verzerrt oder verspannt hat. Dabei ist es insgesamt weniger störanfällig. Pannen und kritische Vorfälle lähmen zwar gelegentlich ein Teilsystem oder setzen es völlig matt, aber dies kann in den meisten Fällen durch die anderen kleingliedrigen Systeme in ihren dezentralen Verknüpfungen aufgefangen und kompensiert werden. Die eine zentrale Funktion, deren Versagen kurzfristig alle Systeme lahmlegen könnte, gibt es aber nicht mehr.

Organisationsarchitekturen dieses Typs sind in gewisser Weise Weiterentwicklungen aus der Projekt- und Matrixorganisation und stehen häufig hinter Begriffen wie Team-Organisation, Cluster-Organisation, Center-Organisation oder fraktale Fabrik, aber auch den Konzepten selbststeuernder, teilautonomer Fertigungsinseln. Selbst manche temporäre Arbeitsgemeinschaft oder Joint-Venture-förmige Projektkonstellation zwischen Endfertigern und Systemlieferanten gehört hierher. Die Begriffe dienen allerdings bisweilen als schicke Fassaden, hinter denen sich höchst sanierungsbedürftige Altbausubstanz verbirgt.

Zwischen den Knoten des Netzwerks sollen aber nicht nur digitalisierbare Daten für Verwaltung und Verbundaufträge ausgetauscht werden, sondern auch Erfahrung und Know-how, wie Erfolge zustande kommen, und Erklärungen für Probleme. Informationen dieser Art, also »heiße Ware«, die in anderen Organisationen als Insider-Wissen oder als Black Box gerne versteckt gehalten wird, eignen sich natürlich auch im Netzwerk für Macht- und Politikspiele im Spannungsfeld zwischen Kooperation und konkurrierenden eigenen Interessen und Nutzenabwägungen.

Die wechselseitige Abhängigkeit der Netzwerkpartner im Wertschöpfungsprozess, mit ihren Mechanismen wechselseitiger Nutzenstiftung, immer wieder neu zur Zusammenarbeit, zur Abstimmung und zu immer neu festzulegenden Formen der Entscheidungsfindung zu bringen, schafft eine Vielzahl bisher völlig ungewohnter Herausforderungen. Die unternehmensübergreifende Wertschöpfungskette, die komplexen Querverbindungen und die parallel laufenden Abstimmungsprozesse erfordern immer stärker, auch die Arbeitsebenen für die Zusammenarbeit mit den Partnern zu öffnen. Und dies wiederum kann Identität, Arbeitsfreude und Bindung der Mitarbeiter begründen, stärken oder auch beschädigen. Der Grundgedanke, dass (Revier-)Grenzen – und damit auch Eigeninteressen – einer Organisation in den Hintergrund und die gemeinsame übergreifende Nutzenstiftung in den Vordergrund treten, tangiert das bisher gewohnte geschlossene Selbstbild einer unternehmerischen Einheit mit klar definierten

Zugehörigkeiten, Aufgaben und (Teil-)Zielen, nach denen man persönlich bewertet wird.

So sind in Netzwerken, wie in anderen Organisationsarchitekturen auch, Gefühle und Affekte nicht nur nicht zu vermeiden, sondern prägen und treiben hier wie dort Prozesse und Entwicklungen, wirken auf Interaktionen und Beziehungen ein, sind Energieträger und Stimulans. Im negativen Fall können sie allerdings auch als Bremskraftverstärker und Vitalitätsvernichter wirken.

## Formell-informelle Netzwerke als Parallelstruktur

Die Netzwerke innerhalb von klassischen Organisationen stellen letztlich eine Parallel- oder Schattenorganisation dar. Sie nutzen die informellen Beziehungen, um Defizite der formellen Organisation zu überbrücken. Und genau hier beginnt das Risiko. Nicht für die alte Organisation; für sie wirkt das Implantat eher lebensverlängernd, es federt Veränderungsbedarf und Restrukturierungsstau etwas ab, mildert zumindest deren Folgen und zögert damit im schlimmsten Fall anstehende und durchgreifende Konsequenzen weiter hinaus. Das Risiko betrifft das Netzwerk selbst! Netzwerke können ihre emotionale Dynamik nur entwickeln und so ihre grundsätzliche Wirkkraft erst entfalten, wenn einige prinzipielle Grundmuster umgestellt werden. Das heißt, es reicht nicht, wenn Netzwerke (absichtlich!) darauf beschränkt werden, lediglich Multiplikatoren für Management-Wollen und strategische Absichten zu sein – und alles andere drum herum bleibt unberührt im Rahmen einer abteilungsbezogenen hierarchiegesteuerten Organisationsarchitektur. Netzwerke wirken emotional erst dann richtig, wenn sie Beziehungsmuster beeinflussen, Einstellungen und Verhaltensweisen verändern, wenn intensive Gespräche, echte Dialoge und offener Umgang zwischenmenschliches Verständnis und vertraute Beziehungen geschaffen und weiterentwickelt haben – ohne Besorgnis, dass diese Direktheit und Offenheit im mikropolitischen Buschkrieg missbraucht oder lediglich egoistisch-eigennützig verwertet werden. Die Dynamik und die Initiative richten sich meist erst darauf, offen auch über sonst verdeckte Probleme und Konflikte zu sprechen, gemeinsam Lösungsideen zu entwickeln und auf deren Umsetzung zu drängen. Das kollegiale und kollektive Einvernehmen, die betrieblichen Abläufe und die gegenseitigen personellen Verhältnisse im Rahmen eines neuen emotionalen WIR freundschaftlich-kooperativ zu gestalten, ist dann eine gute Basis, auf der sich auch über notwendige und berechtigte Interessenkonflikte, zum Beispiel zwischen Regionen, Fachbereichen, Geschäftsfeldern und auch den so verknüpften Unternehmen(-steilen), offen sprechen lässt.

## Auch Informelles braucht einen langen Atem

Aber kooperative Lösungen, auf dem Vereinbarungsweg erzeugt und horizontal durchgesetzt, erfordern im Fall zunehmender Komplexität zwar intensive Diskussionen und subtile Abwägungen, aber dennoch Entscheidungen. Nun muss sich die Tragfähigkeit und Funktionsfähigkeit des Netzwerks erweisen. Es geht darum, wie gelassen, fair und konstruktiv sich die Mitglieder verhalten, ob es ihnen gelingt, genügend Energie und Disziplin nicht nur für das Initiieren und gemeinsame Entwickeln, sondern auch für das Um- und Durchsetzen von Anpassungs- und Veränderungsleistungen bei Anforderungen von hoher Komplexität und einigem Konfliktpotenzial aufzubringen.

An solchen Punkten entscheidet sich der Wert eines Netzwerks dieser Art. Es ist wie bei der Entwicklung eines Teams: Es kommt nicht darauf an, wie der Start aussieht und ob anfangs mehr oder weniger gerangelt wird, sondern darauf, was passiert, wenn es sich zurechtgerüttelt hat. Die Kernfrage ist dann: Sind die wesentlichen Mitglieder des Netzwerks bereit, die bestehende Rollen-, Funktions-, Ressourcen- und Machtverteilung offen zu diskutieren und zu hinterfragen, oder driftet das Geschehen ab in politische Winkelzüge beziehungsweise gerät zu offenen Machtkämpfen mit wechselnden Frontverläufen und viel Energieverschleiß.

In solchen Testfällen werden auch die Schwachstellen deutlich. Dies geschieht meist auf zweierlei Weisen. Einige können als Bremser wirken, weil sie mit Hinweis auf gute Kollegialität und harmonisches Einvernehmen relevante Konflikte herunterspielen oder zu faulen Kompromissen drängen. Andere zucken beim wirklichen Wandel, bei wirklich neuen Lösungen mit wirklich neuen Gestaltungsformen von Organisation und Führung zurück. Sowohl die eine wie die andere Variante wird schleichend das Klima vergiften, wird Frust und Enttäuschung verbreiten und die beabsichtigte Funktion des Netzwerks einschränken. Spätestens an dieser Stelle sind alle gruppendynamischen Verläufe möglich – von der Selbstblockade mit anschließendem Zerfall über Gruppendruck und Mobbing bis hin zur offenen reflektierenden Konfliktbewältigung. Auch Netzwerker müssen eben lernen!

## Sinn für das Unternehmen

Ein zweiter kritischer Punkt kann sich ergeben, wenn solche Netzwerke nicht kontinuierlich auf die Ziele des Unternehmens und ganz konkret auch auf seine Geschäfte hin ausgerichtet werden. Nur allgemein an die Leistungsbereitschaft, an die Identifikation mit der »Betriebsfamilie« und der Unternehmenskultur, an die Verpflichtung auf die Tradition zu appellieren oder auch Events für Motivation zu inszenieren reicht dafür nicht aus. Die besondere, enge Beziehung mit Schlüsselpersonen im Unternehmen muss einem Zweck dienen, das Netzwerk muss einen Sinn stiften. Dazu bedarf es klarer Ziele und konkreter Leistungsmaßstäbe einerseits. Andererseits braucht es einen Rahmen, innerhalb dessen Entscheidungen getroffen, Aktionen unternommen, Ressourcen verbraucht und Veränderungen bewirkt werden können. Diese Rahmensetzung definiert Kompetenzen, stellt Mittel zur Verfügung, verändert Berichtswege und stellt Handlungsräume bereit. Dieser Rahmen erst stabilisiert das soziale Gerüst Netzwerk emotional, gibt Orientierung und legitimiert. Erst jetzt wird das Netzwerk auch von den Managern, die nicht einbezogen sind, ernst genommen.

## Netzwerk oder Seilschaft? – eine Sache der Perspektive

Dies allerdings führt dann auch schon zum dritten gefährlichen Punkt. Während nämlich die einen im Netzwerk sind, sind andere zwangsläufig ausgeschlossen; wenn die einen über mehr Informationen, mehr Wissen über Hintergründe und Zusammenhänge, mehr Nähe zum Topmanagement und engere Beziehungen untereinander verfügen, trifft dies für die anderen logischerweise entsprechend weniger zu. Und dies löst ebenfalls Gefühle aus! Es gilt der alte Spruch: Wer drin ist, nennt es Netzwerk, wer draußen ist, sagt Seilschaft. Da Netzwerke eine besondere Struktur darstellen, die sich vom traditionellen organisatorischen Umfeld meist deutlich abhebt, der zudem spezifische Kompetenzen und Verfügung über Mittel zugestanden werden, werden sie von anderen Organisationsmitgliedern zumindest misstrauisch beäugt, häufig auch als elitär oder als Fremdkörper erlebt. Entsprechend ist die emotionale Reaktion: Neid, Ärger und Eifersucht.

## Schwarmintelligenz und Schwarmdummheit im Netz

In einem Netzwerk besteht die Chance, dass alle Mitglieder alle relevanten betrieblichen Informationen zur gleichen Zeit erhalten, um rasch angemessene Entscheidungen zu treffen. Konflikte aufgrund unterschiedlicher Informationsstände, die entstehen, weil Informationen bewusst selektiert oder zurückgehalten werden, reduzieren sich. Bei gleicher Information kommen die meisten Menschen zu ähnlichen Entscheidungen. Und damit entfällt die Basis für so manche gewohnte Auseinandersetzung. Information zu manipulieren ist aber gleichwohl möglich, denn noch ist das alte Denken in greifbarer Erinnerungsnähe. Nur wirken sich solche Sündenfälle im neuen Kontext geradezu explosiv aus. Wenn immer öfter die Frage aufkommt, wer bekommt wann welche Information und warum gerade er im Gegensatz zu anderen, ist die Situation bereits kritisch: Dann ist die Auflösung des Netzes und die Rückkehr in die alten (Denk-)Strukturen bereits im vollen Gang.

Die hohe Eigenständigkeit und unternehmerische Dynamik in Netzwerken von operativen Organisationen kann mit der Zeit auch Trennendes verstärken. Im Fall eines Erfolgs können daraus Bedürfnisse erwachsen, das Geschäft alleine zu versuchen und etwas Neues, Größeres anzupacken. Innerhalb des Netzwerks könnten daraus in einer Art von »Schwarmintelligenz« Anstöße für Entwicklung und Innovation entstehen. Andererseits kann es jedoch auch zu Entwicklungen kommen, die eine Form der »Schwarmdummheit« vermuten lassen. Und die ist hochinfektiös. So können einseitig eigennützige Überlegungen, Abkapselungs- und Isolationstendenzen und Provinzfürsten-Attitüden Platz greifen. Dann allerdings bleiben die Synergiepotenziale mehr und mehr ungenutzt, die das Netz verbindenden Gefühle und die damit verknüpften vorantreibenden Impulse und Energien verblassen und Chancen, die sich bieten, bleiben brachliegen; das Zusammenspiel wird distanzierter, das Netz verkommt zu einem Club, in dessen Satzung zwar die Förderung des übergreifenden Nutzens festgehalten ist, der tatsächlich aber nur noch der ganz engen persönlichen Nutzenoptimierung dient.

Hier gilt es, ersten erkennbaren Anfängen zu wehren, Anzeichen und erste Symptome offen anzusprechen, als gemeinsames Thema auf den Tisch zu bringen und sowohl formelle als auch informelle Regelkreise als Präventions- und Frühwarnsysteme zu installieren. Übergreifende Initiativen mit wechselnden Projektteams, Hospitationen und Job-Rotation in die anderen Partnerbereiche oder Unternehmen hinein können dabei unterstützen, Entfremdungen und Verkrustungen auch in solch netzförmigen Systemen vorzubeugen.

## Veränderungen der Struktur allein ändern noch kein Verhalten

Unternehmen und Berater legen häufig den Schwerpunkt des Wandels auf die Umgestaltung von Strukturen. Die neuen Organisationsschaubilder unterscheiden sich deutlich von den alten: Waren früher die Aufgabenfelder klar vertikal voneinander abgegrenzt und eindeutig unterschiedlichen Hierarchen (Silofürsten) zugeordnet, so sind die neuen Bilder geprägt von Vernetzungen, Differenzierung zwischen Fach- und Disziplinarführung, Matrix und Projektorganisationen auf Zeit. Damit sich das Zusammenspiel von unterschiedlichen Fachkompetenzen und Aufgabenfeldern tatsächlich im Kern verändert, ist die Umwandlung von fest etablierten hierarchischen Vertikalstrukturen in flexible horizontale und hierarchieübergreifende Netzwerkstrukturen zwar eine wesentliche Voraussetzung, aber keine hinreichende. Die Abgrenzungen bestehen nämlich im Kopf und sind wegen ihrer Schutzfunktion emotional tief verankert – und das Verhalten der Beteiligten wird in erster Linie nicht durch Strukturen, sondern durch die innere Einstellung und Haltung gesteuert. Um die alten, auf Abgrenzung angelegten mentalen Programmierungen zu löschen oder so zu verändern, dass sie zu den neuen offenen Strukturen passen beziehungsweise diese überhaupt erst wirksam werden lassen, bedarf es spezieller Interventionen. Wer in seinem biologisch verwilderten Garten Kulturpflanzen ansiedeln will, weiß, wie viel Arbeit er vor sich hat. Es genügt nicht, das eingewachsene sogenannte Unkraut nur abzuschneiden oder einfach auszureißen, sondern er muss tiefer graben, um auch die Wurzeln zu erwischen, und diese sorgfältig entfernen. Ansonsten werden die neuen Pflanzen in Kürze vom alten Unkraut überwuchert und erstickt.

Kapitel 5

# Führung – spezielle Situationen, Rollen und emotionale Herausforderungen

The buck stops here!
*Motto auf dem Schreibtisch*
*von Harry S. Truman*

## Das obere Management – im Zwiespalt zwischen Heilserwartungen und prinzipieller Unsicherheit

Ein Pferd ohne Reiter ist immer ein Pferd.
Ein Reiter ohne Pferd nur ein Mensch
*Stanislaw Jerzy Lec*

Das Selbstverständnis des oberen Managements und die Erwartungen der Mitarbeiter, der Eigentümer und Shareholder an die Führungsrolle sind im Prinzip nach wie vor deckungsgleich: Oben herrscht Klarheit darüber, wohin die Reise gehen soll, und damit auch über die notwendige Ausrichtung im Hinblick auf Strategie, Strukturen, Produkte, Märkte, notwendige Maßnahmen, Steuerung der Ressourcen usw. Grundprinzip: Wer oben führt, hat alles im Griff zu haben.

Wer allerdings ehrlich ist, weiß: Wir leben heute in einem auf Dauer instabilen Umfeld, müssen immer auf Überraschungen gefasst sein – und können uns deshalb eigentlich jegliche Voraussagen ersparen. Jack Welch hat noch während seiner Amtszeit in den 90er Jahren auf die Frage eines Reporters, wie er die Zukunft einschätze, geantwortet: »Ich hoffe das Beste – und stelle mich auf das Schlimmste ein.« Das klingt ja immer noch souverän. Aber was ist, wenn das obere Management weder weiß, was alles das Schlimmste sein könnte, noch wann und in welcher Form dieses Szenario eintreten könnte?

## Emotionale Befindlichkeiten und Reaktionen

### Artisten in der Zirkuskuppel – im Zwiespalt von Ratlosigkeit und Führungsanspruch

Wir behaupten auf der Basis unserer persönlichen Beobachtungen und Kontakte als Managementberater: Viele Manager an der Spitze sind nicht selten ratlos, wollen aber ihre eigentliche Rat- und Hilflosigkeit nicht zur Kenntnis geben, manche auch nicht zur Kenntnis nehmen. Es passt weder in ihr Selbstbild »Ich habe alles im Griff (zu haben)!« noch in das Kompetenzprofil, das sie dem Unternehmen verkauft haben und auf dessen Basis auch ihr in aller Regel nicht unerhebliches Gehalt beruht.

Konsequenz: Sie halten nach außen an ihrem Anspruch fest und tun alles, um die aufsteigende innere Unsicherheit und Angst wegzudrücken oder zu überspielen. Der Manager als nackter Kaiser, der damit spekuliert, dass keiner wagt, seiner Wahrnehmung zu trauen, oder noch viel weniger, dies offen kundzutun. Was ist die Vernunft in diesem Verhalten – und weshalb kann das eigentlich funktionieren?

### Mitarbeiter und Shareholder sind verunsichert und überdecken ihre Befindlichkeit mit Erlöser- und Heldenfantasien

Je härter und unsicherer die Zeiten, desto ausgeprägter die Hoffnung auf Retter, Erlöser und Helden. Je stürmischer die See, desto stärker hofft man auf die Kunst des Steuermanns. Passagiere, Mannschaft und Reeder müssen glauben, dass der Richtige am Ruder steht, sonst müssten sie mit ihren Ängsten leben lernen oder gleich verzagen. Die sichtbaren Insignien der Macht und die entsprechende Inszenierung als Kapitän dienen dazu, den Glauben an die Kompetenz durch Eindruck heischende Symbole zu verstärken.

### Prinzip Hoffnung auf allen Seiten, aber drei mögliche Variationen

Alle beteiligten Parteien befinden sich in der gleichen Lage: Sie können eigentlich nicht wissen, ob und wie gut sie wirklich unterwegs sind. Existenzielle Angst, ob es gelingen kann zu überleben, ist eine völlig natürliche Reaktion auf diese prinzipiell bedrohliche Situation. Alle müssen von der Hoffnung leben, das Bestmögliche zu tun, um eine Chance zu haben. In diesem generellen Rahmen sehen wir drei grundsätzlich unterschiedliche Verhaltensmuster:

## Helden-Variante 1: Angst überspielen

Die Beteiligten verdrängen ihre Angst. Wer oben ist, inszeniert sich nach allen Regeln der Kunst als Held, der alles im Griff hat. Der Hof außen herum – Sekretariat, Assistenz, Stäbe, in größeren Unternehmen auch die Strategieabteilung und die Unternehmenskommunikation – entwickelt und pflegt die entsprechenden Routinen bedeutungsschwangerer operativer Hektik mit passender sedierender Berichterstattung nach innen und nach außen. Man sieht nur die positiven Aspekte, alle Anzeichen von negativer Entwicklung werden entweder umgedeutet oder unterdrückt. Mitarbeiter spielen als sich beeindruckt gebendes Publikum mit, einige durch kleinere Nebenrollen oder als Staffage ein wenig hervorgehoben. Ist dieses Spiel erst einmal richtig im Fluss, wird es immer schwieriger auszusteigen. Man kann ja Glück haben und das Unternehmen ist erfolgreich, wenn auch nicht weil, sondern obwohl. Das Spiel wird zum Teil noch gespielt – wie die Tanzmusik auf der untergehenden Titanic –, wenn die Geschäftszahlen für Außenstehende bereits unverkennbar den Niedergang oder die Katastrophe anzeigen.

*Nutzen dieses Musters*: Es herrscht Zuversicht oder sogar Siegesstimmung im Unternehmen, gegebenenfalls bis zum bitteren Ende – mit schön poliertem Bild des Managers und des Unternehmens nach innen und außen.

## Helden-Variante 2: Angst schüren

Manche Manager bauen die an sich natürliche Angst zu einer absoluten Drohkulisse aus. Wie manche Pferdekutscher arbeiten sie rabiat mit der Peitsche und treiben so die Mitarbeiter zumindest vorübergehend zu Spitzenleistungen. Wer vom unmittelbar drohenden Untergang überzeugt ist, wird sein Letztes geben, um diesem zu entkommen – aber auch nur so lange, wie diese Überzeugung anhält. Stellt sich heraus, dass Angst geschürt wurde, um ohne wirkliche Not durch Höherdosierung das Letzte aus den Mitarbeitern herauszuholen, kann diese Entdeckung zwei Konsequenzen nach sich ziehen: entweder die Einstellung »Einmal und nie wieder!« und daraus eine nur schwer tilgbare Hypothek, sollte es je wieder eine Notsituation geben; oder gute Leute verlassen bei nächstbester Gelegenheit das Unternehmen, weil sie sich nicht gerne instrumentalisieren lassen. Unabhängig davon kann die übersteigerte Angst Menschen auch dazu bringen, in Resignation abzutauchen.

*Nutzen dieses Musters*: Alle folgen blind dem Kommando von oben, starkes Heldengefühl des Führers – wie ein erfolgreicher Dompteur in der Manege.

## Alternative Variante 3: Angst akzeptieren und als Antrieb nutzen

Die Führung diskutiert mit den Betroffenen offen und ehrlich, wie sie die aktuelle Lage und mögliche Entwicklungen einschätzt. Die Souveränität der Führung kommt dadurch zum Ausdruck, dass sie die Lage weder dramatisiert noch schönredet – und andererseits deutlich ihre Entschlossenheit zum Ausdruck bringt, gemeinsam mit den Betroffenen Wege zu finden, den Herausforderungen zu begegnen. Eventuellen Heilserwartungen, die Mitarbeiter an ihre Adresse richten, vielleicht zusätzlich angereichert mit einschleimenden Beweihräucherungen, wird eine derartige Führung nicht nachkommen, sondern auf die gemeinsame Kreativität und Verantwortung verweisen. Ängste, die bei Mitarbeitern entstehen, wird sie nicht wegdiskutieren, sondern als Antrieb nutzen, um Überlegungen anzustoßen, was getan werden könnte, damit Befürchtungen nicht eintreten. Sie wird konsequent vermeiden, einen guten Ausgang der Dinge zu verheißen, aber andererseits deutlich zum Ausdruck bringen, dass es keinen Grund geben kann, vorzeitig aufzugeben.

*Nutzen dieses Musters*: Es kann offen über alles geredet werden. Es wird keine Kraft für Verdrängen und Polieren vergeudet. Die gesamte Energie ist ausgerichtet auf Überlegungen und Aktionen, wie das Überleben gesichert werden kann.

## Chancen und Erfordernisse für Variante 3

Die ersten beiden Varianten, »Überspielen« und »Dramatisieren«, sind für die allermeisten Menschen gelernte Reaktionen – und deshalb fällt niemand aus dem Rahmen, der sein Handeln und Verhalten danach ausrichtet. Wer also den Dingen freien Lauf lässt, macht damit automatisch den Weg frei für eine der beiden ersten Varianten. Wer sich nach der Variante 3 verhalten will, muss auf drei Ebenen die Voraussetzungen dafür schaffen:

1) Im oberen Management: neues Kompetenzprofil – Reflexionsfähigkeit und uneingeschränkter Wille zur Kooperation

Manager werden oft in aufwendigen, wissenschaftlich verbrämten Verfahren ausgesucht. Ausgefeilte Kompetenzprofile, die nur so strotzen von fachlichen und sozialen Fertigkeiten und Fähigkeiten, gepaart mit Erfolgsberichten aus bisherigen Tätigkeitsfeldern dienen als Kriterien für die Auslese der Kandidaten – zumindest zum Schein; denn häufig genug wird im Endeffekt doch nach dem spontanen persönlichen (ersten) Eindruck entschieden (was übrigens nicht immer das Schlechteste sein muss).

Aus unserer Sicht sind folgende Aspekte entscheidend – sowohl für die Auswahl wie auch für die laufende Beurteilung:

- fachliche Kompetenz und Weiterentwicklung der praktischen Erfahrung;
- vorbehaltlose Energie, Reflexionsfähigkeit und Kooperationsfähigkeit, sich gemeinsam mit den anderen Beteiligten der Situation, den Problemen und Herausforderungen zu stellen, geprägt von dem sichtbaren Willen, eine wechselseitige Hilfsgemeinschaft aufzubauen und zu pflegen;
- damit disqualifiziert sich, wer sich bei seiner Darstellung immer wieder maßgeblich auf seine Erfolge aus der Vergangenheit beruft, sich für die Zukunft als unverzichtbar ins Zentrum stellt und den Erfolg gleichsam persönlich garantiert.

2) Bei den auswählenden Organen: Mut zu Unsicherheit und Probehandeln

Ein Bewerber muss sich verkaufen. Er wird in aller Regel alles tun, um zu erspüren, was die Entscheider erwarten, und seine Vor- und Darstellung konsequent danach ausrichten. Inwieweit sich hinter einer vergoldeten Fassade ein ausgebuffter Söldner verbirgt, der im Endeffekt nur darauf aus ist, sich mithilfe geeigneter Tricks möglichst bald wieder mit hoher Abfindung aus dem Staub zu machen, oder jemand, der sich als Erstes in Revier-kämpfe verstrickt, um alle Konkurrenten vorausschauend unschädlich zu machen, oder einer, der seine finanziellen und zeitlichen Eigeninteressen unangemessen stark über die Interessen des Unternehmens beziehungs-weise des Unternehmers stellen wird, steht in den Sternen.

Was jemand wirklich zu leisten in der Lage ist, kann man eigentlich immer erst im Nachhinein beurteilen – und dies aus zwei Gründen: Zum einen hängt die Wirksamkeit von an sich vorhandenen Fähigkeiten und Fertigkeiten in erheblichem Ausmaß vom speziellen Kontext ab, in dem sie wirken sollen. Diese Wirkung kann man zwar vorher versuchen abzu-schätzen, aber de facto nur im Ernstfall testen. Zum Zweiten kann nie-mand wissen, welche besonderen Umfeldfaktoren eintreten können und ob der Kandidat für diese speziellen Anforderungen gerüstet ist.

Konsequenz: Sich damit zu bescheiden, eine bestmögliche Auswahl zu treffen, und dann genau zu beobachten, wie es in der wirklichen Praxis läuft, und gegebenenfalls eher früher als später die getroffene Entschei-dung zu revidieren – zum Nutzen des Unternehmens sowie zum Nutzen des Kandidaten.

3) Bei Mitarbeitern und Shareholdern: Verzicht auf Heldenprojektionen

Den Verzicht auf Heldenprojektionen zu fordern mag ja noch angehen – vor allem in einer Zeit, in der man nahezu täglich das Scheitern von Poli-tikern und Unternehmern in den Medien hautnah verfolgen kann. Aber die wirkliche Bereitschaft dazu zu entwickeln ist unserer Erfahrung nach ein durchaus beschwerlicher Weg. Denn der Held entlastet von der eigenen Verantwortung und bindet sozusagen die persönlichen Versagens- und Verlustängste.

Auf diese Hilfskonstrukte verzichten können nur Menschen, die sich aufklären (lassen), wie heikel solche Projektionen sind. Denn sie verleiten dazu, die persönliche Verantwortung nach oben zu delegieren und die eigene Wahrnehmung so lange wie möglich ausschließlich auf positive As-pekte zu lenken.

Klug und erwachsen handelt, wer über die Nacktheit des Kaisers sich weder wundert noch erschrickt, sondern diese zur Kenntnis nimmt und offen zur Sprache bringt, um Lösungen zu finden für die Probleme, die in diesem Zusammenhang auftreten können, und weiß, dass er sich an der Lö-sung beteiligen muss – und sogar die Lust verspürt, dies tatsächlich zu tun.

## Der Mittelmanager: Im Spannungsfeld zwischen Vollstrecker, Opportunist und ehrlichem Makler

Die Erwartungen und Ansprüche an das Mittelmanagement sind vielfältig:

- Die oben machen Druck, weil sie selbst unter Druck stehen. Klar, sie könnten diesen Druck annehmen, abpuffern und dann im Dialog mit der nächsten Ebene Wege finden, wie die Herausforderungen gemeinsam bewältigt werden können (siehe oben Variante 3). Soweit sie nicht fähig beziehungsweise nicht willens sind zur Reflexion und damit auch nicht fähig, bei sich persönlich Unsicherheit zuzulassen, sondern sich durchgängig als Helden und erfolgreiche Anführer verstehen und gesehen werden wollen, sich entsprechend in Szene setzen, zeigen sie keinerlei Verständnis für auftretende Schwierigkeiten – sie dürfen es auch nicht, weil die Heldenrolle sonst nicht durchzuhalten wäre. Jedes Problem wird in eine Herausforderung umdefiniert, umgehend an die nächstuntere Ebene weitergereicht und, sollten die Adressaten sich etwa trauen, Bedenken zu äußern, mit dem lockeren Spruch gekontert: Entscheiden Sie sich, ob Sie Teil der Lösung oder Teil des Problems sein wollen! Die Botschaft ist klar, die damit verbundene Drohung auch. Der Druck wird unvermindert weitergereicht, unter Umständen sogar noch verstärkt in der Annahme, das würde die Dringlichkeit hervorheben und die Energie steigern.
- Die Kollegen auf der gleichen Ebene verhalten sich opportunistisch um des eigenen Überlebens willen, tun so, als ob dies alles seine Richtigkeit hätte, auch wenn ihnen das Messer in der Tasche aufgeht. Sie mögen es nicht, wenn jemand der Ihrigen aus der Reihe tanzt – außer verdeckt im kleinen informellen Netzwerk. Wer sich ohne vorherige kollegiale Absicherung gegen Zumutungen von oben auflehnt, riskiert, mit seinem Aufstand alleine zu bleiben.
- Die unten benötigen ein Ventil, um sich selbst von dem Druck zu entlasten, unter den sie gesetzt werden. Für die unten gehört das mittlere Management zu denen oben und verdient keinerlei Schonung. Das mittlere Management bekommt sozusagen die Prügel ab, die eigentlich an die ganz oben adressiert sind.
- Und dann sind da noch das eigene Verständnis, wie in derartigen Situationen geführt und kooperiert werden sollte – vertikal und horizon-

tal –, und die persönlichen Interessen in Bezug auf berufliche Entwicklung, Work-Life-Balance und Unternehmenskultur – und damit verbunden die persönliche Befindlichkeit.

Mittlere Manager sind operativ stark gefordert mit allen damit verbundenen Chancen des Erfolgs, den sich allerdings, wenn er denn tatsächlich kommt, die oben zurechnen, und dem Risiko des Misslingens, das sie dann alleine tragen müssen. Prinzipiell sind sie allerdings in ihrer Position genauso gefährdet wie die oben – nur ohne deren Absicherung. Was tun in dieser Situation und mit der daraus resultierenden Stimmungslage?

## Emotionale Befindlichkeiten und Reaktionen

Auch hier gibt es unterschiedliche Varianten, mit dieser mehrfachen Anspruchssituation umzugehen:

### Variante 1: Allen gerecht werden wollen

Man tut sein Bestes, um jeden in seiner Sichtweise zu verstehen. Man traut sich nicht, die jeweiligen Ansprüche grundsätzlich zu hinterfragen oder eigene Prioritäten zu setzen. Bei dem einen mögen Bequemlichkeit oder auch Feigheit und Angst vor Konflikten die Ursache für dieses Verhalten sein, vielleicht durchaus gepaart mit schlechtem Gewissen. Andere können das als völlig normal erleben, weil es durch und durch dem »gelernten« Dressur- und Forderungsmuster aus früher Kindheit entspricht.

*Nutzen dieses Musters*: Diese Variante klingt vordergründig ehrenwert. Sie demonstriert den guten Willen, allen irgendwie gerecht werden zu wollen.

Der Preis für diese »einfühlsame« Variante kann allerdings sehr hoch sein: Stress in der Arbeit, wahrnehmbar unter anderem durch Hörsturz, Herzprobleme, Schlafprobleme; Stress mit der oberen Ebene, weil zu viel Verständnis für die unten als persönliche Führungsschwäche ausgelegt wird; Stress mit Kollegen, die für sich die Opportunismus-Variante gewählt haben und denen man mit dieser ehrlichen Version in die Quere kommt; Stress mit unten, weil man zwar Verständnis zeigt, aber im Endeffekt nicht viel erreichen kann; und nicht selten Probleme in den privaten Beziehungen, sofern man es nicht schafft, zwischen dem beruflichen und dem privaten Bereich eine absolut wirksame Brandmauer zu errichten – und wo ist das schon möglich im Rahmen elektronischer Dauerpräsenz; eventuell Burn-out als letzte Ausflucht (in Kreisen des Mittelmanagements keine Ausnahmeerscheinung).

### Variante 2: Den Druck von oben verstärkt nach unten weiterleiten

Es liegt relativ nahe, diese Variante zu wählen. Man beruft sich auf die oben und entspricht der erwarteten Loyalität gegenüber den Vorgesetzten. Man führt ja nur Anweisungen aus in der Hoffnung, sich dadurch als Musterschüler zu profilieren, die Verantwortung delegiert man nach oben zu denen, die die Entscheidung getroffen haben.

*Nutzen dieses Musters*: Man macht sich nach oben lieb Kind, beeindruckt durch die Demonstration der erwarteten Durchsetzungsfähigkeit und eröffnet sich dadurch gegebenenfalls weitere Karrieremöglichkeiten als smarter Manager für harte Zeiten.

### Variante 3: Sich opportunistisch nach oben, horizontal und nach unten durchlavieren

In der Annahme, nichts daran ändern zu können, dass alle mit verdeckten Karten spielen, ohne es allerdings ausgetestet zu haben, passt man sich an, ordnet sich ein, tut so, als ob man voll dabei wäre, übermittelt nach oben, horizontal und nach unten den Eindruck, voll hinter dem Vorgehen zu stehen, bringt allerdings durch leicht gebremstes Vorgehen indirekt zum Ausdruck, wie leid es einem tut, gewisse Grausamkeiten begehen zu müssen – und dass man ja selbst gerne anders handeln würde, wenn man denn könnte. Viele, die Karriere machen wollen, wählen diesen Weg. Sie gehen davon aus, nach oben kommt nur, wer nicht anstößt – manchmal abgemildert mit der Beteuerung, sich sogleich authentisch und mutig zu verhalten, sobald sie oben angekommen sind.

*Nutzen dieses Musters*: Der Opportunist macht sich möglichst wenig Feinde und ist dadurch in allen Lagen wende- und mit allen möglichen Partnern koalitionsfähig. Er bietet sich immer an, wenn irgendwo Mehrheiten gebraucht werden.

Alternative Variante 4: Sich konsequent am Modell »ehrlicher Makler« der unterschiedlichen Interessen ausrichten

Das bedeutet, einerseits die Situation aus den unterschiedlichen Perspektiven der beteiligten Interessen anzuschauen und sich dann aber zu erlauben, eine eigene Meinung zu haben, und sein Handeln konsequent danach ausrichten – und das muss nicht unbedingt der Meinung von oben entsprechen. Dazu gehört innere und äußere Unabhängigkeit. Die innere kann man sich erwerben, wenn man lernt, Interessen aus der Perspektive der jeweils Betroffenen zu betrachten und unvoreingenommen zu bewerten. Die äußere Unabhängigkeit muss man sich leisten können beziehungsweise leisten wollen. Entweder man ist *independent rich* oder man ist sich seines Marktwertes bewusst – oder die innere Unabhängigkeit ist einem so wichtig, dass man notfalls lieber Mangel leidet, als sich selbst untreu zu werden – ganz nach dem Motto: *Love it, change it or leave it!* Je nach früher Prägung fällt diese Grundausrichtung nach dem Prinzip »Selbstverantwortung« eher leicht oder muss in innerer Auseinandersetzung mit sich selbst hart erkämpft werden.

*Nutzen dieses Musters*: Die »ehrliche« Variante ist zumindest psychisch betrachtet gesund, wenn sich auch das Motto »Ehrlich währt am längsten« im geschäftlichen Umfeld nicht immer unbedingt bewahrheitet. Und psychische Gesundheit ist gerade in einem Umfeld, das mehr und mehr von Unsicherheit, Druck und daraus resultierendem Stress geprägt ist, ein besonders kostbares Gut.


## Opportunismus – im weiten Niemandsland zwischen Feigheit und Klugheit

Wir leben weitgehend in Organisationen, die hierarchisch geführt sind. Das Kernprinzip: Die oben erheben für sich exklusiv den Anspruch, den notwendigen strategischen Weitblick zu haben, und leiten daraus das Recht, sogar die Pflicht ab, die unten zu steuern. Das ganze Steuerungssystem ist darauf ausgerichtet, diese Grundannahmen zu stabilisieren, sie auf keinen Fall infrage stellen zu lassen. Entsprechende Inszenierungen und Symbole helfen, dieses hierarchische Steuerungssystem als so selbstverständlich erscheinen zu lassen, dass niemand auf die Idee kommen sollte, dies zu hinterfragen.

Die eigentliche Problematik entsteht allerdings dadurch, dass die unten sich tatsächlich anpassen und das Spiel mitspielen – zum Teil gegen die eigene Überzeugung, getrieben vom Willen zu überleben. Diese Überlebensstrategie ist unseres Erachtens eines der größten Hindernisse für Veränderung. Gerade in der mittleren Führungsebene glauben viele, es wäre für sie zu riskant und würde enormen Mut benötigen, aus der erwarteten und »gelernten« Rolle zu fallen – und zu sagen, was sie wirklich denken, und dazu auch zu stehen, wenn ihnen der Wind ins Gesicht bläst.

Zwei Wege würden aus dieser hierarchischen Konstellation herausführen:

Die unten beziehungsweise die in der Mitte könnten lernen, das Gesetz der Macht »Teile und herrsche« umzudrehen und sich vorher Verbündete zu suchen, bevor sie in die Auseinandersetzung gehen, anstelle an ihrem Glauben festzuhalten, mutig als Einzelkämpfer antreten zu müssen, um dann eventuell den tapferen Heldentod zu sterben. Macht reagiert nur auf Gegenmacht – und wer sich mit den Richtigen verbündet, hat bessere Chancen.

Die oben könnten sich von ihrer Naivität verabschieden zu glauben, nur weil man nichts anderes hört, sei alles in Ordnung. Sie könnten stattdessen von der Grundannahme ausgehen: Untergebene versuchen so weit wie möglich, erwünschte Botschaften zu präsentieren. Wenn sie solche nicht zu bieten und stattdessen vor allem Informationen haben, die nicht in das von oben propagierte Konzept passen, werden sie erst das Gelände erkunden und vorsichtig testen, was passieren könnte, wenn unerwünschte Botschaften präsentiert werden. Es reicht ein als unwillig interpretierbares Stirnrunzeln oder eine Nachfrage in einem etwas härteren Tonfall – und schon werden die Dinge schöngefärbt. Wer um diese grundsätzlich zur Anpassung bereite Schutzhaltung weiß, weiß auch, wie er sich darauf einstellen kann: Zur Offenheit ermutigen, bei auch noch so leichten Andeutungen über scheinbar unerwünschte Entwicklungen sofort ermutigen, nachfragen – und nachdrücklich durch die eigene Haltung die Bereitschaft und das Interesse dokumentieren, alles zu erfahren.

# Mitarbeiter: Ressource, Humankapital oder vollwertiger Mensch?

Je nach Konjunktur werden Mitarbeiter gesucht oder abgebaut, Arbeitsplätze geschaffen oder gestrichen. Geht es um Einsparungen, werden zuerst die Personalkosten unter die Lupe genommen. Je nach Unternehmenskultur und Wille des Unternehmers werden Mitarbeiter in erster Linie als Kostenfaktor, ausführende Organe oder vollwertige Mitglieder des Unternehmens angesehen. Das sind unterschiedliche Arten von Beziehungen mit entsprechend unterschiedlichen emotionalen Auswirkungen.

## Der Mitarbeiter als Kostenfaktor

Leitkriterien für die Betrachtung sind Ressourceneinsatz, Wertschöpfung und Performance. Wer unter dieser Perspektive geführt wird, steht unter permanenter Beobachtung, inwieweit er sich rechnet, wie er seine Leistungen steigern kann (»Leistungsverdichtung«) oder ob er nicht doch mithilfe einer noch ausgeklügelteren Organisation des Arbeitsprozesses billiger produzieren oder auf Dauer ganz ersetzt werden kann. Leiharbeiter oder Scheinselbstständige können ein Lied davon singen, obwohl solche Arbeitsverhältnisse nicht, wie es ehrlich wäre, als Abstieg, sondern immer wieder als Vorform zum Einstieg angepriesen werden.

### Emotionale Befindlichkeit und Reaktionen

Man ist innerlich auf der Hut; in gewisser Weise grundsätzlich immer misstrauisch, was noch alles verlangt werden wird; immer unter Stress, ob man den steigenden Anforderungen auf Dauer genügen kann; je nach Lebenssituation unter zusätzlichem privatem beziehungsweise familiärem Druck.

*Auswirkungen*: Wer in seiner Unternehmenszugehörigkeit oder seiner Arbeitsrolle vom Prinzip her immer gefährdet ist, wird sich schwertun, sich mit dem Unternehmen zu identifizieren. Von ihm mehr zu verlangen, als nach den definierten Gütekriterien seine Arbeit so zu erledigen, dass er nicht aus dem Rahmen fällt, wäre Träumerei.

## Der Mitarbeiter als ausführendes Organ

In vielen Unternehmen gilt nach wie vor die (ungeschriebene) Grundregel: Führen nach dem Prinzip von An- und Zurechtweisung. Erwartet wird, dass die jeweiligen Aufträge schnell und fehlerfrei ausgeführt werden.

Selbstständiges Denken, auch *out of the box*, wird weder erwartet noch ist es eigentlich erlaubt. Und sollte es trotz allem auf eigene Faust geschehen und auch noch erfolgreich sein, tut man gut daran, es dem Vorgesetzten als Resultat seiner eigenen (wenn auch nie geäußerten) Idee gutzuschreiben, will man sich nicht gefährden.

Emotionale Befindlichkeit und Reaktionen, Variante 1:

Nicht wenigen Mitarbeitern geht es mit dieser Art von Führung ganz gut, vorausgesetzt, der Vorgesetzte hält sich an zwei Spielregeln: Erstens, der Auftrag wird während der Ausführung nicht verändert. Zweitens, das Ergebnis wird angemessen anerkannt und die Anerkennung wird durch entsprechende Symbole der Wertschätzung dem Mitarbeiter gegenüber zum Ausdruck gebracht – analog dem Zuckerl für einen brav rapportierenden Hund. Zwar ahnt vielleicht der ein oder andere Mitarbeiter, dass wer lobt, sich auch herausnehmen wird zu tadeln, aber er unterwirft sich diesem Modus, solange er dadurch der Eigenverantwortung entgehen kann.

*Nebenwirkungen*: Mitarbeiter warten auf klare Ansagen, fordern enge und damit aufwendige Führung, verweigern die Selbststeuerung.

Emotionale Befindlichkeit und Reaktionen, Variante 2:

Es gibt allerdings auch Mitarbeiter, die sich in der Rolle als ausführendes Organ unterfordert, kastriert und wenig wertgeschätzt fühlen, weil ihnen nicht mehr Selbstgestaltung zugetraut wird. Manchmal reagieren sie auch regelrecht verärgert, wenn sie mit ihren Leistungen einem unfähigen Chef über die Runden helfen sollen, der dann ihre Leistung als seine eigene ausgibt.

Die Stimmung untereinander kann durchaus gut sein im Sinne einer Opfergemeinschaft. Im Hinblick auf das Zusammenspiel mit oben herrscht in der Regel keine allzu gute Stimmung. Eine Zeit lang wird vielleicht noch die Hoffnung aufrechterhalten, mehr Verantwortung übernehmen zu dürfen. Wird diese Hoffnung nicht erfüllt, entsteht Resignation oder es kommt zu innerer Emigration – Endergebnis: Dienst nach Vorschrift. Zum Teil herrscht Schadenfreude, wenn denen oben einiges nicht gelingt. Und sollte es der Arbeitsmarkt hergeben, sind wirklich gute Mitarbeiter kaum zu halten.

## Mitarbeiter als vollwertiges Mitglied des Unternehmens

Man gehört dazu – in guten wie in schlechten Zeiten. Ist in schlechten Zeiten der Abbau von Mitarbeitern unvermeidbar, wird in gemeinsamem Dialog der Ausstieg fair ausgehandelt – wie bei einer gütlichen Scheidung. Auch solche Unternehmen gibt es nach wie vor, und jüngere Unternehmen bauen zum Teil von vorneherein auf diesem Partnerprinzip ihre Zusammenarbeit auf. Das wird allerdings nur funktionieren, wenn die Spanne der Einkommen zwischen den unterschiedlichen Funktionsgruppen und Hierarchiestufen transparent und nachvollziehbar ist – und als akzeptabel erlebt wird.

### Emotionale Befindlichkeit und Reaktionen

Mitarbeiter gehen mit geradem Rücken in das Unternehmen, das zu ihnen hält, dem sie auf Gedeih und Verderb angehören. Es ist zum Teil ein Anklang an das Modell der früheren Unternehmensfamilie, allerdings erneuert durch transparente und faire Partnerschaft als Alternative zum früheren absolutistischen patriarchalischen System. Man hat keineswegs den Anspruch, immer froh und glücklich zu sein. Das Glücksgefühl hängt jeweils auch von der aktuellen Lage des Unternehmens ab, für die man ja mit verantwortlich ist.

Aus der Partizipation entwickeln sich einerseits die Identifikation mit dem Unternehmen und entsprechende Ansprüche auf Erfolgsbeteiligung. Andererseits ist jeder auch auf Dauer belastet mit dem Druck, das Unternehmen erfolgreich zu machen – und mit entsprechenden Sorgen, wenn es in Schwierigkeiten ist. Die Folge dieses Drucks ist allerdings nicht Resignation, sondern Verstärkung des eigenen Energieeinsatzes.

Wer sein Unternehmen in einem sehr turbulenten und von vielen Mitbewerbern besetzten Umfeld zukunftsfähig gestalten will, ist auf Dauer auf Mitarbeiter angewiesen, die bereit und fähig sind, möglichst frei zu denken, flexibel zu (re)agieren und selbstverantwortlich zu handeln. Diese Art von Mitarbeitern sind erstens keine Massenware, sondern eher rare Kostbarkeiten, und sie stellen zweitens Bedingungen an das Unternehmen oder den Arbeitgeber im Hinblick auf den Umgang miteinander und die Art, wie die Arbeit organisiert wird. Wer selbstständige Menschen als Mitarbeiter haben und halten will, muss zwei Dinge bieten: faire Partnerschaft und Gestaltungsfreiheit.

# Kapitel 6

# Kommunikation und Wahrnehmung – zwei emotional gesteuerte Basisprozesse

> Wo man Verluste an Formen beklagt,
> stellen Gewinne an Beweglichkeit sich ein.
> *Peter Sloterdijk, Sphären III, Schäume, S.26*

Die Kommunikation spielt in der sozial-emotionalen Prozessarchitektur, die wir in diesem Buch darstellen, eine ausschlaggebende Rolle. Wir möchten deshalb die Aufmerksamkeit gezielt darauf lenken, wo genau und wie stark Emotionen im Rahmen von Kommunikation und Wahrnehmung ein- und sich auswirken. Unser Ziel: Besser zu sehen und zu verstehen, welche Logiken diesem Geschehen jeweils zugrunde liegen, achtsamer bei sich und anderen diese Prozesse wahr- und ernst zu nehmen, zu lernen, in diesem unruhigen Gelände das anvisierte Ziel nicht aus den Augen zu verlieren.

Wir möchten eine Reihe von Irrtümern aufzeigen, zu ihrer Aufklärung dadurch beitragen, dass wir genauer identifizieren, welche Logik diesen Irrtümern jeweils zugrunde liegt, das heißt nichts anderes, als zu verstehen, aus welcher Einstellung und Perspektive es sich gar nicht um einen Irrtum, sondern um folgerichtiges Vorgehen handelt, dem Leitmotto folgend: »Der Mensch verhält sich in seinen Augen immer vernünftig« – und schließlich Empfehlungen geben, wie den zugrunde liegenden Herausforderungen anders, das heißt aber auch einer anderen Logik folgend begegnet werden kann.

## Irrtum Nr. 1: Unternehmenskommunikation ist auf dem Vormarsch

### Kommunikation wird häufig durch Information ersetzt – und das mit gutem Grund

Wir beobachten in der Praxis der Unternehmensführung immer wieder folgende Situation: Manager sprechen davon, wie wichtig Kommunikation sei, speziell in Zeiten, die von allen verlangen, radikale Veränderungen mitzutragen. Stolz berichten sie von ihren Konzepten, mit denen sie diesem Anspruch gerecht werden. Sie sprechen in diesem Zusammenhang ausdrücklich von Kommunikation. Schaut man sich ein solches Konzept allerdings genauer an, so ergibt sich auf den ersten Blick: Es geht um pure Information. Kommunikation ist darin substanziell gar nicht vorgesehen, und wenn, dann nur höchst marginal und in hohem Grade formalisiert. Handelt es sich vielleicht um ein bloßes Missverständnis? Oder fehlt es am nötigen Sachverstand, wie ein solcher Prozess anzulegen ist? In beiden Fällen könnte man ja umgehend Abhilfe schaffen. Nichts dergleichen! Dass anstelle der angekündigten Kommunikation nur Information stattfindet, beruht weder auf einem Missverständnis noch liegt es an fehlendem Sachverstand. Die Verwechslung von Kommunikation mit Information passiert auch nicht so einfach. Sie ist bewusst beabsichtigt. Warum?

### Wer sich auf Information begrenzt, behauptet die Geländehoheit

Information ist ein einseitiger Prozess: Da übermittelt jemand eine Botschaft an eine definierte Zielgruppe. Auf welchem Weg und mit welchen Mitteln, lassen wir an dieser Stelle einmal außer Betracht. Mit der Übermittlung ist seine Aufgabe erledigt. Was der Empfänger von dieser Botschaft hält oder was er mit ihr anfängt, ob sie überhaupt so ankommt, wie es der Intention des Senders entspricht, gehört nicht mehr zum Prozess der Information. Der Vorgang ist abgeschlossen, wenn die Botschaft gesendet wurde. Bestenfalls wird noch geprüft, ob das Paket wirklich beim Adressaten abgegeben wurde. Der Absender weiß aber nicht wirklich, ob und wie diese Botschaft beim Empfänger innerlich angekommen ist und was sie dort tatsächlich auslöst. Er kann es auch gar nicht wissen, solange der Adressat nicht aktiv in dieses Geschehen einbezogen ist. Und vielleicht will er es auch gar nicht wissen, schon gar nicht verstehen oder sich damit auseinandersetzen. Denn dies würde ja voraussetzen, er wäre echt an einem Dialog interessiert. Wenn und solange dies nicht der Fall ist, ist es völlig logisch und äußerst empfehlenswert, bei der puren Information zu bleiben.

Wer im Rahmen seiner Führungsrolle den Anspruch hat, im Wesentlichen nur die eigene Sicht und Interpretation der Dinge gelten und sich auf keinen Fall die Deutungshoheit nehmen zu lassen, für den ist Kommunikation pures Gift. Und genau das wissen die entsprechenden Manager und beschränken sich deshalb auf die Einbahnstraße der schlichten Information.

## Kommunikation ist substanziell etwas anderes als Information

Kommunikation ist ein zweiseitiges Geschehen. Nicht nur der Sender agiert, indem er eine Botschaft abschickt, sondern auch der Empfänger handelt, indem er darüber informiert, wie diese Botschaft bei ihm angekommen ist und welche Reaktionen sie bei ihm auslöst. Kommunikation bedeutet, eine gemeinsame Sichtweise herzustellen. Das heißt keineswegs, dass beide Seiten inhaltlich übereinstimmen müssen. Aber beide Seiten haben ein hohes Interesse, die jeweils andere Seite zu verstehen. Ziel: Je besser die Kommunikation gelingt, umso genauer wissen sie, wie sie miteinander dran sind – und sind in der Lage, sich eine tragfähige Basis zu schaffen für gemeinsames Handeln.

## Iterativer Dialog – der fundamentale Unterschied

Es geht darum, jenes große Missverständnis zu überwinden, dass geschliffene Rhetorik oder ausgefeilte Marketingstrategien auch nur das Geringste mit wirklicher Kommunikation zu tun hätten. Schon der Grundstock des lateinischen Wortes *communis* bedeutet gemeinsam und weist in die entscheidende Richtung: Kommunikation ist dann gelungen, wenn die an diesem Prozess Beteiligten sich eine gemeinsame Grundlage, eine Meinung, Anschauung, Überzeugung etc. geschaffen haben, wenn sie sich wirklich verständigt haben. Sie müssen keineswegs inhaltlich übereinstimmen. Aber sie müssen sich gegenseitig verstehen und begreifen, was jeder meint, was er im Sinne hat, was er mit dem, was er sagt, bezweckt. Soll dies aber gelingen, gehört zur Kommunikation als wesentlicher Akt nicht nur das Reden und Senden, sondern auch das Zuhören und die Auseinandersetzung im Dialog.

## Eng formalisierter Dialog als Mittel der Wahl, um die Form zu wahren

Manager, die an einem offenen Dialog eigentlich überhaupt nicht interessiert sind, haben allerdings Wege gefunden, ihre Ablehnung zu verschleiern. Selbstverständlich werden Fragen zu ihren Ausführungen zugelassen, allerdings nur begrenzt und vom Hof vorselektiert. Die Antworten auf die Fragen werden genutzt, um die vorher gesendeten Botschaften nochmals zu erklären, möglicherweise gemischt mit spürbarer Ungeduld und der zwar verdeckten, aber für alle überaus deutlichen Zusatzbotschaft »Ihr müsst es nicht verstehen, ihr müsst es nur machen ...«

## Erklärung und Empfehlungen

☞ *Nicht ärgern, höchstens wundern, wenn nur Information beabsichtigt ist.* Die meisten derartigen Inszenierungen sind weder ein Betriebsunfall noch basieren sie auf Unfähigkeit, sondern sind genau so gewollt. Vielleicht können Sie es in Zukunft besser genießen, weil Sie die zugrunde liegende Logik besser erkennen. Wenn Sie nicht sicher sind, ob nicht »böser« Wille, sondern doch eher mangelndes methodisches Wissen das Vorgehen bestimmt, können Sie gerne entsprechende Anregungen geben. Sie werden an der Reaktion sehr schnell erkennen, ob Sie mit Ihrer Interpretation richtig lagen.

☞ *Kommunikation entsteht nur im Rahmen eines echten iterativen Dialogs.* Es geht darum, nachvollziehbar gegenseitig die jeweils vorhandenen Interessen, Interpretationen, Gefühle, Einstellungen, Motivationen zu entdecken beziehungsweise zu vermitteln. Und das geht nur im Dialog, für den aber ausreichend Zeit zur Verfügung stehen muss, um sich schrittweise einander zu nähern.

☞ *Je formeller das Vorgehen, desto klarer, dass kein Dialog erwünscht ist.* Wenn Sie sich dieser Form nicht erkennbar verweigern, leisten Sie durch Ihre Teilnahme einen aktiven Beitrag zur Legitimation solcher Schein-Dialoge.


## Irrtum Nr. 2: Der Mensch ist generell offen für Neues und empfangsbereit

> Es ist eine Tatsache, die mir in meiner praktischen Arbeit immer wieder überwältigend entgegentritt, dass der Mensch nahezu unfähig ist, einen anderen Standpunkt als seinen eigenen zu begreifen und gelten zu lassen.
>
> C. G. Jung


### Die Sache mit dem Trichter: konzipieren ⇨ kaskadieren ⇨ akzeptieren

Ob nun Information oder zweiseitige Kommunikation, nicht wenige, auch professionelle Kommunikatoren fokussieren bei ihren Konzepten nahezu ausschließlich auf den Inhalt – und das Ergebnis der Überlegungen muss man dann nur noch »ins Unternehmen kaskadieren«. Oben wird gedacht und konzipiert, in einem oder mehreren Zwischenschritten wird dann kaskadiert, und unten wird dann akzeptiert und umgesetzt – so die allgemeine Mär. Als ob der Mensch prinzipiell ein offenes Gefäß mit breitem Einlass-Trichter wäre – immer neugierig auf Empfang geschaltet. Bei genauerem Hinsehen ist aber exakt das Gegenteil der Fall: Wir sind der Realität deutlich näher, wenn wir den Trichter umdrehen: Der Mensch ist voll von Erfahrungen, Annahmen, darauf aufbauenden Vorurteilen und inneren Gewissheiten. Es gibt nur einen engen Einlassstutzen. Das Gefäß hat zusätzlich eine tückische Besonderheit: Der Trichter ist versehen mit mindestens drei Vorfiltern. *Erstens*: persönliche Erfahrung. Trifft die Bot-

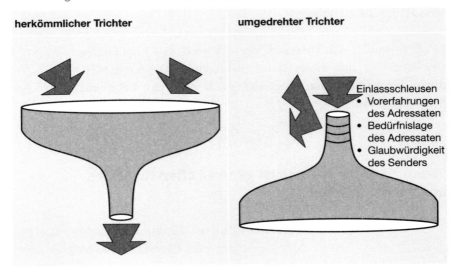

Abbildung 1: Der Einlass-Trichter in der Kommunikation

schaft im Wesentlichen die persönlichen Erfahrungen des Empfängers, wird sie durchgelassen. Der Zuhörer hat zwar nichts Neues gelernt, aber er sieht sich in seiner eigenen Einschätzung bestätigt. Man kann das leicht am verständnisvollen Nicken oder auch beipflichtenden Lächeln der Zuhörer erkennen. *Zweitens*: Glaubwürdigkeit des Senders. Erkennt der Zuhörer die Kompetenz oder Autorität des Senders an, hat die Botschaft eine gute Chance, durch den zweiten Filter durchzukommen. Jeder Zweifel daran führt zu potenziellen Einschränkungen oder Vorbehalten. *Drittens*: aktuelle Bedürfnislage des Empfängers. Leidet ein Zuhörer aktuell unter einem ungelösten Problem und ist unter allen Umständen auf der Suche nach einer Lösung, so ist er mit hoher Wahrscheinlichkeit entsprechend aufmerksam und saugt alles auf, was ihm helfen könnte. Wenn nicht, dann ist die Wahrscheinlichkeit groß, dass vieles überhört wird.

## Erklärung und Empfehlungen

☞ *Erfolgreich kommunizieren kann nur, wer vorher das Gelände erkundet* und sich dadurch in die Lage versetzt, seine Botschaft präzise an den Empfängern und ihren Vorfiltern auszurichten.

☞ *Die Adressaten wird nur erreichen, wer ihre Sprache spricht.* Sprache heißt auch, die eigene Botschaft in Bilder und Beispiele aus dem Leben und Milieu der Empfänger zu übersetzen.

## Irrtum Nr. 3: Feedback ist erwünscht, immer gut und empfehlenswert

Sich seiner Person und seiner möglichen Wirkung auf andere bewusst zu sein und von der Möglichkeit, sogar Wahrscheinlichkeit auszugehen, dass das Verhalten anderer auch, zumindest teilweise, die Reaktion auf das eigene Verhalten oder seine Interpretation sein könnte, ist unverzichtbare Grundlage der viel geforderten Sozialkompetenz. Ziel: Einerseits besser zu verstehen, was zwischen Menschen abläuft, und damit andererseits die Voraussetzung dafür zu schaffen, das eigene Verhalten bewusster und zielgerichteter gestalten und einsetzen zu können. Das ist mittlerweile Gemeingut nicht nur in der Fortbildung für Führungskräfte, sondern gilt für jedes menschliche Miteinander als unverzichtbares Instrument, mit dem wir alle unsere zwischenmenschlichen Beziehungen steuern und regelmäßig diagnostizieren können im Hinblick auf Gemeinsamkeiten und Diskrepanzen zwischen Selbstbild und Einschätzung durch andere (Fremdbilder). Dies ist eine Voraussetzung, um Verhalten zu ändern oder zumindest besser zu verstehen.

Wir wissen also, ohne Feedback können sich weder Offenheit noch Ehrlichkeit noch Vertrauen entwickeln, die ihrerseits Bedingung sind für effektive Zusammenarbeit.

Nachdem diese Aspekte nicht nur hilfreich sind, sondern unverzichtbar für eine gute Zusammenarbeit, für ein zufriedenstellendes Zusammenleben überhaupt, sollte man davon ausgehen, dass Feedback tatsächlich entsprechend gewünscht und wertgeschätzt wird. Weit gefehlt! Wer sich in der Unternehmenspraxis unreflektiert an die Empfehlungen hält, die ihm eventuell auch in Führungsseminaren mitgegeben wurden, wird relativ schnell erfahren, in welche Fettnäpfe er treten, welche Risiken er damit eingehen und welche Schäden er auf diese Weise anrichten beziehungsweise sich antun kann.

Es gibt nämlich einige Voraussetzungen, die Feedback überhaupt erst sinnvoll werden und seine Wirkung entfalten lassen:

- grundsätzliches Interesse füreinander,
- persönliche Bereitschaft zum Risiko,
- ausreichende Sensibilität und soziale Kompetenz,
- Wissen um die allgemeine Subjektivität und entsprechende Relativität,

und das aufseiten aller Beteiligten, also sowohl aufseiten dessen, der Feedback gibt, als auch aufseiten des Adressaten. Sind diese Voraussetzungen nicht gegeben, wird Feedback zum leichtfertigen Abenteuer.

Denn prinzipiell ist jedes Feedback, das dem positiven Selbstbild des Empfängers nicht entspricht – und sei es auch noch so gekonnt nach allen Regeln der Kunst formuliert (»Ich-Aussage«, »keine Bewertung«, »keine Verallgemeinerungen« …) –, im Prinzip nicht sehr willkommen, kränkend oder auch ärgerlich. Dies gilt auch und vielleicht sogar verstärkt, wenn jemand ganz besonders betont, wie viel Wert er darauf lege, einem anderen völlig ungeschminkt und schonungslos die Meinung zu sagen. Ein Feedback, das nicht zum eigenen Selbstbild passt, verlockt fast automatisch zu Rechtfertigungen, um das »schiefe Bild« wieder gerade zu hängen. So funktioniert nun mal das gewöhnliche Gefühlsleben. Und davon sollte man als Regel ausgehen … und manche Menschen sind darüber hinaus auch noch nachtragend und rachsüchtig.

## Erklärung und Empfehlungen

☞ *Wer Feedback gibt, öffnet sich und geht damit immer ein Risiko ein.* Das bedeutet nicht, sich nur auf abgesichertem Gelände zu bewegen, aber sich vorher darüber klar zu werden, ob man zu diesem Risiko bereit ist.

☞ *Feedback ist keine objektive Beurteilung, sondern eine subjektive Einschätzung oder Interpretation – nicht mehr, aber auch nicht weniger.* Deshalb hat es keinen Sinn, sich auf das Feld inhaltlicher Argumentationen in Form von Rechtfertigungen zu begeben oder einzulassen.

☞ *Genügend Feinfühligkeit entwickeln, um die richtigen Worte, den richtigen Ton, die richtige Dosierung und den passenden Zeitpunkt zu finden.* Es kann durchaus sinnvoll sein, bei Bedarf die Botschaft nochmals mit anderen Worten, in einem anderen Ton oder auch zu einem anderen Zeitpunkt zu vermitteln.

☞ *Auch bei erwünschtem Feedback genau beobachten, wie Feedback ankommt – gegebenenfalls stoppen oder ausweichen.* Trotz aller Absprachen, Erfahrungen und Beteuerungen weiß man im Endeffekt nicht, wie der andere aktuell wirklich reagieren wird.

Wenn Sie den Eindruck haben, der Empfänger will eigentlich Ihr Feedback nicht hören, stoppen Sie sofort oder weichen Sie elegant aus, statt mit dem Kopf durch die Wand gehen zu wollen und sich damit nur selbst zu beschädigen, ohne das zu bewirken, weshalb Sie eigentlich eingestiegen sind – außer, Sie sind genau darauf vorbereitet, weil der folgende Punkt zutrifft:

☞ *Trotz aller »Gefährdungen« sich bewusst sein: Entwicklungen und Veränderungen sind ohne Feedback kaum möglich.* Vor diesem Hintergrund kann durchaus auch unerwünschtes und irritierendes Feedback angesagt sein. Voraussetzung: Man selbst nimmt das gesteigerte Risiko in Kauf, gegebenenfalls abgesichert durch die Unterstützung eines entsprechenden Netzwerks von Gleichgesinnten.

## Irrtum Nr. 4: Es gibt einen Königsweg für Kommunikation

Jeder versucht, nach seiner Fasson selig zu werden ...

Der eine setzt auf die Wirkung von sogenannter Regelkommunikation, das heißt ein transparentes und formalisiertes System von Einzel- und Gruppenkontakten zu installieren, um dem menschlichen Körper vergleichbar, der bis in die letzten Winkel über ein hochdifferenziertes System von Adern und Nerven mit allen notwendigen Informationen versorgt wird, im Rahmen eines kontinuierlichen, auf Feedback beruhenden Kreislaufs den Informationsfluss im Unternehmen sicherzustellen. Andere schwören auf die Kraft informeller spontaner Begegnungen, wieder andere sind überzeugt, dass Vereinbarungen und Absprachen ohne eindeutige schriftliche Fassung immer problematisch sind. Alle Formen bergen insofern einen Kurzschluss in sich, soweit Kommunikation ausschließlich von einer Seite her definiert wird.

## Ein Manager hat per se alles im Griff

Die Absolutsetzung der einen Seite eines Geschehens, das schon vom Prinzip her nur gemeinsam bestimmt werden kann, entspringt dem Bedürfnis, alles planen und die Abläufe beherrschen zu können. Das mag zwar ein gutes Gewissen verschaffen und beruhigen, weil es dem eigenen Rollenverständnis entspricht, aber es entspricht keineswegs der Realität, weil es nämlich die Realität gar nicht gibt. Es gibt so viele Realitäten, wie es Beteiligte gibt.

## Erklärung und Empfehlungen

☞ *Die Methode der Wahl gibt es nicht.* Es mag gewohnte und es mag Lieblingswege geben, aber es gibt keinen Königsweg. Wir empfehlen: Von vornherein unterschiedliche Wege und Methoden parallel erproben – und sich an den Erwartungen, Erfahrungen und Stimmungen der Beteiligten, den beobachteten Wirkungen und Reaktionen orientieren.

☞ *Probieren geht über studieren.* Enttäuschungen wird es immer mal wieder geben. Empfehlung: Enttäuschungen als wichtige Lernerfahrung nutzen, wörtlich genommen eine Täuschung weniger.

## Irrtum Nr. 5: Ein Mehr an Kommunikation steigert die Zufriedenheit

Aus dem Leben gegriffen: Aus einer Mitarbeiterbefragung gewinnt ein Unternehmen die Erkenntnis, dass die Mitarbeiter die interne Kommunikation absolut nicht als optimal erleben. Die Unternehmensleitung macht sich ein genaueres Bild davon, was die Mitarbeiter im Einzelnen bemängeln, und beschließt ehrliche Verbesserungen. Sie legt auch viel Wert darauf, dass dies nicht nur für den Umgang der obersten Ebene mit dem Fußvolk gilt, sondern dass auch die mittlere Führungsebene dieses Thema ernsthaft vorantreibt. Die Mitarbeiter reagieren spontan sehr positiv auf die spürbaren Veränderungen. In der Geschäftsführung ist man zufrieden, die Mängel rechtzeitig erkannt und abgestellt zu haben. Nächste Mitarbeiterbefragung: Die Ergebnisse der speziellen Fragestellungen zum Thema interne Kommunikation weisen eine leichte Verbesserungstendenz auf. Man ist über das Ergebnis zwar leicht enttäuscht, hatte man sich doch mehr erwartet, aber immerhin, es geht aufwärts. Reaktion der Unternehmensleitung: Die Führung verstärkt ihre Anstrengungen im Hinblick auf die interne Kommunikation. Nächste Mitarbeiterbefragung: Die Bewertung stagniert. Reaktion: Die Geschäftsleitung ist enttäuscht und ratlos, was man jetzt noch tun soll.

Unsere Erklärung: Die Mitarbeiter waren am Anfang völlig frustriert, weil kaum echte Kommunikation stattfand. Dann erleben sie, dass ihre schlechte Beurteilung Wirkung zeigt, und die Situation beginnt, sich deutlich zu verbessern. Sie sind zunächst froh darüber, äußern auch spontan ihre Zufriedenheit – sind aber bei der nächsten Meinungsumfrage in ihrer Beurteilung noch etwas zurückhaltend, unsicher, ob der verbesserte Zustand beibehalten wird. Daraufhin erleben sie eine nochmalige deutliche Steigerung der Bemühungen im Hinblick auf Kommunikation vonseiten der Führung. Sie sehen, was aufgrund ihrer Klagen nun endlich alles möglich ist, wozu früher die Führung keinen Anlass gesehen hatte. Was nun passiert, kennt man aus der Erziehung: Verwöhnung führt keineswegs immer zu wachsender Zufriedenheit, sondern nicht selten dazu, dass die Ansprüche steigen. Motto: Wo viel geht, muss noch mehr gehen …

## Erklärung und Empfehlungen

☞ *Starker Mangel an echter Kommunikation führt zu Frustration.*
☞ *Angemessene Verbesserung der Kommunikation wird positiv erlebt.*
☞ *Mit zunehmender Sättigung wachsen die Ansprüche.*
☞ *Mehr ist nicht unbedingt besser.*

## Irrtum Nr. 6: Man soll erst kommunizieren, wenn die Dinge klar sind

Aus dem Leben gegriffen: Das Unternehmen steht geschäftlich unter Druck. Viele ahnen, etwas muss sich gravierend ändern. Es wird viel spekuliert. Einige scheinen mehr zu wissen als andere. Im Unternehmen rumort es gewaltig. Der Geschäftsführer lässt sich coachen und bringt unter anderem diese Situation zur Sprache. Seine Reaktion auf die Rückfrage vom Coach, wie er mit dieser Situation umzugehen gedenke: Er möchte umgehend informieren, sobald er sich einigermaßen klar darüber ist, welche Themen er in Angriff nehmen will, wer genau davon betroffen sein wird – und wie der Prozess in etwa ablaufen soll. Antwort auf die Nachfrage, wie er denn die aktuelle Stimmungslage im Unternehmen einschätze: Es sei ihm schon bewusst, dass aktuell viel Unruhe im Unternehmen herrsche, er könne auch gut verstehen, dass diese Stimmung nicht gerade zur Produktivität beitrage, aber solange er sich selbst über das Vorgehen nicht im Klaren sei, könne er sich auch nicht der offenen Diskussion stellen, die möglicherweise nicht zu verhindern wäre, wenn er jetzt vor die Belegschaft treten würde. Auf die Frage »Warum denn eigentlich nicht?« lautet seine Antwort: Die Belegschaft erwarte mit Recht vom Management, dass es das Unternehmen richtig steuere – und: »Ich kann doch nicht vor die Mitarbeiter treten mit der Botschaft, dass wir geschäftlich unter Druck stehen, ich im Moment zwar intensiv überlege, was zu tun ist, aber noch zu keiner Entscheidung gekommen bin. Das würde die Mitarbeiter noch weiter verwirren und verunsichern. Also ist es sinnvoll, die Kommunikation erst aufzunehmen, wenn alles so weit klar ist – und die Mitarbeiter auch erleben, dass sie sich auf die Führung verlassen können.«

### Erklärung und Empfehlungen

☞ »*Man kann nicht* nicht *kommunizieren.*« Was der amerikanische Psychologe Paul Watzlawick für den Bereich zwischenmenschlicher Beziehungen formuliert hat, gilt auch hier: Wenn Menschen in einer Situation unter emotionalem Druck stehen und bei einem für sie Verantwortlichen nach einer Lösung suchen, sich von diesem jedoch nicht rechtzeitig oder nicht vollständig oder überhaupt nicht informiert fühlen, machen sie sich selbst ein Bild. Das heißt, jede Lücke an Information wird durch eigene Vermutungen und Fantasien ersetzt. Und eines ist klar: Die eigenen Mutmaßungen sind in aller Regel deutlich schlechter als das, was man den Betroffenen hätte mitteilen und gegebenenfalls zumuten müssen.

☞ *Wer dem Prozess einer sich verselbstständigenden Kommunikation nicht Vorschub leisten will, dem bleibt nur eine Alternative: rechtzeitig und glaubwürdig informieren und sich der daraus folgenden Auseinandersetzung möglichst offen stellen.*

☞ *Je höher die Unsicherheit, desto stärker die Sehnsucht nach Kommunikation.* Gerade in Zeiten der Unsicherheit braucht es die Kommunikation viel stärker, als wenn alles klar ist.

☞ *Zwei grundlegende Botschaften.* In einer unsicheren Situation sind zwei Botschaften vonseiten der verantwortlichen Führung an die Mitarbeiter entscheidend: Erstens, wir nehmen uns Zeit, um uns eure Sorgen beziehungsweise Bedürfnisse anzuhören; zweitens, wir sind uns unserer Führungsaufgabe bewusst, sind dabei zu analysieren, was zu tun ist – und werden euch rechtzeitig auf dem Laufenden halten.

Die Befürchtung von Managern, die Belegschaft erwarte fertige Lösungen bei anstehenden großen Problemen, ist eine Fiktion, abgeleitet aus ihrem persönlichen Selbstbild als »Held«.

☞ *Nur wer informiert ist, kann sich auch engagieren.* Mitarbeiter mit unangenehmen Herausforderungen frühzeitig zu konfrontieren ist auch eine Möglichkeit, bei ihnen Energien zu wecken, an der Lösung der Probleme mitzuwirken.

## Irrtum Nr. 7: Kommunikation ist per se wertvoll

Die Leitbilder vieler Unternehmen betonen die Notwendigkeit und den Wert von Kommunikation. Damit wird indirekt auch vermittelt, Kommunikation sei immer gut und wünschenswert. Werbung und Marketing lehren uns etwas anderes: Wir werden nach allen Regeln der Kunst beeinflusst und manipuliert. Manchmal schaffen wir es, die Fangstrategien zu erkennen, manchmal eben nicht. Nicht umsonst gibt es zum Beispiel im religiösen Umfeld Situationen, in denen weder Kommunikation noch sonst ein persönlicher Kontakt erwünscht, sondern vollkommenes Schweigen geboten ist, damit man nicht der Versuchung erliegt, sich ablenken zu lassen.

## Erklärung und Empfehlungen

☞ *Kommunikation ist vom Prinzip her weder gut noch schlecht.*
☞ *Wer kommuniziert, verfolgt immer auch einen Zweck.*
☞ *Die Intention prüfen.*

Will jemand mit Ihnen eine Kommunikation aufbauen, überprüfen Sie, welche Ziele er damit verfolgt – und entscheiden Sie auf der Basis Ihrer Einschätzung, ob Sie die angebotene Kommunikation akzeptieren wollen.

Besondere Vorsicht ist geboten vor Menschen, die ihre Interessen nicht offenlegen und vorgeben, zweckfrei zu kommunizieren. Entweder sind sie naiv oder sie führen etwas im Schilde und wollen unter der Hand beeinflussen, das heißt manipulieren.

## Irrtum Nr. 8: Das Primäre bei der Kommunikation sind Methoden und Werkzeuge sowie Zahlen, Daten und Fakten (ZDF)

In vielen Publikationen zum Thema Kommunikation stehen Werkzeuge, Methoden und Verfahren im Vordergrund. Kommunikation wird nicht selten sogar damit gleichgesetzt.

Zudem wird immer wieder die Bedeutung von Zahlen, Daten, Fakten unterstrichen. Abweichler werden mit Hinweisen wie »Bleiben Sie doch bitte sachlich!« dazu ermahnt, ihr Verhalten doch umgehend wieder an dieser Maxime auszurichten. Mit dem Vorwurf der Unsachlichkeit wird konfrontiert, wer emotional (re)agiert. Emotionalität ist unerwünscht und wird als Störfaktor apostrophiert.

## Erklärung und Empfehlungen

☞ *Emotionen bilden den eigentlichen Kern der Kommunikation.*
☞ *Die Warnung vor Emotionen und die Forderung nach Sachlichkeit rühren von der Angst von Managern vor Emotionen.*
☞ *Die Fokussierung auf Werkzeuge beruht stark auf dem Glauben und der Hoffnung, Kommunikation perfekt steuern zu können.*
☞ *Wer Verhalten beeinflussen will, muss emotional aufrütteln.*

ZDF setzen unter Umständen einen Rahmen für Messgrößen. Aber entscheidend ist, inwieweit es gelingt, die Art von Stimmung zu erzeugen, die ausreicht, um quasi automatisch zum gewünschten Handeln zu führen: Angst, Freude, Begeisterung, Mitleid, Gemeinschaftsgefühl, Entschlossenheit usw. Stimmungen sind messbar und somit auch der Maßstab dafür, wie erfolgreich die Kommunikation betrieben wurde.

☞ *Emotionalisierte Anker, um in der Flut von Information nicht unterzugehen.* Wer nicht will, dass seine Botschaft in der allgemeinen Reizüberflutung untergeht, muss erstens dafür sorgen, dass sich seine Botschaft in Inhalt und Form deutlich von den anderen unterscheidet. Zweitens muss er aber vor allem Anker schaffen – ein Bild, ein Beispiel, einen Slogan, ein Symbol, eine Geschichte oder auch eine Identifikationsfigur –, an denen sich die Botschaft unverwechselbar festsetzt, der Klebstoff dafür besteht aus Emotion. Das heißt, der Anker muss im Empfänger eine ausreichend starke Gefühlsempfindung auslösen, damit die Botschaft hängen bleibt – und sich als treibende Energie auswirkt.

Und speziell hier wird deutlich, dass Kommunikation kein wertneutrales und auf keinen Fall immer positives Geschehen ist. Kommunikation ist vielmehr angewandtes Stimmungsmanagement mit teilweise stark manipulativem Einschlag. Stimmungen beeinträchtigen das Urteilsvermögen. Sie verleiten zu Handlungen, die so mancher, wenn er sie bei klarem Verstand betrachtet, gerne wieder rückgängig machen würde, wenn er denn dazu in der Lage wäre.

☞ *Längerfristig angelegte Kampagnen.* Wer kommunikativ beeinflussen will, muss sich in Geduld üben. Wenn Marketingleute ihre eigenen Konzepte und Slogans nicht mehr sehen und hören können, wenn die eigenen Sprüche ihnen quasi zum Hals heraushängen, fangen diese beim Adressaten gerade so langsam an zu greifen.

☞*Kommunikation signalisiert immer auch den jeweiligen Grad von Interesse, Zuwendung und Wertschätzung – oder vom Gegenteil.* Unabhängig von der inhaltlichen Aussage vermittelt die Bereitschaft zur Kommunikation immer auch eine übergreifende grundsätzliche Beziehungsbotschaft, nämlich das Ausmaß des Interesses an der Meinung, Befindlichkeit und Person des anderen. Das allein schon ist für jede Beziehung, ob im privaten oder beruflichen Bereich, von großem Wert, vor allem im Hinblick darauf, dass diese Beziehung vielleicht später einmal ganz gehörigen Belastungen ausgesetzt sein wird.

☞ *Übung und persönliche Erfahrung sind die wirksamste Art von Kommunikation.* »Erzähle mir, und ich vergesse. Zeige mir, und ich erinnere mich. Lass es mich tun, und ich verstehe.« (Konfuzius)

## Irrtum Nr. 9: Meetings sind ein wesentlicher Kern der Unternehmenssteuerung

Der Terminkalender von Managern, auch in der Spitzengruppe, zeigt, man hastet beziehungsweise hechelt von Besprechung zu Besprechung. Aus den Terminkalendern des mittleren Managements: Man hat Unterlagen vorzubereiten (viele bunte Charts) für Besprechungen und muss in größeren Unternehmen nicht selten draußen vor den Sitzungszimmern auch noch stundenlang warten, bis der entsprechende Tagesordnungspunkt aufgerufen wird. In nicht wenigen Unternehmen gehört es nicht einmal zum guten Ton, sich ernsthaft zu entschuldigen, wenn das Thema schlussendlich überhaupt nicht aufgerufen wird. Mitarbeiter sind Leibeigene, und als Angehörige des Hofstaates ist man ihnen keine Rechenschaft schuldig. Für die oben sind diese Herrschaftsallüren vielleicht auch eine kleine Entschädigung dafür, dass es ihnen selbst auch nicht viel besser geht, außer dass sie besser bezahlt werden. Die in der Mitte spielen dieses Spiel als gelernte Opportunisten mit (»hierarchisches Syndrom«), sonst müssten sie im wahrsten Sinn des Wortes aus der Rolle fallen, sich zum Beispiel entfernen mit dem Hinweis, dass auch ihre Zeit kostbar ist. Solange sie für die Wertschöpfung ihrer eigenen Arbeitszeit nicht persönlich verantwortlich gemacht werden, ist allerdings opportunistische Anpassung völlig logisch. Klagen darüber sind zwar häufig zu hören, sind aber nicht wirklich ernst gemeint, sondern dienen lediglich der Inszenierung als armes Opfer und als Ventil.

## Erklärung und Empfehlungen

☞ *Inszenierung von Bedeutsamkeit.* In vielen Unternehmen werden Meetings in enger Folge abgehalten, manchmal hochstilisiert als Regelkommunikation, wo es im Prinzip darum geht, die Bedeutsamkeit der eigenen Funktion und Position dadurch zu zelebrieren, dass man ein solches Meeting einberufen kann oder sich zumindest zum engeren erlauchten Kreis der Teilnehmer zählen darf. Je höher die hierarchische Stufe, umso detaillierter und perfektionierter die Vorbereitung durch die jeweiligen Stäbe. Auch bei so manch groß angekündigten Gipfeltreffen heißt es nachher in der Presse: Das Treffen endete mit vagen Absichtserklärungen und ohne konkrete Ergebnisse. Nichts anderes passiert häufig bei solchen Meetings: Der Berg kreißte – und er gebar eine Maus. Wichtig ist, es hat stattgefunden, die Inszenierung war perfekt, man war dabei – und fühlt sich entsprechend wichtig. Dass während dieser »heiligen Messen« unter der Hand oder demonstrativ mit dem Blackberry oder I-Phone Nachrichten empfangen, bearbeitet oder auch gesendet werden, erhöht die Inszenierung der eigenen Bedeutung und der deshalb prinzipiell notwendigen Erreichbarkeit.

☞ *Meetings folgen Ritualen bestimmt vom Einladenden.* Es geht in erster Linie darum, dass der Chef des Meetings sich entsprechend seiner Position als jemand inszenieren kann, dem alle zu Diensten stehen müssen.

☞ *Brav warten, bis oder ob man überhaupt drankommt.* Diejenigen, die zu einem bestimmten Meeting eingeladen sind, sind gewohnt zu warten, bis sie dran sind, beziehungsweise ob sie überhaupt aufgerufen werden. Diese Anpassung (»Opportunismus«) wird erwartet, gelernt und sichert das Überleben in hierarchischen Systemen.

☞ *Gute Meetings sind als Workshops zu gestalten, die gemeinsam von allen Betroffenen vorbereitet und durchgeführt werden.*

☞ *Statt Hofschranze Prinzip gleiche Augenhöhe.* Schmeichelei und Heuchelei, um sich oben beliebt zu machen, sind die Wesensmerkmale höfischen Verhaltens. Nur wer sich traut, im wahrsten Sinn des Wortes aus der Rolle zu fallen, wird es schaffen, die Anpassungsrituale zu durchbrechen.

☞ *Kleiner Tipp zum Testversuch.* Leitbilder, die im Hinblick auf Unternehmenskultur und Führung offene Kommunikation, hierarchieübergreifende Kooperation, Konfliktfähigkeit, Unternehmertum im Unternehmen und damit verbunden Selbstverantwortung und Selbststeuerung in den Mittelpunkt stellen, kommen in vielen Fällen nicht über das Stadium des im Leitbild schriftlich fixierten Anspruchs hinaus – und werden deshalb weder von Führungskräften noch von Mitarbeitern wirklich ernst genommen.

Nehmen Sie doch zu Situationen, bei denen Sie davon ausgehen, dass entgegen des offiziell veröffentlichten Leitbilds de facto kritiklose Anpassung erwartet wird, ein Exemplar des unternehmensinternen Leitbilds mit – und bitten Sie den Vorgesetzten zu bestätigen, dass dieses in der gerade aktuellen Praxis so nicht gilt. Sollte er sich darüber amüsieren oder aufregen, danken Sie ihm höflich für die wichtige Information, die er Ihnen durch sein Verhalten hat zukommen lassen.


## Irrtum Nr. 10: Die Kaskade garantiert umfassende und schnelle Kommunikation im Unternehmen

Unternehmensinterne Kommunikation ist häufig organisiert nach dem Prinzip der Kaskade. Das heißt, die Botschaft wird von oben über (zum Teil mehrere) hierarchische Zwischenstufen nach unten weitergeleitet, häufig unterstützt durch einen vom Stab vorbereiteten, für alle gleichen Satz von PowerPoint-Folien. Mit diesem Konzept will man sichergehen, dass alle Mitarbeiter die gleiche Botschaft, in derselben Form und möglichst zeitnah vermittelt bekommen.

## Erklärung und Empfehlungen

☞ *Kaskaden verändern die Botschaft.* Die hierarchische Kaskade ist zur Weiterleitung von Informationen eher problematisch. Wer von oben über Zwischenvermittler zentrale Botschaften versendet, muss damit rechnen, dass unten etwas anderes ankommt als das, was ursprünglich abgesendet wurde, selbst wenn der gleiche Foliensatz verwendet wird: Niemand wird nämlich etwas unkommentiert weiterleiten, was ihn selbst in ein ungünstiges Licht stellen könnte; er wird alles für ihn Schädliche herausnehmen oder zumindest durch Relativierungen entschärfen. Umgekehrt wird er auch darauf achten, mit eigenen Duftmarken zu versehen, was für ihn von Nutzen sein könnte. Selbstverständlich geschieht dies alles nur durch kleine Nebenbemerkungen, ohne dass die Folien verändert oder die Anmerkungen dokumentiert werden. Sodass ganz oben keine Abweichungen festgestellt werden (können).

Ebenso muss, wer hierarchisch oben steht, prinzipiell davon ausgehen, dass Rückmeldungen und Anregungen, die ihm von »weiter unten« über Zwischenträger übermittelt werden, in der Regel so nicht »auf die Reise geschickt wurden«, sondern analog wie im Top-down-Prozess entschärft oder aufgehübscht wurden.

☞ *Weshalb hält sich die Kaskade trotz besseren Wissens aufrecht?* Die Kaskade stützt die Fiktion, Manager hätten Mitarbeiter vor sich, die wie leere Gefäße bereitwillig alles entgegennehmen, was ihnen von oben präsentiert wird – und sich bereitwillig der Steuerung von oben unterwerfen. Darüber hinaus gibt sie dem Vorsitzenden das gute Gefühl: Alles folgt meinem Kommando.

☞ *Direkte und unvermittelte Kommunikation.* Hängt die Wirksamkeit von Botschaften und/oder von entsprechenden Rückmeldungen davon ab, dass sie schnell und unverfälscht ihre Adressaten erreichen, müssen sie auf möglichst kurzem Weg und ohne hierarchische Zwischenstationen transportiert werden.

Im Anschluss daran kann dann in den einzelnen Bereichen unter der Leitung des jeweiligen Managements in offenem Dialog herausgearbeitet werden: Welche Konsequenzen ergeben sich aus den Informationen für unseren Bereich? Was können wir dazu beitragen, dass das Unternehmen insgesamt zukunftsfähig bleibt? Welche Empfehlungen können wir aus unserer Perspektive den Nachbarbereichen geben – und wie können wir bei der Umsetzung behilflich sein?

☞ *Internetbasierte barrierefreie Formen der Kommunikation.* Neuere Formen der Kommunikation, wie zum Beispiel internetbasierte Communitys, Wikis, Blogs und Social Media, funktionieren prinzipiell ohne hierarchische Zwischenbarrieren und können deshalb verstärkt zur schnellen Kommunikation beitragen.

## Irrtum Nr. 11: E-Mails haben unsere Kommunikation drastisch verbessert

E-Mail-Kommunikation ist aus unserer Zeit kaum noch wegzudenken. Sie gehört mittlerweile zum Standard und vermittelt das Gefühl, immer dabei, immer erreichbar, immer handlungsfähig zu sein – auch am Wochenende und selbst im Urlaub. Für die einen ist dieses Gefühl erhebend, weil sie damit hohe Wertschätzung verbinden und die Chance sehen, sich im Kampf um Weiterentwicklung zeitnah und clever gegenüber der internen Konkurrenz profilieren zu können. Für andere ist die prinzipielle Möglichkeit der permanenten Erreichbarkeit ein mehr oder weniger bedrückendes Gefühl, für einige bis an die Grenze ihrer physischen, vor allem aber psychischen Belastbarkeit, weil sie es aufgrund ihrer persönlichen Muster nicht schaffen, Grenzen zu ziehen, oder weil sich Vorgesetzte entgegen auch arbeitsrechtlichen Regelungen nicht an solche Grenzziehungen halten.

### Erklärung und Empfehlungen

☞ *E-Mail-Kommunikation ist eine drastische Beschleunigung und Verdichtung von Kommunikation, aber nicht gleichzusetzen mit Verbesserung.*

☞ *Spielregeln definieren, vereinbaren und sich daran halten.* Es gibt mittlerweile erprobte und bewährte Spielregeln zur Steuerung von eigenen und zur Handhabung von fremden E-Mails. Eine breite Auswahl unterschiedlicher Herkunft findet sich im Internet auf der Basis ebenso unterschiedlicher Perspektiven definiert.

☞ *Sogenannte Emoticons können die jeweilige emotionale Ladung vermitteln.* Wie in der persönlichen und mündlichen Kommunikation der Ton, die Haltung und der Blick die Musik machen, können Sie mit ausgewählten Emoticons Ihre jeweilige emotionale Lage symbolisch zum Ausdruck bringen.

☞ *Wechselspiel zwischen Neugierde und Grenzziehungen.* Wie Sie mit diesem elektronischen Medium umgehen, gibt gute Auskunft über Ihre persönlichen Muster und emotionale Steuerung in der Bandbreite von völlig fremdgesteuert respektive im wahrsten Sinn des Wortes neugierig. Das heißt gierig auf Neues auf der einen Seite und auf der anderen Seite nach eindeutigen Regeln völlig durchorganisiert und formalisiert – dienstbeflissen, Junkie, souverän oder eher starr selbstgesteuert.

☞ *Wofür E-Mail nicht gut ist.* E-Mail ist keine Kompensation für Begegnungen, die Gemeinschaft bilden, um Beziehungen zu stiften, Beziehungen zu klären und konstruktiv Konflikte zu lösen.

## Irrtum Nr. 12: Kommunikation ist ein Soft Skill – »nice to have«

Die Führung von Unternehmen hat unverkennbar eine eindeutige betriebswirtschaftliche Ausrichtung. Vorstandsvorlagen sind voll von eindrucksvollen einschlägigen Zahlengerüsten wie zum Beispiel FCF (Free Cash Flow), ROIC (Return on Net Invested Capital), ROE (Return on Equity), EPS (Earnings per Share), Umsatzwachstum, Kapitalrentabilität, Ertrag vor Zinsen und Steuern, Qualität und Fehleranfälligkeit, Schnelligkeit (Time to Market) der Geschäftsprozesse, auf zwei Stellen hinter dem Komma exaktes Kalkül der Marktpotenziale und Marktdurchdringung.

Dieses Zahlenspiel soll den Glauben aufrechterhalten, Unternehmensführung sei ein vernunftgeleitetes Geschehen und das Handeln von Managern erfolge auf der Basis von sachlogischen rationalen Gesichtspunkten. Es geht um die Aufrechterhaltung der Fiktion, die komplexen Prozesse der Unternehmensführung seien prinzipiell durchschaubar, messbar und steuerbar, und der Erfolg eines Unternehmens hänge im Wesentlichen von harten Faktoren – Zahlen, Daten, Fakten – ab. Bewertung: »*need to have*«.

*Nice to have* sind dagegen die sogenannten weichen Faktoren, aufseiten der Mitarbeiter zum Beispiel Betriebsklima, Motivation, Engagement, Begeisterung, Gefühl der Wertschätzung; aufseiten der Kunden zum Beispiel Zufriedenheit und innere emotionale Verbundenheit mit Produkt, Dienstleistung oder Marke. Obwohl wir mittlerweile wissen, wie wir an diese weichen Faktoren herankommen – und wie wir diese auch messen können –, wird von Managern doch immer wieder die Verlässlichkeit und der Sinn der entsprechenden Daten infrage gestellt.

Insgesamt kann man sich nicht des Eindrucks erwehren, hinter diesen Fragen stecke die tiefe Überzeugung, dass die harten Faktoren eigentlich ausreichen sollten. Viele Manager haben nach wie vor als Leitbild eines idealen Mitarbeiters im Kopf: gut funktionierendes Rädchen im Getriebe, austauschbar, belastungsfähig und leistungsstark, anpassungsfähig, flexibel und unendlich lernbereit. Die weichen Faktoren halten sie eher für eine mildtätige Spende an Schwache und Bedürftige, für eine Konzession, die man jederzeit zurücknehmen kann, wenn die Zeiten härter werden – und fühlen sich dabei auch noch besonders gut, weil sie ja sozusagen zusätzlich zu ihrer Kernaufgabe etwas spenden, und erwarten dafür auch noch besondere Anerkennung.

### Erklärung und Empfehlungen

☞ *Soft Skills passen nicht zu harten Managern.* Harte Manager haben Angst, den doppelten Mythos von Rationalität und Steuerbarkeit zu zerstören. Liebe, Lust, Einfühlsamkeit, Motivation, alles, was mit dem Oberbegriff emotionale Intelligenz oder soziale Kompetenz zu fassen ist, wird nicht als Kernaufgabe verstanden, sondern mehr oder weniger lediglich als Beigabe eines sozialen Schmiermittels – im Prinzip immer widerrufbar, wie eine zwar edle, aber eben zusätzliche Vor- oder Nachspeise, nicht als Grundnahrungsmittel. Solange dieses Rollenverständnis besteht, gepflegt und auch belohnt wird, wird sich an dieser Einstellung und Einschätzung auch nichts ändern (können).

☞ *Delegation der weichen Faktoren auf Nebengleise.* Die weichen Faktoren werden häufig vor allem von jenen ins Spiel gebracht oder auf die abgeschoben, die für Personal und Weiterbildung zuständig sind. Ihnen kann man leicht unterstellen, sie würden vom eigentlichen Geschäft (harte Faktoren) sowieso eher wenig verstehen – und könnten sich deshalb gerne um diese weichen Faktoren kümmern. Solange diese Bereiche diese Delegation und damit auch ihre Trennung vom eigentlichen Geschäft akzeptieren, tragen sie zur Stabilisierung des Status quo bei.

☞ *Trendsetter Marketing.* Marketingfachleute reden verstärkt davon, die Ökonomie müsse sich der Herausforderung stellen, den ökonomischen Prozess als Ereignis und Erlebnis zu gestalten, zu emotionalisieren und diese Emotionalisierung auch zu inszenieren, so werden zum Beispiel Autohäuser zu Erlebniswelten, Kaufhäuser zu echten Marktplätzen der Begegnung.

☞ *Harte Proben für weiche Fertigkeiten.* Mag sein, dass es nicht unbedingt einfach ist, als harter Manager auch die weichen Faktoren konsequent zu berücksichtigen:

Ein Mensch gestellt auf eine harte Probe
gewinnt sie – und mit höchstem Lobe.
Doch siehe, es versagt der gleiche,
wird er gestellt auf eine weiche.

*Eugen Roth*

## Irrtum Nr. 13: Die Wahrnehmung vermittelt uns ein objektives und genaues Bild

Wahrnehmung ist ein psychologischer Vorgang, mit dem wir über die Sinne mit unserer Umwelt in Beziehung treten. Mithilfe der Wahrnehmung machen wir uns ein Bild über die jeweilige Situation, um entscheiden zu können, wie wir uns in dieser Situation verhalten sollen. Unsere fünf Sinne sind für uns der Zugang zur Außenwelt – Sehen, Hören, Geruchs-, Geschmacks- und Tastsinn. So spielen zum Beispiel Eindrücke, die aus

Berührungen oder Geruchsempfindungen gewonnen werden, für die Beurteilung von Beziehungen – häufig unterschwellig oder unbewusst – eine maßgebliche Rolle. Man kann jemanden riechen oder eben nicht riechen. Ähnliches kann uns bei Berührungen passieren: Eine Berührung kann uns geradezu vor »Kälte« schaudern lassen oder emotional aufwärmen und zu jemandem hinziehen.

Wahrnehmung ist damit ein Schlüsselfaktor für das gesamte Erleben und Verhalten des Menschen. Wir sind auf unsere Wahrnehmung angewiesen, damit wir uns richtig verhalten können. Menschen neigen dazu, das, was sie sehen und hören, im wahrsten Sinn des Wortes für »wahr zu nehmen«. Sie gehen davon aus, dass ihre Wahrnehmung eindeutig und objektiv ist – und gehen zweitens davon aus, dass andere Personen die gleiche Situation in der gleichen Weise wahrnehmen wie sie, insgesamt eine gute Grundlage für »richtiges« Verhalten.

Trotz aller Hinweise und Ermahnungen, mit denen wir von Kindheit an versorgt werden, doch genauer hinzuschauen, genauer hinzuhören, uns ein exakteres Bild zu machen, um »richtig« handeln zu können, stellen wir im Nachhinein immer wieder fest, was wir alles nicht gesehen oder völlig anders verstanden haben – und wie vielen Täuschungen wir erlegen sind. Gretchenfrage: Sind wir nicht lernfähig oder nicht lernwillig – oder gehen wir von falschen Voraussetzungen aus?

## Erklärung und Empfehlungen

Wahrnehmung ist neben der Kommunikation das A und O für kompetentes Sozialverhalten, Schlüsselfaktor und Dilemma zugleich. Denn Wahrnehmung ist alles andere als objektiv, sondern hochkomplex und subjektiv.

☞ *Nicht alles, was ist, nehmen wir wahr.* Die einzelnen Sinnesorgane sind darauf spezialisiert, nur auf ganz bestimmte Umweltreize zu reagieren und entsprechende Informationen an das Zentralnervensystem weiterzugeben, wo die aufgenommenen Informationen verarbeitet werden. Diese Spezialisierung hängt wohl mit unserer Entwicklungsgeschichte zusammen: Wir sind auf das geeicht, was für unser Überleben als Primaten relevant war, nämlich körperlich erfahrbare Bedrohungen aus der natürlichen Umwelt. Röntgenstrahlen und Radiowellen sind wir zwar auch ausgesetzt, wir nehmen sie aber nicht direkt wahr, obwohl wir zum Teil sehr darunter zu leiden haben. Phänomene der Umwelt werden nur dann zum Sinnesreiz, wenn sie in Interaktion mit einem geeigneten Sinnesorgan treten. Unsere Sinnesorgane sind außerdem in ihrer Aufnahmefähigkeit und -kapazität begrenzt. Wir nehmen nur einen Bruchteil der unzähligen und vielfältigen unentwegt auf uns einströmenden Umwelteinflüsse auf. Von diesen ist uns wiederum nur ein Teil bewusst, andere gehen vom Bewusstsein unbemerkt direkt in die Verarbeitungszentren des Gehirns.

☞ *Wir nehmen nur wahr, was wir kennen.* Sinnesreize von außen, Sinneseindrücke durch entsprechende Reaktionen der inneren Sinnesorgane und schließlich Empfindungen – das ist die Reihenfolge. In einem komplexen Verarbeitungssystem von Selektion und Differenzierung und mithilfe physikalischer und chemischer Prozesse werden die von den Sinnesorganen kommenden Informationen im Gehirn verarbeitet und werden zu Auslösern von Gefühlen, Vorstellungen, Gedanken, Erinnerungen und Träumen. Was wir empfinden, setzen wir in Bezug zu dem, was wir zu wissen glauben, was wir schon einmal erfahren oder gelernt haben – und geben ihm eine vorläufige oder abschließende Deutung. Dies nennen wir Wahrnehmung. Das heißt ganz einfach: Wir halten es für die Wahrheit, für unsere Wahrheit! Schon J. W. Goethe sagte: »Wir sehen nur, was wir wissen.«

Wahrnehmung ist also kein neutrales, automatisches Geschehen, das uns sozusagen garantieren würde, dass alle Umweltinformationen von uns objektiv aufgenommen werden, sondern ein aktiver Prozess des Aneignens und der Auseinandersetzung, der nur Bruchteile der Realität erfasst – und das noch bei jedem anders, je nach subjektiven Voraussetzungen und Befindlichkeit. Und dies ist der Schlüsselprozess, durch den Menschen ihr Bild von der Welt und von sich selbst entwickeln, also auch ihre eigene Identität.

☞ *Das Prinzip der Selektion.* Unser Bewusstseinszustand bestimmt, ob und wie wir überhaupt mit unserer Umwelt – und diese mit uns! – in Kontakt treten können, inwieweit wir jeweils körperlich und seelisch fähig und bereit sind aufzunehmen, was sich um uns herum abspielt, und darauf zu reagieren. Dies ist zum Beispiel im Schlaf anders als im Wachzustand, unter extremem Stress anders als in entspannten Situationen. Die ganze Praxis des mentalen Lernens, und verallgemeinert der mentalen Steuerung zum Beispiel im Hochleistungssport, zielt nicht zuletzt darauf ab, den optimalen Bewusstseinszustand zu erzeugen, um in diesem Zustand Spitzenleistungen zu erbringen.

Einerseits ist unser Wahrnehmungsapparat voll darauf ausgerichtet und darauf angewiesen, ständig mit Informationen versorgt zu werden, die er aufnehmen und verarbeiten kann. Andererseits werden wir von Reizen geradezu überflutet. Ohne mithilfe der Selektion Schwerpunkte zu setzen wären wir der Reizüberflutung hilflos ausgeliefert – und nicht fähig, unter all den vielen Möglichkeiten zu entscheiden, wie wir handeln oder uns verhalten sollen. Um zu filtern und auszuwählen, was wir in uns hereinlassen und was nicht, stehen uns exzellente Mechanismen zur Verfügung:

☞ *Selektion durch die Lenkung der Aufmerksamkeit.* Wir richten unsere Aufmerksamkeit zum Beispiel eher auf

- Veränderungen, also auf etwas Neues oder Unerwartetes;
- etwas, das in Größe oder Gestaltung herausragt;
- Wiederholungen.

☞ *Selektion durch persönliche Empfindungen*

- Reize, die den jeweils *aktuellen biologischen Bedürfnissen* entsprechen: Wer in hungrigem Zustand auf dem Münchener Viktualienmarkt einkaufen geht, muss nicht selten Freunde einladen, die mithelfen, die eingekauften Bestände auf ein Normalmaß zu reduzieren.
- Reize, die mit *persönlichen Interessen* korrespondieren: Wer auf der Suche nach einer neuen herausfordernden Aufgabe ist, geht mit einer ganz anderen Aufmerksamkeit durch die Welt als jemand, der nicht im Geringsten daran denkt, sich zu verändern.
- Reize, die eine *eigene aktuelle Lebenssituation* betreffen: Wer mit einer Schwangerschaft konfrontiert ist, sieht plötzlich überall werdende Mütter. Wer sich damit beschäftigt, ein bestimmtes Auto zu kaufen, sieht verstärkt Autos des gleichen Typs.
- *Persönliche Ansprache* oder *Kontaktaufnahme*: In einer eher anonymen Situation (zum Beispiel Vortrag, Versammlung, Besprechung) macht andere besonders aufmerksam, wer sie beim Namen nennt oder

einen persönlichen Bezug herstellt, zum Beispiel durch einen gemeinsamen Bekannten oder einen gemeinsamen Hintergrund.

☞ *Selektion durch den Wunsch nach Bestätigung.* Dietrich Dörner hat sich speziell mit den Defiziten des strategischen Denkens auseinandergesetzt und unter dem Titel »Die Logik des Misslingens« beschrieben, wie es zu solchen Fehlleistungen kommt. Ergebnis: Wir sind stark bemüht, Komplexität zu reduzieren. Deshalb planen wir lieber linear und lassen Neben- und Fernwirkungen möglichst außen vor. Wir extrapolieren gern von gestern auf heute und von heute auf morgen. Und dieses Bestreben beeinflusst maßgeblich unsere Wahrnehmung. Wir nehmen verstärkt wahr,

- was unser vorhandenes Wissen bestätigt,
- was in unser Konzept passt,
- was uns momentan am meisten beschäftigt.

Darüber hinaus legen wir großen Wert auf ein Selbstbild, das geprägt ist von persönlicher Kompetenz und Handlungsfähigkeit. Alles, was nicht in dieses (positive) Selbstbild passt, grenzen wir aus.

☞ *Selektion durch persönliche Filter.* Zum Beispiel Erziehung, Werte, Denkweisen, Erfahrungen, kulturelle Prägungen. Je stärker Stress, Erregtheit oder auch Isolation eine Situation emotional aufladen, desto mehr wird unsere Wahrnehmung von inneren Gefühlen, Be- und Empfindlichkeiten bestimmt – und desto größer die Wahrscheinlichkeit von Verfälschungen.

☞ *Wozu dient die Selektion?* In allererster Linie dient die Selektion dazu, uns vor Reizüberflutung zu schützen und die enorme Komplexität unserer »objektiven« Umwelt für uns subjektiv zu reduzieren. Dadurch machen wir uns die Welt überschaubarer und schaffen ein Gefühl von Sicherheit, Steuerbarkeit und Kontrollierbarkeit.

☞ *Die Wahrnehmung von Mensch zu Mensch.* Wir sind ständig mit anderen Menschen zusammen, einzeln oder in Gruppen. Damit wir uns »richtig« verhalten können, sind wir andauernd damit beschäftigt, sie einzuschätzen und ihr Verhalten zu verstehen beziehungsweise zu interpretieren. Dazu bedienen wir uns der folgenden Mechanismen:

- *Der Halo-Effekt*
Dieser besagt, dass ein Merkmal alle anderen überstrahlen kann. Wir schließen aufgrund weniger beobachteter Merkmale auf die ganze Persönlichkeit. Wir machen uns aus wenigen Puzzlestücken ein in sich schlüssiges Gesamtbild.
- *Die Bedeutung von Vorurteilen*
Wir lassen uns in der Wahrnehmung durch Vorurteile beeinflussen. Wir nehmen dann bevorzugt solche Informationen auf, die unsere Hypothese bestätigen, oder interpretieren solche entsprechend um, die nicht ins Bild passen. Das heißt, wir ordnen Menschen ohne detaillierte Prüfung in Schubladen ein und lassen sie nur schwer wieder hinaus.

 Ein regelrechter Teufelskreis: Unsere Vorurteile engen die Wahrnehmung ein – und was wir mit der eingeengten Wahrnehmung sehen, bestätigt nur wieder unsere Vorurteile.
- *Der erste Eindruck*
Wir brauchen in aller Regel nur wenige Sekunden, um uns von jemandem einen Eindruck zu verschaffen – was in früheren Zeiten, als wir in der freien Natur noch permanent um unser Überleben kämpfen mussten, ungeheuer wertvoll war. Das Dilemma: Der erste Eindruck hat Auswirkungen auf die weitere Beurteilung der Person. Er dient als Bezugsrahmen für alle späteren Informationen und Interpretationen. Passen spätere Informationen nicht zum ersten Eindruck, wird tendenziell das erste Urteil beibehalten und ein Teil der neuen Information ignoriert oder so zurechtgerückt, dass es zum Bezugsrahmen passt.

☞ *Wahrnehmung als subjektive Konstruktion von Wirklichkeit.* Viele Experimente bestätigen, was wir theoretisch ausgeführt haben – und wie oft wir uns täuschen. Trotzdem, viele Menschen lassen sich in ihrem Glauben an die scheinbare Objektivität der Wahrnehmung nicht beirren. Und so passiert, was passieren muss: Jeder hat nur seine selbst konstruierte Wirklichkeit zur Verfügung, hält diese aber für die allgemeine und allgemein zugängliche Wahrheit. Und diese individuell geschaffenen Wirklichkeiten prallen häufig nahezu unversöhnlich aufeinander. Und so gilt für die Wahrnehmung Ähnliches wie für die Kommunikation: Das ganze Geschehen, das die Verbindung zwischen Menschen bestimmt, ist nie eine Angelegenheit von nur einer Person, sondern ein komplexes mehrdimensionales Zusammenspiel aller jeweils Beteiligten.

☞ *Drei Wege aus der Wahrnehmungsfalle. Erstens:* Erkennen und zulassen, dass es keine objektive, sondern nur eine individuell oder gemeinsam konstruierte Wirklichkeit gibt, als eine von vielen möglichen Optionen, je nachdem, welche Informationen aus der Umwelt die Chance bekommen einzudringen.

*Zweitens:* Erkennen und daran arbeiten, dass die gemeinsam konstruierte Wirklichkeit eine notwendige Basis für das Gelingen von Zusammenleben und Zusammenarbeit ist.

*Drittens:* Die eigene Wahrnehmungsfähigkeit verfeinern. Wer verstehen will, warum Menschen sich so verhalten, wie sie es tun, muss bei ihrer und seiner eigenen Wahrnehmung ansetzen. Es geht weiterhin darum, seine eigene Wahrnehmungsfähigkeit so zu trainieren, dass auch emotionale Überlagerungen greifbar und bearbeitbar werden.

☞ *Und was hat Wahrnehmung mit Emotionen zu tun?* Anzuerkennen, dass Wahrnehmung rein subjektiv ist und dass wir gezwungen sind zu kommunizieren, um unsere Wahrnehmungen untereinander auszutauschen und eine gemeinsame Basis zu schaffen, ist in der Praxis des Zusammenlebens leichter gesagt als getan. Nicht zuletzt deshalb, weil es etwas mit Macht zu tun hat; nämlich der Macht, Situationen so zu deuten, dass sie den eigenen Einfluss nicht schmälern, sondern möglichst ausbauen. Es ist ein Kampf um Deutungsmacht – und wer verzichtet schon gern auf Macht?

# Teil II
# Aus der Praxis für die Praxis – Beispiele, Konzepte, Werkzeuge

Man kann anderen Menschen nichts beibringen,
man kann ihnen nur helfen, sich selbst zu entdecken.

*Galileo Galilei*

Kapitel 1

# *Feel the Change!* –
# ein Masterplan für Sozialarchitektur

## Zahlen, Daten, Fakten – das Maß aller Dinge! Wie klein Fritzchen und nicht wenige Berater Change-Projekte planen

Am Anfang von Projektvorhaben stehen zunächst einmal grundsätzliche Fragestellungen und Überlegungen im Vordergrund: Warum? Wozu? Wie? – vor allem unter sachlich-fachlichen Aspekten (Zahlen, Daten, Fakten) betrachtet. Um diese Fragen zu klären, werden Analysen durchgeführt, dazu eine Fülle von Zahlen gesammelt und Berechnungen angestellt, zum Beispiel über die Entwicklung von Produkten, Kundenbedürfnissen, Märkten, Wettbewerbern, Technologien, Trends, gesellschaftlichen Aspekten, Alterspyramiden usw. Auf der Grundlage dieser Daten werden minuziöse Entwicklungs- und Veränderungskonzepte verfasst, mit Eindruck heischenden PowerPoint-Orgien visualisiert – mehrfarbig, mit Bullet Points idiotensicher strukturiert.

Der Foliensatz schließt in aller Regel mit einem exakten Masterplan der definierten Prozessschritte, Aufgabenverteilung und Kommunikation der jeweils Beteiligten und Verantwortlichen, auf der Zeitachse in Form einer Projektmatrix grafisch dargestellt – mit klar markierten Meilensteinen. Die nicht planbaren, aber mit hoher Wahrscheinlichkeit auftretenden Turbulenzen im Projektteam und Projektumfeld werden, wenn überhaupt, scheinbar dadurch berücksichtigt, dass in bestimmten Abständen sogenannte Boxenstopps vorgesehen sind (allerdings analog wie beim Autorennen Zeit schindend voll sachlich durchstrukturiert).

Ziel des Ganzen: Die Mitarbeiter des Unternehmens über die aktuelle, natürlich immer als bedrohlich geschilderte Situation des Unternehmens informieren und sie auf die steigenden Leistungserwartungen und Anforderungen einstimmen, mit denen sie ab jetzt konfrontiert sein werden.

## Sach-logische Schlagseite – und wie ist das zu erklären?

In Arbeitsorganisationen wird gerne versachlicht – zumindest auf der dem Publikum zugewandten Vorderbühne. Es herrscht die technische oder betriebswirtschaftliche Sach-Logik. Das heißt eben auch, dass die Psycho-Logik und Sozio-Logik, also persönliche Gefühle, Subjektiv-Menschliches und Zwischenmenschliches eher als etwas erlebt werden, das behindert, die Dinge unnötig kompliziert macht, das schlichtweg stört. Deshalb muss es möglichst ausgeblendet werden. Geplant wird nach der Logik der Zielerreichung, Strategieumsetzung, Marktpositionierung, bestmöglichen Ressourcensteuerung oder Umsatzrendite. So wird beispielsweise über Humankapital und Leistungsträger gesprochen oder über Kostenfaktoren und Kapazitätsreserven, wenn es eigentlich darum geht, wie man mit und durch Menschen etwas bewegen und verändern möchte, um (wieder) erfolgreich zu werden. In ökonomisch und technisch stringenter Logik wird das Veränderungsvorhaben am Reißbrett mit hoher Präzision strukturiert, so als ob die davon betroffenen Menschen, die als Mitarbeiter im Unternehmen angestellt sind – und ihr soziales Umfeld, mit dem sie verknüpft sind –, sich wie Zahnrädchen widerstandslos und reibungsfrei ineinandergreifend in jedweden geplanten Schritt einfügen ließen.

Sowohl Führungskräfte wie auch Change Manager wissen, dass dies eine Fiktion ist. Viele Bücher wurden und werden darüber geschrieben. Zahlreiche Vorträge wurden und werden darüber gehalten – und alle im Saal nicken zustimmend. Nur: Selbst veränderungserfahrene Manager unterschätzen nachhaltig den sozialen Gestaltungsbedarf und -aufwand von Change-Projekten und -Prozessen. Und zwar von Anfang an! Dies führt in der Umsetzung von Veränderungen häufig zu einer typischen Szenenfolge:

Mitarbeiter sollen dafür mobilisiert werden, die gestiegenen wirtschaftlichen und technischen Herausforderungen besser zu bewältigen. Für die Betroffenen führt das in aller Regel zu einer unvermeidlichen Folge: Verdichtung der Leistungsanforderungen. Die rein sach-logische Art, wie die Veränderung angelegt und Maßnahmen aufgesetzt werden, wie informiert wird, die Art und Weise, wie personelle und strukturelle Eingriffe erfolgen und wie wenig Zeit man für deren Bewältigung im Endeffekt hat, ruft bei den Betroffenen Gefühle der Ohnmacht oder gar der Empörung hervor, bewirkt Frust und Ärger. Dafür ist aber im offiziellen Bereich der Vorderbühne kein Platz vorgesehen. Also werden diese Gefühle meist unter der Hand geäußert und verdeckt transportiert. Es entwickelt sich eine Stimmungslage vom Typus einer stillen Opposition oder schleichenden Resignation, die dem gewünschten Engagement und der angestrebten Identifikation diametral entgegensteht. Diese Stimmungslage bildet nun gleichsam den Humus, auf dem Unverständnis und Ablehnung gegenüber den konkreten Eingriffen (an)wurzeln; zumal viele dieser Änderungen schmerzhaft sind und lieb gewordene Gewohnheiten und vieles, was man für beständig und gewiss hielt, radikal infrage stellen.

Der Druck auf Leistungsverdichtung vonseiten des Managements und die innere Abwehrfront aufseiten der Mitarbeiter verstärken sich wechselseitig und führen regelmäßig zu einer Leistungslücke, die sich häufig genau dann herausbildet, wenn man sie am wenigsten brauchen kann, dann nämlich, wenn sich der Prozess seiner heißesten Phase, der eigentlichen Umsetzung, nähert und damit besonders hohe Leistungsanforderungen stellt.

Nun erst stellt sich die Gretchenfrage konkret und unausweichlich. Nun wirkt sich die fehlende Ausgewogenheit der Prozessgestaltung aus. Es rächt sich, dass die Investitionen des Managements einseitig sach-logisch und strategielastig waren und sich fast ausschließlich auf strukturelle Aspekte, die Definition von Ablaufdiagrammen und die Optimierung von Aufgabenzuschnitten bezogen und kaum auf soziale und mentale Aspekte, zum Beispiel die inneren Einstellungen und Haltungen der Mitarbeiter, kaum darauf, wie man es möglich machen könnte, sie so zu beteiligen und zu informieren, dass sie Verständnis für die Ziele und die Art des Vorgehens entwickeln können. Wer sich aber in seiner Interessenlage nicht berücksichtigt sieht, dessen Stimmungslage kann nur dementsprechend pessimistisch sein. Beide Dimensionen – Sach-Logik und Emotionen – sind eben in Veränderungsprozessen gleich bedeutsam und vor allem: Sie verhalten sich komplementär, ob dies nun im Konzept berücksichtigt ist oder nicht.

Wie diese Schlagseite im Vorgehen zu erklären ist, haben wir im ersten Teil unseres Buches mehrfach erläutert. Wir glauben nicht, dass das notwendige Wissen fehlt, es so zu machen, wie man es als »normaler Mensch« erwarten würde. Wir sehen die Ursache vielmehr im Rollenverständnis vieler Manager: der Manager als souveräner Steuermann in stürmischen Gewässern, der alles im Griff (zu haben) hat. Dieses Selbstbild entspricht weitgehend den öffentlichen Erwartungen an die Manager aus ihrem relevanten Umfeld von Kollegen, Kunden, Eigentümern, Analysten. Das Selbstbild der Manager korrespondiert auch mit der Erwartungshaltung vieler Mitarbeiter, dass nämlich die oben alles zu verantworten und alles zu richten haben. Im Rahmen dieses mehrfach stabilisierten Rollenverständnisses bleibt kein oder nur wenig offizieller Raum für Gefühle.

Und so ist dieses Modell mit eindeutiger Schlagseite zur Sach-Logik nicht die Ausnahme, sondern wird so lange auch weiterhin mehr oder weniger die Regel bleiben, solange es nicht gelingt, eine Veränderungsarchitektur zu konzipieren, die weder einseitig der Sach-Logik noch der Psycho-Logik folgt, sondern in der beide Seiten in intelligenter und sorgfältiger Balance ihren Platz finden. Eine integrierte Veränderungsarchitektur kann aber nur von einem (Change) Manager gestaltet werden, der ganzheitlich denkt und sich auch so zu positionieren getraut.

## Soziale Leitarchitektur für Change-Prozesse – Balance zwischen Sach-Logik und Emotionen

Der Wille zum Handeln und die entsprechende Energie zur Umsetzung sind der unverzichtbare Treibstoff für Veränderungen. Das gilt einerseits für den Start von Veränderungen als auch für die mehr oder weniger lange Wegstrecke, die ein Vorhaben im Verlauf der Umsetzung zurückzulegen hat – und ganz speziell für immer wieder aufkommende besondere Herausforderungen in diesem Parcours. Die Kunst besteht darin, die dafür notwendigen Energiequellen zu kennen, und in der Fähigkeit, diese zu erschließen und zum Sprudeln zu bringen. Drei Phasen sind dabei zu unterscheiden: Zum einen ist es nötig, sich ein genaues Bild von der Ausgangslage zu verschaffen. Dazu muss man wissen, worauf man überhaupt zu schauen hat und was geprüft werden muss. Ist die Vorerkundung mit dem Ergebnis abgeschlossen, dass es sich lohnt oder zumindest nichts dagegen spricht, das Vorhaben tatsächlich voranzutreiben, geht es zum anderen darum, die Idee in die Tat umzusetzen. Dazu braucht es eine differenzierte Projektarchitektur, die gewährleistet, dass die für den Start und für die unterschiedlichen Phasen der Umsetzung notwendige Strategie, Ressourcen und Energie zur Verfügung stehen. Ist das Projekt so weit abgeschlossen und der gewünschte Zielzustand erreicht, geht es zum Dritten darum, dafür Sorge zu tragen, dass das Erreichte beibehalten und so gepflegt, gegebenenfalls auch weiterentwickelt wird, dass es seine Funktion auf Dauer verlässlich erfüllt.

In allen drei Phasen spielen immer auch Emotionen eine wesentliche Rolle, aber nicht isoliert, sondern in einer ausgeklügelten Balance vernetzt mit der ebenso notwendigen Sach-Logik.

## A. Die Ausgangslage erkunden

Ein guter Kommunikator weiß, wie wichtig es ist, die Menschen, mit denen er in Kontakt kommen will, dort abzuholen, wo sie sind, das heißt welche Erfahrungen, Bedürfnisse und Interessen ihre Aufmerksamkeit und Aufnahmefähigkeit bestimmen. Ähnliches gilt für die Architektur von Change-Prozessen. Um ein Konzept für Veränderungsprozesse regelrecht maßzuschneidern, bedarf es einer tiefer gehenden Untersuchung, welche Ursachen und Beweggründe dem bislang gewohnten Verhalten derjenigen zugrunde liegen, deren Einstellung und Verhalten man verändern will, und einer genaueren Erforschung, über welche konkreten Ansatzpunkte man mit ihnen überhaupt in engeren Kontakt kommen und sie gegebenenfalls beeinflussen kann.

Folgende Fragestellungen könnten dazu hilfreich sein:

- Welche Vorstellungen haben sie über Ziele, Dauer, Aufwand, konkretes Vorgehen und Erfolgskriterien des geplanten Vorhabens?
- Mit welchen Gefühlen reagieren die Betroffenen spontan auf das geplante Vorhaben?
- Wie (un)zufrieden sind die Betroffenen mit dem Status quo – und was konkret macht sie (un)zufrieden?
- Welche Anker (Erfahrungen, Hoffnungen, Befürchtungen) halten den Status quo fest?
- Gibt es Leitfiguren (innerhalb und außerhalb des Unternehmens), an denen die Betroffenen ihre Haltung und ihr Verhalten ausrichten?
- In welcher Sprache (Milieu) denken und kommunizieren sie untereinander, mit welchen Beispielen und Geschichten veranschaulichen sie das, was sie denken und (nicht) wollen?
- Welche Werte sind für sie entscheidend? Gibt es Dinge, die ihnen für die Zukunft besondere Sorgen machen – zum Beispiel im Hinblick auf die Effizienz der Arbeit, die Sicherheit, das Arbeitsklima, ihre eigene

Arbeitsfreude, ihre persönliche Entwicklung, ihre Work-Life-Balance – und was davon ist ihnen besonders wichtig?

- Welches »Image« hat das geplante Vorhaben im Unternehmen, und welche Erfahrungen haben die Betroffenen im Hinblick auf das, was ihnen bevorsteht, bereits gemacht, wie stark ist diese Erfahrung noch wirksam – und in welche Richtung könnte diese Erfahrung das Vorhaben beeinflussen?
- Wie ernsthaft ist beziehungsweise scheint ihre Bereitschaft, an die Probleme heranzugehen, wie es das vorgesehene Vorhaben vorsieht?
- Welche Lösungsvorstellungen haben die Betroffenen selbst im Kopf?
- Inwieweit wollen die Betroffenen überhaupt in den Prozess der Problembearbeitung einbezogen werden – und wenn ja, in welcher Rolle?
- Welche Motive nennen sie, die sie bewegen, (nicht) mitzumachen?
- Welche verdeckten Ziele könnten mit dem offen deklarierten Interesse eventuell verbunden sein – und welche könnten sie dem Projekttreiber unterstellen?

Viele Verwirrungen und spätere Turbulenzen in Projekten rühren daher, dass mit ungeklärten Voraussetzungen begonnen wurde. Durch eine gute Erkundung weiß man jetzt in etwa Bescheid, inwieweit die Betroffenen überhaupt gewillt und fähig sind mitzugehen – und wie man mit ihnen in Kontakt kommen kann:

- Wer ist willig zu starten?
- Wer ist voll motiviert, wer eingeschränkt?
- Wer tut so als ob, ist aber innerlich nicht wirklich dabei ... wer sucht darüber hinaus aktiv nach Verbündeten, die ebenfalls nicht wollen (sollen)?
- Wer ist fähig zu starten?
- Wer ist virtuell oder auch real bereits unterwegs?
- Wer macht zwar mit, aber wahrscheinlich nur, solange die anderen auch mitmachen?
- Wer ist offen dagegen?
- Was ist der Hintergrund der aktuellen Haltungen, und wo liegen die konkreten Punkte, an denen man ansetzen kann?

Diese Ausgangssituation muss man berücksichtigen, wenn es jetzt darum geht, Menschen in ihren unterschiedlichen Stadien in Bewegung zu bringen oder in Bewegung zu halten. Das Ergebnis der Erkundung liefert die

Daten, um das Vorgehen auf die speziellen Ausgangssituationen der Betroffenen hin maßzuschneidern.

## Hinweise zum Vorgehen

Bevor man anfängt, ist es wichtig, sich wie ein Arzt zunächst darüber klar zu werden, was genau untersucht werden soll, das heißt, in welchen Bereichen, Gruppen oder Situationen und bei welchen Personen die Erkundung stattfinden soll. Muss man das Gesamtbild anschauen oder reicht es aus, sich auf bestimmte Bereiche zu konzentrieren?

Die Methoden sind vielfältig. Auf der einen Seite können Einzel- und Gruppeninterviews geführt werden, allerdings nicht hoch formalisiert, eher in Form lockerer »*By the way*«-Gespräche, die am Rande offizieller Begegnungen, zum Beispiel Arbeitsbesprechungen, Führungsgespräche, Kamingespräche bei Seminarveranstaltungen etc., stattfinden können.

Andererseits könnte es sehr ergiebig sein, gezielt zu beobachten, wie sich die Betroffenen de facto verhalten, wie sie argumentieren, sowohl im Rahmen offizieller Besprechungen als auch im informellen Bereich bei Gesprächen in der Kantine, beim Kaffeeautomaten oder in Raucherbereichen.

Auch gezielte Mitarbeitermeinungsumfragen oder sogenannte Pulsbefragungen können ein ganz gutes Bild vermitteln, wie es mit der allgemeinen Sensibilität der Mitarbeiter im Hinblick auf die Veränderungsnotwendigkeit, die Veränderungsfähigkeit und ihren Veränderungswillen bestellt ist.

Welches Vorgehen auch gewählt wird, entscheidend sind folgende Aspekte:

- immer auch die Gefühle erkunden;
- gut hinhören, gegebenenfalls nachfragen, aber nicht durch Erklärungen die Erzählungen verkürzen oder zum Beispiel durch Versachlichung abwürgen;
- immer auch nachfragen, was der Befragte denkt, was die anderen aus seinem Umfeld so denken (dahinter versteckt sich oft die eigene Ansicht);
- und im Endeffekt in Ruhe auswerten, zuerst einzeln und dann in der Gesamtgruppe derer, die auf Erkundung gegangen sind, wie denn nun

die Startsituation insgesamt und konkret bezogen auf Bereiche oder Funktionsgruppen gesehen und interpretiert wird.

Gesamtgruppe deshalb, damit nicht die beim Einzelnen immer auch vorhandene persönliche Voreinstellung das Ergebnis so filtert, dass nur das herauskommen kann, was dem persönlichen Vorurteil entspricht. Der Beobachter hat eben auch Gefühle, die genauso zu berücksichtigen und zu steuern sind wie bei der Zielgruppe, die er beobachtet.

## B. Die sieben Stufen der emotionalen Steuerung

Im folgenden Herzstück möchten wir gleichsam wie in Zeitlupe genauer beschreiben, welche Phasen im Einzelnen entscheidend sind, um Mitarbeiter für Veränderungen zu gewinnen, was dabei emotional passiert, wie man mit diesen Emotionen umgehen, wie man sie nutzen und gegebenenfalls steuern kann.

Dabei wird ein dauernder Perspektivenwechsel notwendig sein zwischen drei parallel laufenden Dimensionen, nämlich

- welche Emotionen in jedem einzelnen Schritt die Haltung und das Verhalten der Betroffenen jeweils bestimmen oder beeinflussen,
- wie es dem Change Manager in dieser Situation selbst emotional geht und inwieweit seine eigenen Gefühle seine Wahrnehmung und sein Verhalten beeinflussen und
- wie er nun mit der Situation insgesamt umgehen beziehungsweise darauf reagieren kann (soll).

Wenn die Erkundung der Ausgangslage ergibt, dass die Betroffenen bereits stark für die Notwendigkeit von Veränderungen sensibilisiert und auch bereit sind, selbst ihren Teil dazu beizutragen, können Sie die beiden ersten Stufen auslassen und sofort mit Stufe 3 starten.

Der hier beschriebenen Reihenfolge liegt generell die Psycho-Logik der emotionalen Befindlichkeiten zugrunde, die bestimmtes Verhalten bei der betroffenen Zielgruppe ermöglichen oder fördern. Es kann durchaus passieren, dass man erst in einem fortgeschrittenen Stadium feststellt, dass die bei einem vorherliegenden Schritt erwartete Wirkung (noch) nicht in dem gewünschten Maß eingetreten oder nicht ausreichend stabil ist. In diesem Fall heißt es, wieder einen oder mehrere Schritte zurückzugehen und erneut passende Aktionen zu setzen. Und ebenso kann man aufgrund aktueller Erkenntnisse wieder auf eine Stufe zurückmüssen, die man bereits glaubte, voll und erfolgreich bearbeitet zu haben.

## 1) Unbehagen mit dem Status quo erzeugen und die Beteiligten betroffen machen

### Ausgangspunkt: energiesparendes Gleichgewicht

Wer zufrieden ist, hat weder Veränderungsbedarf noch den Willen, sich zu verändern. Warum denn auch?! Es ist doch alles in Ordnung. Selbst wenn die Dinge nicht in Ordnung wären – Hauptsache, man selbst ist nicht schuld oder ist überzeugt, selbst nichts tun zu können, und ist deshalb außen vor. In dieser inneren Gewissheit haben sich Menschen nicht selten recht gut eingerichtet und eingenistet. Das ist übrigens auch ein Kurzschluss mancher Psychologen, die meinen, je zufriedener der Mensch sei, umso mehr und bessere Leistung würde er erbringen. Überhaupt nicht! Nicht das Maximum ist die entscheidende Größe, sondern das Optimum: Wenn ein bestimmter Pegel an Zufriedenheit unterschritten ist, reagieren Menschen negativ – mit Trotz, Ärger, Leistungsverweigerung, Resignation bis zur inneren Emigration. Wird aber ein bestimmter Pegel an Zufriedenheit überschritten, werden Menschen satt, träge und verwöhnt – und stellen immer höhere Ansprüche. Menschen verändern sich nicht ohne Not. Als Energiesparer tun sie zunächst alles, um jedwede Veränderung zu vermeiden. Natürliche Systeme – und dazu gehören eben auch die Menschen – haben eine ebenso natürliche Tendenz, in einen Zustand des inneren Gleichgewichts zu kommen und möglichst lange darin zu bleiben. Auch Jammern und Klagen bedeutet mitnichten, etwas ändern zu wollen, sondern dient lediglich als Ventil, das den beklagenswerten Zustand stabilisiert. Die Grundvoraussetzung für Motivation sind Hunger, Gier oder einfach Lust auf Neues.

Wie kann man Menschen dazu bringen, diese Komfortzone – es ist eigentlich alles in Ordnung oder es ist zwar nichts in Ordnung, aber man ist davon überzeugt, selbst daran nichts ändern zu können – zu verlassen und sich ernsthaft mit dem Thema Wandel auseinanderzusetzen?

Weg von …

Die grundlegende Zielsetzung dieses Schrittes besteht darin, bei den Betroffenen eine Gefühlslage entstehen zu lassen, den Status quo so radikal infrage stellen zu wollen, dass eine Bereitschaft entsteht, eine grundsätzliche Veränderung wirklich ernsthaft in Betracht zu ziehen.

## Aus dem Gleichgewicht bringen

Wer verändern will, muss zunächst einmal das jeweilige System aus seinem inneren Gleichgewicht bringen. Das Ziel ist, ein Gefühl der absoluten Unzufriedenheit mit dem bestehenden Zustand zu erzeugen, eine innere Ungeduld nach Veränderung – vor allem Unzufriedenheit mit der eigenen Rolle, die man bisher spielt. Die Mittel, um Menschen aus der Ruhe ihres inneren Gleichgewichts zu bringen, sind: stören, verunsichern, irritieren, destabilisieren, Menschen mit sich selbst unzufrieden machen. Sie so lange mit der Frage »Was passiert, wenn nichts passiert?« zu traktieren, sie so lange mit Informationen, Trends, (Schreckens-)Szenarien und deren Konsequenzen zu konfrontieren, bis ihnen wirklich ungemütlich wird. So lange, bis die Unruhe zu greifen beginnt, bis sie es in ihrem inneren Schlupfwinkel nicht mehr aushalten – und anfangen, darüber nachzudenken, was sie selbst aktiv beitragen könnten, damit sich an der Situation etwas ändert. Bis sich der Ehrgeiz entwickelt, es anpacken zu wollen. Das heißt, man muss Menschen erst einmal für die Notwendigkeit von Veränderungen aufschließen, bevor man mit ihnen über Inhalte und konkrete Ziele von Veränderungen diskutieren kann. Drohende Not oder Gefahr war übrigens schon immer, wenn zum richtigen Zeitpunkt erkannt, ein großartiges Mittel, Selbstheilungskräfte und Gestaltungsenergie zu aktivieren oder Menschen zusammenzuschweißen. Die Mittel und Wege dazu sind ein lückenloses kommunikatives Trommelfeuer, Szenarien und konkrete Möglichkeiten, sich intensiv mit den relevanten Themen zu befassen.

Dies ist kein einfacher geradliniger Weg. Es werden immer wieder Zwischenphasen auftreten und Schleifen gedreht werden, die von Abwehr gegenüber dem Neuen geprägt sind. Immer wieder kann die gelernte Verzagtheit – »man kann sowieso nichts ändern« – gemischt mit einem gehörigen Schuss Bequemlichkeit – »bisher ist es doch auch (ohne mich) gegangen« – die Oberhand gewinnen. Immer wieder können Bedenken,

**Abbildung 2: Der Masterplan**

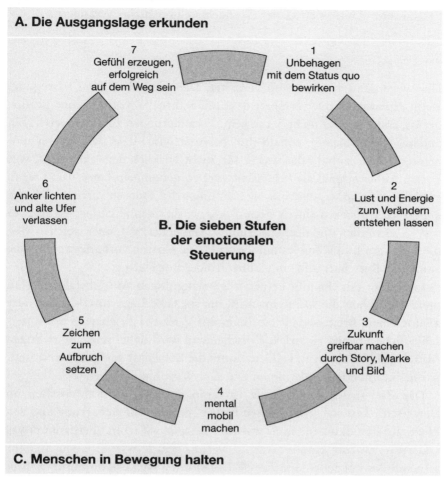

**A. Die Ausgangslage erkunden**

7
Gefühl erzeugen,
erfolgreich
auf dem Weg sein

1
Unbehagen
mit dem Status quo
bewirken

6
Anker lichten
und alte Ufer
verlassen

**B. Die sieben Stufen
der emotionalen
Steuerung**

2
Lust und Energie
zum Verändern
entstehen lassen

5
Zeichen
zum
Aufbruch
setzen

3
Zukunft
greifbar machen
durch Story, Marke
und Bild

4
mental
mobil
machen

**C. Menschen in Bewegung halten**

Zweifel, Skepsis und Misstrauen auftreten. Umso stärker, je mehr negative Erfahrungen Menschen bislang mit Veränderungen gemacht haben: Drohende Gefahren waren nur vorgetäuscht; was durch die Veränderung erreicht wurde, hatte mit dem versprochenen gelobten Land überhaupt keine Ähnlichkeit – oder sie fühlten sich schon öfter hinters Licht geführt, weil ihnen das Blaue vom Himmel herunter versprochen wurde.

Ganz abgesehen davon, dass noch im letzten Moment doch wieder die Sehnsucht nach dem Alten und Gewohnten die Oberhand gewinnen kann, existiert auch die Furcht vor dem Neuen und Unbekannten. Dies alles ist auch ein hochemotionaler Prozess. Ohne innere Bewegung und emotionale Erschütterung wird sich an der Grundeinstellung nichts verändern.

## Viele Wege führen zum Ziel

Die Wege zur Irritation sind vielfältig: Den einen bringt in Bewegung, wenn er entdeckt oder erfährt, dass seine aktuelle Komfortzone gefährdet ist, sollte er jetzt nicht bereit sein, Veränderungen zu akzeptieren. Ein anderer wird unruhig, sobald ihm bewusst wird, dass das, was er momentan (erreicht) hat oder was er tut, nicht wirklich dem entspricht, was er sich früher einmal als Lebensentwurf vorgenommen hatte – und wenn er gleichzeitig spürt, wie ihm die Zeit unter den Fingern verrinnt. Wieder andere lassen sich dadurch bewegen, dass sie Gefahr laufen, zu Außenseitern zu werden und den Anschluss zu verlieren. Egal, über welchen Weg die Motivation in Gang kommt, zwei Dinge müssen vorhanden sein: eine zündende Botschaft und ein glaubwürdiger Botschafter.

Insgesamt gilt: Es gibt keinen allgemeingültigen Antriebsfaktor. Man muss sich schon die Mühe machen, die spezielle Lage zu erkunden oder analog einem Breitbandantibiotikum auf Verdacht gleichzeitig auf unterschiedliche Ebenen zu zielen. Entscheidend wird dabei sein, die richtigen Mittel und Verfahren zu wählen, damit die Botschaft auch dort eindringt, wo sie im Endeffekt ankommen und ihre Wirkung entfalten soll.

Das Ziel dieser ersten Stufe ist dann erreicht, wenn Menschen im Unter-schied zu den anfänglichen Fragen, die eher die Beharrung und den Blick zurück dokumentieren, wie zum Beispiel »Warum überhaupt etwas ändern … warum gerade jetzt … warum gerade wir … wozu und für wen soll das gut sein«, auf ihre Weise, in ihrer Welt erkannt und in ihrer Sprache verstanden haben, was los ist. Wenn ein ausreichendes Maß an Problembewusstsein und Dringlichkeit (*sense of urgency*) geradezu zu verspüren ist, dass es so nicht bleiben kann, verbunden mit der Bereitschaft, sich auf Veränderungen einzulassen und diese mitzugestalten. Diese Einstellung wird erkennbar an Bemerkungen und Fragestellungen, die auf die Zukunft gerichtet sind, wie zum Beispiel: »Was können wir denn konkret tun … worin könnte mein/unser Betrag liegen … wie soll das alles nachher aussehen?«

## 2) Lust und Energie zum Verändern entstehen lassen oder: die Kunst der »Massage« durch Dialog

### Immer noch »Weg von ...«

»Problem erkannt, Problem gebannt« – sollte man meinen, sagt auch der Volksmund, stimmt aber nicht. Erkennen, dass sich etwas ändern sollte, und die Veränderung selbst ernsthaft in Angriff zu nehmen sind eindeutig zwei Paar Stiefel. Das gilt im Privaten, wenn Menschen sich zum Beispiel grundsätzlich vornehmen, ihr Gewicht zu reduzieren oder das Rauchen aufzugeben oder mehr Sport zu treiben, und das gilt für Veränderungsvorhaben im gesellschaftlichen und politischen Bereich. Und genau hier werden viele Fehler in Veränderungskonzepten gemacht: Man überschüttet die Menschen mit vielen (sachlich durchaus guten und richtigen) Informationen, weshalb die Dinge nicht so bleiben können, wie sie sind – und ist überzeugt, damit den wesentlichen Beitrag geleistet zu haben, dass Menschen sich bewegen. Man mag zwar durch solche Informationen eine allgemeine Einsicht in die Notwendigkeit von Veränderungen erreicht haben, aber echte Bereitschaft, persönlich aktiv beizutragen – weit gefehlt! Wie aber kann dieses zweite wesentliche Ziel, nämlich ausreichend Lust und Energie zum Verändern, erreicht werden?

Diese zweite Stufe besteht aus einer Reihe von intensiven Dialogen zwischen denen, die die Veränderung verantworten, die sie wollen und auch aus ihrer Führungsrolle heraus zu bewerkstelligen haben, mit denen, die folgen und mitgestalten sollen. Dialog, wie wir ihn verstehen, heißt nicht: Alle mögen sich und jeder hat für jeden volles Verständnis. Dialog bedeutet für uns Konfrontation und Herausforderung, sich mit neuen Welten auseinanderzusetzen, die eigenen Gewissheiten infrage zu stellen und stellen zu lassen, sich zum Teil schmerzhaften Erkenntnisprozessen zu unterziehen, sich von alten Gewissheiten zu verabschieden. In diesem Sinn kann Dialog so etwas sein wie eine Spezialmassage neuralgischer Punkte, wo es besonders wehtut. Ziel: Die neue Information, das sogenannte Fremde, muss Einlass finden in das bestehende Gefüge der vertrauten Überzeugungen – und einen Unterschied zur bisherigen Meinung bewirken.

Dieser Vorgang ist eine wirkliche Zumutung. Denn er entspricht nicht der natürlichen Haltung, Fremdes zunächst abzuwehren. Denn im Grunde suchen wir nur nach Bestätigung für das, was wir bereits zu wissen glauben.

Dieser Dialog kann nicht zwischen Tür und Angel geführt werden. Es braucht dazu den nötigen Rahmen – ausreichend Zeit und die Absicht von beiden beteiligten Seiten, wirklich hinzuhören und die Einschätzungen des anderen, vor allem die vorherrschenden Befindlichkeiten, ernst zu nehmen – und sie nicht durch ein Bombardement von Zahlen, Daten, Fakten mithilfe entsprechender Folien gezielt auszulöschen.

Dieses Zwischenziel ist dann erreicht, wenn die Betroffenen anhand klarer Signale spürbar erkennen lassen, dass sie Lust und Energie entwickelt haben, Dinge wirklich verändern zu wollen – und sich entschlossen haben, ihren persönlichen Beitrag dazu zu leisten.

Im Prinzip müssen die kognitiven Dissonanzen zwischen Wissen und Handeln so deutlich werden, dass sie das vorherrschende innere Gleichgewicht kippen lassen – und das allgemeine Problembewusstsein (es muss etwas geschehen) in eine persönliche Aufbruchsstimmung (packen wir's an) umwandeln.

Es ist durchaus möglich, dass es mehrere Dialogrunden mit unterschiedlichen Themen, Dialogpartnern und methodischen Ansätzen braucht, bis dieser Zustand erreicht ist. Das ist übrigens nur bedingt eine Frage der zeitlichen Dauer, sondern ebenso eine Frage der Intensität und Glaubwürdigkeit, in der dieser Dialog geführt wird. Diese Inkubationszeit und die dafür aufzuwendenden Investitionen an Zeit von Managern und Mitarbeitern, gegebenenfalls auch die Ressourcen für die Unterstützung durch kompetente interne oder externe Moderatoren, mögen zwar lästig sein, weil die Zeit drängt und die Ressourcen knapp sind, aber wer hier zu kurz greift, wird lange darunter zu leiden haben.

Manager mit einem Rollenverständnis, immer aktiv treiben, immer Lokomotive sein und allein die Verantwortung tragen zu müssen, werden allerdings immer in Versuchung sein, der Entwicklung der emotionalen Bereitschaft bei den Betroffenen künstlich nachzuhelfen – durch Druck, rhetorische Beschwörungen oder eben Beschuss mit sogenannten harten Zahlen, um jede sich noch regende hinhaltende Emotion auf der Seite der Betroffenen im Keim zu ersticken.

## 3) Die Zukunft greifbar machen durch Story, Marke und Bild

Hin zu ...

Motivieren kann sich nur, wer ein attraktives Ziel vor Augen hat. Nichts anderes gilt für den, der andere mobilisieren will. Es reicht nicht, sich selbst darüber klar zu werden und anderen zu vermitteln, wovon man weg will, was man verlassen, aufgeben oder mit was man aufhören will oder soll. Es reicht auch nicht, grundsätzlich kognitiv zu wissen, wohin man will, und dies in auch noch so geschliffenen Worten zu beschreiben. Die hohe Kunst der Beeinflussung besteht vielmehr darin, in einem ersten Schritt dafür eine zusammenfassende Bezeichnung zu finden. Man muss so etwas Ähnliches wie eine Marke schaffen, die das gesamte Vorhaben in einem Begriff darstellt. In einem zweiten Schritt muss man die Marke emotional aufladen. Am besten entwirft man ein konkretes, lebendiges, farbiges, insgesamt ausdrucksvolles Bild, das ohne zusätzliche Erläuterungen eine geradezu magnetische Wirkung entfaltet: ein anschauliches Szenarium, wie denn die Zukunft aussehen kann, was dies konkret für den Einzelnen und seine Situation bedeutet – und was er tun könnte oder muss, um dieses Zukunftsbild Realität werden zu lassen.

Mithilfe von Marke und Bild kann sich jeder Einzelne besser steuern als durch eine Fülle von Informationen. Die beiden Elemente können aber auch eingesetzt werden, wenn Institutionen und Unternehmen ihre Strategie umsetzen wollen. Das gilt für Groß-, Mittelstands- und Kleinunternehmen, das gilt für Vereine und Verbände jeglicher Art, das gilt auch für Kirchen und Gewerkschaften – und das gilt für die Politik, sowohl für die Regierung als auch die Opposition. Jedes gute Marketingkonzept arbeitet mit diesem Prinzip: Marke und Bild steuern und fokussieren die Wahrnehmung, wecken Bedürfnisse und Hoffnungen sowie entsprechende Verhaltensbereitschaft. Eine Marke ist mehr als der Gegenstand oder die Leistung, die sie repräsentiert. Sie ist das symbolische Versprechen, dass es sich lohnt zu vertrauen. Und ein gutes Bild wirkt mehr als tausend Erklärungen oder Anweisungen.

Drei Merkmale entscheiden über die Wirksamkeit eines Bildes oder Symbols:

- *eindeutige Botschaft – nicht interpretationsbedürftig und nicht verwechselbar*, die alle Aspekte berücksichtigt, die für die Steuerung von inneren Einstellungen und Verhaltensbereitschaften für das jeweilige Anliegen relevant sind: was Menschen darüber denken, was sie wahrnehmen, was sie empfinden und wie sie sich verhalten sollen;

- *anknüpfend* an die eigene Person, zum Beispiel an frühere Erlebnisse, an aktuelle Wünsche oder Befürchtungen – es muss etwas mit dem einzelnen Menschen zu tun haben;

- emotional so stark *mobilisierend*, dass man seiner Wirkung nicht entkommen kann, dass man gefühlsmäßig bereits reagiert, noch bevor man sich so richtig inhaltlich damit auseinandergesetzt hat.

Sicher ist es für eine Institution oder Organisation nicht einfach, ihre eventuell sehr komplexe Strategie in einem einzigen Markenbegriff und Bild zum Ausdruck zu bringen. Falls man nicht fündig wird oder sich nicht einigen kann, könnte dies allerdings auch ein Hinweis sein, dass es gar keine gemeinsame Strategie gibt. Die größte Herausforderung besteht darin, komplexe Botschaften in einfache Worte und Bilder zu übersetzen. Wer sich dieser Herausforderung nicht stellt, darf sich nicht wundern, wenn seine Strategie bloßes Papier bleibt oder nur bruchstückhaft umgesetzt wird.

Moses könnte bei diesem Thema als Lehrmeister dienen: Mit dem Bild des Gelobten Landes gelang es ihm, die Juden bei der Stange zu halten, als sie in der Mühsal des Auszugs aus der Knechtschaft Ägyptens murrten und in Versuchung waren, »zu den Fleischtöpfen« Ägyptens zurückzukehren – und die Fleischtöpfe vor Augen Gefahr liefen, die frühere entwürdigende Knechtschaft zu vergessen, der sie ja eigentlich entfliehen wollten.

In aller Regel spielen hier Personen eine entscheidende Schlüsselrolle, an denen sich solche Kernbotschaften festmachen lassen. In diesem Stadium von Veränderung kann es wirkungsvoller sein, die richtigen Menschen zu haben als die richtigen Themen.

Weitere Anregungen dazu können Sie sich auch in Teil II, Kapitel 13 »Die Change-Story« holen.

## 4) Mental mobil machen

Erfolg in einem sportlichen Wettkampf verlangt, intensiv zu trainieren, um die notwendige Kondition aufzubauen; mental den Wettkampf so oft durchzuspielen – mit allen Eventualitäten, die auftreten können –, bis ein stabiles inneres Leitprogramm etabliert ist, das psychologische Sicherheit verleiht; Aufwärm- und Dehnübungen zu machen, um im Wettkampf locker zu sein. Vor allem, sich innerlich scharf zu machen und einzuschwören, um im Kampf die volle Energie zu bringen und nicht Gefahr zu laufen, bei den ersten ernsthaften Schwierigkeiten aufzugeben.

Ähnliches ist notwendig, um Menschen für eine Veränderung zu mobilisieren. Einerseits geht es darum, das definierte Zukunftsbild mental und emotional zu verankern. Dazu dient, die Aussage des Bildes zu erklären, Hintergründe und Zusammenhänge verständlich zu machen, damit jeder sich unter dem Bild etwas Konkretes für sich vorstellen kann: Wie sieht die neue Welt aus? Worin besteht der Unterschied zwischen Alt und Neu?

Für greifbares zielgerichtetes Handeln müssen Ideen konkretisiert, Personen zugeordnet, effektive Aktionsprogramme ausgedacht, ausgearbeitet und schließlich in der Alltagspraxis realisiert und erprobt werden. Und das bedeutet oft richtig harte Arbeit, die allerdings nur lohnt, wenn vorher im Management die notwendigen strukturellen und mentalen Voraussetzungen geschaffen und abgesichert wurden, dass Ideen tatsächlich bis in die konkrete Umsetzung auch durchgezogen werden können. Motto: Lieber weniger und das konsequent!

## 5) Zeichen zum Aufbruch setzen

Rennläufer am Startblock – eine Verkörperung geballter innerer Spannung, mental vollkommen auf das Ziel fixiert, aufgedreht und gleichzeitig diszipliniert in Erwartung des Startschusses – wem ist dieses Bild nicht vertraut? Oder Erlebnisreisende am Startpunkt mit allem Notwendigen ausgerüstet, in Erwartung der letzten Anleitungen für den Aufbruch. Wer Menschen auf eine Veränderungsreise mitnehmen will, wohlgemerkt nicht auf einen gemächlichen Spaziergang, sondern auf eine echte Herausforderung, der muss sich auch die Mühe machen, eine passende Dramaturgie zu entwickeln. Dazu gehört zumindest, den Anfang so zu gestalten, dass es ein echter Start ist. Dass alle wissen, dass es jetzt losgeht. Nur so werden Energien freigesetzt. Damit ein Anfang auch dezidiert als Anfang erlebt wird, muss man auch in etwa wissen, wie es anschließend weitergeht. Also müssen zumindest wesentliche Zwischenschritte beziehungsweise Teilziele definiert sein, auf die hin alle ihre Anstrengungen ausrichten können. Teilziele sind deshalb so wichtig, weil sie eine doppelte Funktion und Wirkung haben: Ein Teilziel erreicht zu haben bedeutet einerseits, wir haben einen Teil der Wegstrecke bereits hinter uns, nicht mehr alles noch vor uns.

Ein zweiter emotionaler Aspekt ist aber noch viel wichtiger: Wir sind stark, denn wir haben es bisher geschafft – und nichts ist motivierender als Erfolg. Also trauen wir uns auch, den nächsten Abschnitt anzugehen.

## 6) Anker lichten und die alten Ufer verlassen

Man kann vieles im Vorhinein überlegen, wie man sich selbst und andere motivieren kann, sich auf den Weg der Veränderung zu machen, zum Beispiel die alten Anker identifizieren, ein Zukunftsbild entwickeln, Begierde erzeugen, den Aufbruch zu wagen. Alles, was planbar ist, sollte man planen. Aber erst, wenn es wirklich losgeht, wird man feststellen, wie gut die Vorbereitungen wirklich waren. Man sollte nicht enttäuscht sein, sondern geradezu damit rechnen, dass erst im Moment des Aufbruchs noch letzte Anker entdeckt werden, die das Schiff am alten Ufer festhalten. Manche Menschen geben erst, wenn es richtig ernst wird, ihre eigentlichen Beweggründe preis, teilen mit, was sie festhält oder unter welchen Bedingungen sie bereit wären oder sich in der Lage sähen mitzugehen.

Es besteht ein Spannungsfeld zwischen zwei emotionalen Polen von Befürchtungen und Hoffnungen: »Wie wird es mir in Zukunft ergehen? Welche Rolle werde ich dann spielen?« einerseits und der Attraktivität der jetzigen Situation: »Was ist an dem, was ist, so attraktiv, dass es schwerfällt loszulassen?« Das können sachliche Faktoren sein, etwas, was ich besitze, etwas, was ich kann, etwas, das ich beherrsche, eine Rolle, die ich derzeit spiele, oder etwas, was ich gelte. Es kann sich aber schlichtweg auch darum handeln, dass ich mich zwar sachlich gesehen gar nicht so wohlfühle, aber weiß, wie ich hier und jetzt dran bin. Ich kenne mich aus, bin mit der Situation vertraut, auch wenn ich sie ganz und gar nicht in Ordnung finde – ich weiß, wer schuld ist und wer nicht usw. Es geht um meine innere Welt, in der ich mich eingerichtet habe. Und auch dafür brauche ich eine Alternative, wenn ich diesen Anker lichten und dieses vertraute, wenn vielleicht auch ungeliebte Ufer verlassen soll.

Sich darüber Gedanken zu machen, wo die aktuellen Anker zu finden sind, zu erforschen, wie schwer und wie tief sie verankert sind, alternative Anker für die neue Welt, neue Leuchttürme und Richtungszeiger herauszufinden, nach denen man sich orientieren kann, das alles ist wichtig und notwendig. Aber der Weg über den Verstand und intellektuelle Erkenntnis reicht in keiner Weise aus. Der Königsweg der inneren Mobilisierung führt über die Emotionen. Es geht darum, das richtige Gemisch aus Freude, Angst, Erwartungen, Hoffnungen, Wünsche, Befürchtungen, Begeisterung, Sehnsucht, Leidenschaft und Ähnlichem mehr zusammenzustellen, das die Betroffenen innerlich anmacht, erregt und die gewünschte Handlungsbereitschaft mobilisiert. Dazu können Bilder zwar einen wesentlichen Beitrag leisten. Aber das isolierte Bild allein reicht nicht. Es muss in Szene gesetzt werden mit allen notwendigen zusätzlichen Beigaben, dazu passenden Geschichten, Ereignissen, Begegnungen mit ausgewählten Personen, welche die gewünschte Ausstrahlung verstärken.

Hier ist die ganze Kreativität von Kommunikations- und Marketingfachleuten gefordert: Die konzipierten Zukunftsbilder zu einer Gesamtkomposition und Gesamtinszenierung auszubauen, die möglichst viele Sinne des Menschen erreichen – und die ihn im Endeffekt im Innersten so packen, dass er nicht anders kann, als sich voller innerer Spannung und Begierde darüber zu freuen, dass es jetzt endlich losgeht.

Das bedeutet, letzte Verhandlungen zu führen oder auch Betroffenen eine letzte Möglichkeit zu geben, sich zu entscheiden, ob sie mitkommen wollen oder nicht.

Aber eines muss deutlich zu spüren sein: Das Schiff steht unter Dampf, ist abfahrbereit, die meisten Anker sind bereits gelichtet, Haltetaue gelöst, die erste Fahrstufe eingelegt, sodass sehr präzise gespürt werden kann, woran es (noch) festgehalten wird, und ob es sich tatsächlich lohnt, weiterhin Aufwand zu betreiben und abzuwarten, bis die Anker oder Taue auf normalem Weg gelöst werden – oder ob es klüger ist, abzulegen und das Risiko einzugehen, Taue durchzuschneiden und alte Anker zu verlieren.

Es ist auch wichtig, nicht im letzten Moment zu zögern, in der Hoffnung, man könnte auch noch den letzten Zauderer überzeugen. Wer nämlich schon länger mental abfahrbereit ist, würde mit Recht ungeduldig.

Darüber hinaus: Für manche Menschen ist es hilfreich, wenn einfach Fakten geschaffen werden. Nicht wenige springen erst im letzten Moment auf den Zug, weil sie sich nicht eindeutig festlegen wollten, solange der Zug stand – und es nicht sicher war, ob er überhaupt abfahren würde.

## 7) Das Gefühl, erfolgreich auf dem Weg zu sein

Das Schiff hat Fahrt aufgenommen, die alten Ufer sind außer Sichtweite, das heißt, die Veränderungsprozesse beziehungsweise die Reformen sind im Gang. Hier gilt es, sich an die alte Regel zu halten: Erfolg gebärt Erfolg. Nun geht es darum, eingehend darüber zu berichten, was wirklich passiert, wie die Dinge vorangehen, durchaus auch, welche Schwierigkeiten sich dabei zeigen – und vor allem, wie diese bewältigt werden. Schritt für Schritt müssen die Menschen nachvollziehen können, dass sie gut unterwegs sind. Bei den bereits Engagierten verstärkt sich dadurch die Zuversicht, dass es sich gelohnt hat, die alten Ufer zu verlassen. Wer noch innere Vorbehalte hat und noch nicht so richtig voll dabei ist, für den sind solch positive Zwischenmeldungen eine gute Chance, seinen Blick umzulenken.

Aber es gibt kaum ein Projekt, bei dem alles problemlos läuft. Manchmal entdeckt man erst auf der Wegstrecke so richtig, auf was man sich eingelassen hat – und dann ändern sich vielleicht noch entscheidende Rahmenbedingungen. Man fühlt sich selbst unter Druck, weil man von anderen Voraussetzungen ausgegangen ist, und traut sich und den Betroffenen nicht zu, offen und ehrlich über die neue Lage zu reden. Diese emotionale Lage und die darauf basierende Einschätzung der Haltung der Betroffenen führen häufig zu einem Kunstfehler, alles rosarot zu färben oder wie in Diktaturen nach dem Motto zu handeln: Je aussichtsloser die Lage, umso verlogener die Erfolgsmeldungen. Beziehungsweise werden wider besseres Wissen alle Projektampeln auf Grün gestellt. Der Preis für diese Schönfärberei kann ein doppelter sein: Auf der einen Seite wird die eigene Glaubwürdigkeit geschädigt – eventuell mit erheblichen Folgewirkungen für eine spätere Zusammenarbeit – und auf der anderen Seite werden gegebenenfalls vorhandene Energien der Mitstreiter nicht genutzt, weil nicht eingefordert. Je schwieriger die Situation, umso wichtiger die grundsätzliche Entscheidung: Glaube ich als Manager selbst an das Ziel und den

Weg, den wir dazu eingeschlagen haben – und an die Bereitschaft der Betroffenen, diesen Weg mitzugehen –, oder reicht dazu mein Vertrauen nicht aus, weder in mich selbst noch in die Betroffenen? Spätestens in dieser Phase wird für alle spürbar, wie belastbar und tragfähig die Beziehung zwischen Manager und Betroffenen ist.

Die Alternative zum Kunstfehler: Karten offen auf den Tisch legen, die bisherigen Prozesse zu Lernerfahrungen ummünzen, gemeinsam mit den Betroffenen die nächsten Schritte planen – und in diesem neu justierten Rahmen auch neue Leuchttürme identifizieren, um Sicherheit zu vermitteln, dass die Richtung (wieder) stimmt. Dies ist eine unverzichtbare Seelenmassage der besonderen Art.

## C. Menschen in Bewegung halten

Viele Menschen haben das Bedürfnis, wenn sie sich vielleicht schwergetan haben, alte Ufer zu verlassen, wenigstens schnell in der neuen Welt anzukommen, um wieder zur gewohnten Alltäglichkeit und Ruhe zu gelangen, von der sie aufgebrochen sind oder auch herausgerissen wurden. Wie Kinder, die bereits kurz nach Beginn einer längeren Reise danach fragen, ob man denn nun bald am Ziel sei. Für sie bedeutet das Ziel einen Ort, den es möglichst schnell zu erreichen gilt, wo man seine Spielsachen auspacken und sich wie gewohnt einrichten und bewegen kann. Die Reise ist gleichsam eine störende Unterbrechung des vertrauten »Zuhause«-Komfortzustandes.

Ähnliches kann man in Unternehmen beobachten: Veränderungen werden mittlerweile zwar immer häufiger als notwendig angesehen, aber gleichzeitig immer noch als störende Unterbrechung des »normalen«, das heißt stabilen Arbeitszustandes erlebt und beurteilt. Mitarbeiter formulieren dies nicht selten mit den Worten: »Wann kehrt denn endlich Ruhe ein, damit man wieder normal arbeiten kann?!« Oder man spricht von einer notwendigen Phase der Konsolidierung, damit die gerade abgeschlossenen Veränderungen verarbeitet werden können.

So verständlich solche Wünsche sind, so kritisch sind sie auch: Es gibt Projekte, wo es wichtig sein kann, sie möglichst schnell hinter sich zu bringen, und nach deren Abschluss es durchaus möglich, manchmal sogar notwendig ist, eine Pause einzulegen, um neue Kräfte zu sammeln. Aber es gibt auch zunehmend Situationen, wo sich hinter dem Vorschlag einer Konsolidierung der eigentliche Wunsch verbirgt, mit den Veränderungen oder Reformen Schluss zu machen oder den Rückwärtsgang einzulegen.

## Die Lust, unterwegs zu sein …

Vor diesem Hintergrund ist es wichtig, die Reise selbst zu einem derartigen Erlebnis werden zu lassen, dass der Wunsch zurücktritt, sie möge bald zu Ende sein. Es geht darum, in Menschen das Verlangen entstehen zu lassen, unterwegs zu bleiben und sich nicht zu schnell nach neuen festen Ufern zu sehnen. Dazu bedarf es einer entsprechenden Inszenierung, einer Unterteilung der Reise in deutlich getrennte Abschnitte, wie Akte in einem unendlichen Theaterstück, wo zwar die einzelnen Akte jeweils einen klaren Anfang und ein eindeutiges Ende haben – das Stück aber nach einer kurzen Pause weitergeht. Denn eines ist klar: Jede Bewegung erstirbt, wenn sie nicht gezielt in Bewegung gehalten wird. Geschieht das nicht, geht der mobile Prozess über in eine stabile Behausung: Aus Zelten werden Paläste, aus Erweckungsbewegungen werden Kirchen, die Propheten verwandeln sich in Funktionäre, aus Aufrührern werden Herrscher mit Hofstaat, aus freien Denkern werden dogmatische Denkschulen. Fazit: Es gibt kein Perpetuum mobile. Bewegung muss immer wieder neu erzeugt werden, sonst geht sie in Erstarrung über.

## Das Neue mental verankern

Solange das Neue vor dem Hintergrund des immer noch mental vorhandenen Alten antritt, ist es in Gefahr, wieder zu kippen. Zwei Arten von Anker sind nötig, um das Neue so selbstverständlich zu machen, wie das Alte einmal war:

- Einerseits geht es um eine kognitive Vorstellung, die präzise abbildet, wie das Neue funktioniert, was es konkret beinhaltet und was es bewirkt.
- Andererseits braucht es einen emotionalen Anker aus dem Bereich Bedürfnisbefriedigung, Glück, Wunscherfüllung oder innere Sicherheit.

Nur wenn beide Griffe fest eingeschlagen und gut erreichbar sind, werden die alten Haltegriffe auch mental losgelassen und mit der Zeit in Vergessenheit geraten, weil sie vom Neuen überlagert sind.

## Gefährlicher Stolz im Blick zurück

Unter Umständen entwickelt sich, schneller als man sich versieht, im Unternehmen ein beträchtlicher Stolz auf die wirklich vorzeigbaren Leistungen, die mittlerweile erreicht wurden. Manche Unternehmen werden zu regelrechten Wallfahrtsorten gehobener Managementkunst. Und nicht wenige Manager schreiben sich die Veränderungsleistungen auf ihr persönliches Konto und lassen sich dafür ehren. In aller Regel ist dies der erste Schritt des Niedergangs. Die dem Menschen immanente Sehnsucht nach Ruhe und innerem Gleichgewicht kann immer wieder die Oberhand gewinnen. Und so kommt, was kommen musste: Regelungen, die einst exakt auf die gerade aktuelle Situation hin maßgeschneidert entworfen wurden, beginnen sich zu verselbstständigen, obwohl die Situation, in der und für die sie entwickelt wurden, sich längst verändert hat. Es gibt eine generelle Tendenz zur Erstarrung, wenn Regelungen nicht rechtzeitig erneuert oder regelmäßig außer Kraft gesetzt werden. Menschen haben ein Grundbedürfnis nach Ordnung, Klarheit, Sicherheit und Verlässlichkeit. Sie wollen wissen, wie sie dran sind. Hier hilft nur ein Gegenmittel: Wer dauerhaft gut sein will, braucht dauerhafte Veränderung. Diese muss er lückenlos absichern durch zuverlässige Mechanismen des Feedbacks innerhalb des Unternehmens und von außen nach innen. Dazu bedarf es vor allem der Tugend der Frechheit, der Bereitschaft und Lust zu sagen, wie man die Dinge wirklich sieht – sei es gelegen oder ungelegen. Man muss ja nicht gleich ins große Heldenfach überwechseln, um sich wenigstens ab und zu mal eine eigene Meinung zu leisten.

## Heitere Besessenheit

Besessenheit, weil sich ohne unbeirrbaren stetigen Antrieb einfach nichts bewegen lässt; heiter, weil wir mit all den menschlichen Bequemlichkeiten und Ausreden rechnen, die sich dem permanenten Antrieb in den Weg stellen werden. Wir warten geradezu darauf, dass Bremsfaktoren auch bei uns selbst eintreten, egal in welcher Form, ob als Flucht vor Verantwortung, Stolz auf das bereits Geleistete, Schönfärberei, Konflikt- und Veränderungsscheu, Verzögerungstendenzen oder als hohe Kunst, geeignete Ausreden zu finden, wenn wir mal wieder etwas nicht tun wollen. Wir beobachten dies mit einer gewissen Heiterkeit – und gewähren trotzdem kein Pardon. Wer nur die Besessenheit kennt, ist verkrampft, wirkt verbissen – und ist als Ratgeber für andere nicht attraktiv. Wer alles nur mit gelassener Heiterkeit zur Kenntnis nimmt, ist in Gefahr, sich zu schnell mit dem Status quo abzufinden, statt Dinge grundsätzlich und nachdrücklich voranzutreiben. Wer es aber schafft, seiner Besessenheit, das erstrebte Ziel zu erreichen, einen gehörigen Schuss innere Heiterkeit beizumischen, weil er die Psycho-Logik der menschlichen Natur mit ins Kalkül zieht, bei dem wird Leidenschaft zum lockeren unerschöpflichen Antrieb.

## Ohne »schöpferische Zerstörung« kein Platz für Neues

Von Joseph Schumpeter, einem österreichischen Professor für Politische Ökonomie, stammt der folgende Denkansatz: Die Wirtschaft kann sich von innen heraus nur durch Innovationen aus dem bestehenden statischen Gleichgewicht befreien und weiterentwickeln. Für das Neue muss aber erst einmal Platz geschaffen werden. Diesen Prozess nennt Schumpeter »schöpferische Zerstörung«. Schöpferisch deshalb, weil es eben um eine besondere Art der Demontage geht, nämlich eine, die Platz schafft für notwendige Innovationen. Diesem Prinzip folgend, bietet es sich an, regelmäßig auch ohne besonderen Anlass, in einer Art Flurbereinigung immer wieder Strukturen, Prozesse und Verfahren zu identifizieren, die nur noch dem Selbsterhalt der Institution dienen und keinen Beitrag zur eigentlichen Wertschöpfung im Dienst am Kunden mehr leisten – und solche schlichtweg außer Kraft zu setzen.

Wir haben im Lauf unserer Beratertätigkeit schon häufiger Manager erlebt, denen es gelungen ist, auch in harten Zeiten und trotz widriger Verhältnisse gemeinsam mit ihren Mitarbeitern hervorragende Lösungen auf die Beine zu stellen. Eher selten haben wir erlebt, dass die gleichen Manager den richtigen Zeitpunkt gefunden haben, das eigene so erfolgreiche

Werk auch wieder infrage zu stellen und gegebenenfalls zu zerstören, um Platz für Neues zu schaffen. Der Stolz auf das einmal Erreichte verhindert häufig die schnelle und radikale Überprüfung.

Und so mag es zwar beeindruckend klingen, wenn Schumpeter von »schöpferischer Zerstörung« spricht. Dies ändert aber nichts an der schwierigen psychologischen Ausgangslage. Wer zerstört, muss frühere Investitionen abschreiben, muss sich selbst und anderen, an die er bisher geglaubt hat, untreu werden. Das kann ihm Schwierigkeiten bereiten, weil er sich zum Beispiel – tatsächlich oder auch nur befürchtet – Vorwürfe gefallen lassen muss, nicht verlässlich zu sein. Er gefährdet dadurch bisherige Bezugssysteme und Zugehörigkeiten. Darüber hinaus muss er auf eingespielte Muster und Haltegriffe verzichten, die sich bislang als verlässliche Orientierung erwiesen haben – und er kann noch nicht wissen, was genau der Ersatz dafür sein wird. Noch viel weniger kann er wissen, ob das Neue ähnlich nutzbringend und verlässlich sein wird wie das Alte. Die Folge: Verunsicherung. Und daraus der nachvollziehbare Versuch, die Zerstörung in Grenzen zu halten und zu verzögern, solange es eben geht. Rein psychologisch betrachtet eine völlig normale und nachvollziehbare Reaktion, aber de facto hochbrisant für die weitere Entwicklung des Unternehmens.

Kapitel 2

# Organisationsdiagnose – *Design for change* und Anstoß zu Veränderungen

> Man kann den Wind nicht ändern,
> aber man kann die Segel richtig setzen.
>
> *Galileo Galilei*

## Worum geht es?

### Außer Spesen nichts gewesen?

Es gibt viele Unternehmen, denen eine Fülle von Untersuchungen, Studien und Befragungsauswertungen mit hohem Aufforderungscharakter vorliegt, aber es passiert dennoch nichts. Es gibt auch Diagnosen, die im Grunde nur deshalb veranlasst werden, um Veränderungsinitiativen zu schwächen, zu verzögern oder abzuwürgen. Die Diagnose – meist ist es nicht die erste – wird dann selbst Teil einer Vermeidungsstrategie, die durch immer neue Fragen und die ständige Forderung nach zusätzlichen Untersuchungen und Abklärungen versucht, Zeit zu gewinnen, Schwung, Energie und Handlungsimpulse auszubremsen oder im Keim zu ersticken.

Seit mehreren Jahren beginnt sich die Organisationsdiagnostik im Rahmen von Change Management neu auszurichten und entwickelt dazu auch sozialpsychologisch fundierte Angebote. Die Fixierung auf betriebs- beziehungsweise finanzwirtschaftliche Parameter und Kennzahlen weicht im Change Management integrierten, ganzheitlichen Ansätzen. Diese nehmen dann neben ökonomischen Rahmenbedingungen, strategischen Zielsetzungen und strukturellen Gegebenheiten auch klimatische Gestimmtheiten und interessengeleitete Haltungen mit in den Blick, ebenso wie organisationskulturelle Gewohnheiten oder aktuelle Beziehungslagen inklusive der daraus resultierenden Kommunikationsmuster. Im Fokus stehen dann nicht nur ökonomische und technische Faktoren, sondern die Veränderungsfähigkeit und der Veränderungswille des Unternehmens. Wer, ohne diesen Kontext fundiert zu betrachten, organisationsinterne Veränderungen startet, hat große Chancen, nichts zu bewegen.

## Eine gute Organisationsdiagnose mobilisiert Energien zur Veränderung

Die bestehenden Energiefelder in Bezug auf Veränderungsbereitschaft und -fähigkeit schon bei der Diagnose zu berücksichtigen, sie in ihren Erscheinungsformen als Antriebs-, Beharrungs- und Behinderungspotenziale offenzulegen ist das eigentliche Geheimrezept gut gestalteter Organisationsdiagnostik.

Insofern lässt sich der Diagnoseprozess auch in Analogie zur Medizin betrachten. Auch dort geht es zunächst darum, was den Patienten in die Praxis führt. Auch dort wird man nach Symptomen fragen und erste Hypothesen bilden und dann weitere Daten erheben, um zu erkunden, ob eventuell weitere Einflussfaktoren vorliegen. Die diagnostischen Ansatzpunkte werden dabei jedoch auf jeden Fall über den engeren Bereich der Symptome hinausgehen. Ziel ist dabei immer auch, einen tragfähigen Handlungsimpuls für Verbesserungs- und Veränderungsbemühungen zu setzen. Denn das diagnostische Handeln richtet sich von Anfang an auf die therapeutische Konsequenz und die emotionale Bereitschaft des Patienten dazu. In die Frage »Was ist zu tun?« muss der Patient deshalb eingebunden sein, weil er diese Konsequenz letztlich zu realisieren hat.

Der Prozess einer Organisationsdiagnose soll also dreierlei bewirken:

- ein weitgehend geteiltes Bild der Organisation(seinheit), ihrer gegenwärtigen Situation, ihrer Probleme und deren Ursache;
- eine gemeinsame Sicht künftiger Anforderungen und der darauf bezogenen Schwächen, Stärken, Potenziale und Ressourcen angesichts erwartbarer Risiken;
- einen kraftvollen und tragfähigen Handlungsimpuls der Betroffenen für Verbesserungs- und Veränderungsbemühungen.

## Diagnose als Anstoß und Treibsatz für Veränderung

Wie aber entsteht nun Veränderungsenergie im Diagnoseprozess? Woher kommt der emotionale Treibsatz, der die Dinge in Bewegung setzen soll, der die Beteiligten motiviert, sich über längere Zeit persönlich zu engagieren und trotz vielleicht mancher Schwierigkeiten, Widerstände und Konflikte bei der Stange zu bleiben?

Dies kann umso eher gelingen, wenn die Organisationsmitglieder sich und ihr organisatorisches Handeln selbst untersuchen und in die Verarbeitung und Analyse der Daten sowie die Umsetzung der Erkenntnisse einbezogen sind. Das wiederum bedeutet:

- Betroffene und Stakeholder bei der Gewinnung der Daten möglichst aktiv einbeziehen, dabei aber bei Bedarf methodisch unterstützen. Ziel ist, dass nicht beauftragte Berater, sondern die Organisation oder die Organisationseinheit selbst die Verantwortung für die Daten übernimmt. Mit der Beteiligung der Betroffenen wird gleichzeitig auch das Ziel verfolgt, die Prinzipien der Diagnose, wie zum Beispiel Reflexion, Diskurs, Feedback, also die Voraussetzungen für einen nachhaltigen Wandel, in der Organisation zu etablieren und zu verankern.
- die Beteiligten dafür gewinnen, die erhobenen Daten zu bearbeiten und zu interpretieren. Das stärkt das gemeinsame Selbstbewusstsein und erhöht die Bereitschaft, unterschiedliche Perspektiven im Gefüge der Organisation einzunehmen. Und auch ernst zu nehmen! Solche gemeinsame Diagnosen sind zudem differenzierter und verlässlicher als Diagnosen von (externen) Experten, deren Blick nicht selten von eigenen Konzepten und (Verkaufs-)Interessen geleitet und von speziellen methodischen Vorstellungen eingeschränkt ist.
- die Beteiligten unterstützen, eigene Lösungsideen zu entwickeln und auch Rückkoppelungsprozesse an (Teil-)Systeme, zum Beispiel Funktionsbereiche und Leitungskreise, selbst zu gestalten, sowie eine möglichst breite Übereinstimmung im Sinne einer gemeinsamen Problemsicht zu erzeugen, die als Impuls für die Bereitschaft zu Entwicklung und Veränderung wirkt und nachhaltig trägt.

## Gibt es die »richtige« Diagnose?

Organisationsdiagnosen in unserem Sinn sind gemeinsam mit den Organisationsmitgliedern erzeugte Konstruktionen von Wirklichkeit. Eine objektive Wahrheit ist hier nicht die Option. Der Anspruch ist die Relevanz und die Akzeptanz der Beteiligten als Grundlage für eine Diskussion über Sichtweisen, Interessenlagen, Motive und Ziele anhand der erkannten Problem- oder Handlungsfelder.

Dies unterscheidet sich wesentlich vom Organisationsalltag, in dem das, was als Realität zu gelten hat, weitgehend von jenen geprägt wird, die formell oder informell die Deutungsmacht haben beziehungsweise sich diese nehmen. Somit geht es um die Überprüfung und vielleicht sogar Neuausrichtung des je eigenen Bildes von der Organisation und des Zustands, in dem sie sich aktuell befindet. Und eben dies kann sehr schnell zu Kollisionen mit den gängigen – und bisweilen sehr zweck- beziehungsweise ressortbezogenen – Sichtweisen im Machtgefüge der Organisation führen oder eben auch zur Freisetzung bislang verdeckter Energiepotenziale zur Weiterentwicklung des Unternehmens, weil sich die unterschiedlichen Vorstellungen bündeln und nun in eine gemeinsame Richtung drängen.

Dies ist ein entscheidender Unterschied zu jenen sehr technisch-instrumentell angelegten »Unternehmensanalysen«, die sich – extern gefertigt und nur einem kleinen, ausgewählten Kreis des Managements verfügbar – leicht in der Ablage vergessen oder im Aktenschrank verstauen lassen.

## Was soll untersucht werden?

Die Diagnosefelder und Untersuchungsthemen hängen vor allem von der Problemstellung ab. Sie können sich im Verlauf der Diagnose aber verändern, sich erweitern oder reduzieren. Die gemeinsame Betrachtung und Analyse kann sich dabei beziehen auf Strukturen, Prozesse, Informationsflüsse, Handhabung von Führung, Formate und Spielmuster der Kommunikation, Werte, Leitbilder, Leitfiguren und Unternehmenslegenden, Veränderungs-, Leistungs- und Risikobereitschaft, Kräfte, die die Entwicklung und Veränderung im Unternehmen vorantreiben, und Kräfte, die den Status quo aufrechterhalten wollen, oder hartnäckige Widerstände und Abwehrroutinen.

## Wie kann untersucht werden?

Es gibt verschiedene Vorgehenskonzepte, die solche Ansätze einer mehrdimensionalen und in wesentlichen Teilen gemeinsamen Diagnose der eigenen Organisation sehr konkret umsetzen lassen. Eine der bekanntesten Methoden ist die SWOT-Analyse, die sich auf die Betrachtungsfelder »Satisfactions, Weaknesses, Opportunities und Threats« bezieht. Zwei weitere Konzepte wollen wir hier grob skizzieren:

### Beispiel 1: Die U-Prozedur

Die U-Prozedur kann am besten als Instrument zur Untersuchung der eigenen Situation und des eigenen Handelns einer Organisation oder einer Organisationseinheit angewendet werden. Dadurch wird es möglich, dass Organisationsmitglieder sich durch die Beschäftigung mit diesem Analyse- und Entscheidungsprozess das Denken, die Sichtweise und die mentale Haltung erarbeiten und zu eigen machen, die später erforderlich ist, um die soziale, organisatorische und technische Wirklichkeit nach dem neuen Grundsatzsystem auszurichten.

Man wählt dazu in einem ersten Schritt mit den Betroffenen, zum Beispiel mit den Mitarbeitern einer bestimmten Abteilung, die Aspekte in der Organisation aus, die näher untersucht werden sollen, um die implizierten Grundsätze herauszuschälen (zum Beispiel »Wie wird bei uns geführt? Wie werden bei uns Aufträge behandelt und weitergeleitet?« usw.). Man beginnt die Tiefenbohrung, indem man beschreibt, wie das gegenwärtige Verhalten aussieht, erlebt wird und sich auswirkt, um schließlich zu den Grundauffassungen vorzustoßen, die dieses Verhalten prägen beziehungsweise bedingen. Danach stellt man diesen Auffassungen jene neuen gegenüber, nach denen man zukünftig die Strategie, das Geschäftsmodell und die Abläufe gestalten möchte, und durchdenkt sie im Hinblick auf die Konsequenzen für das künftige Handeln.

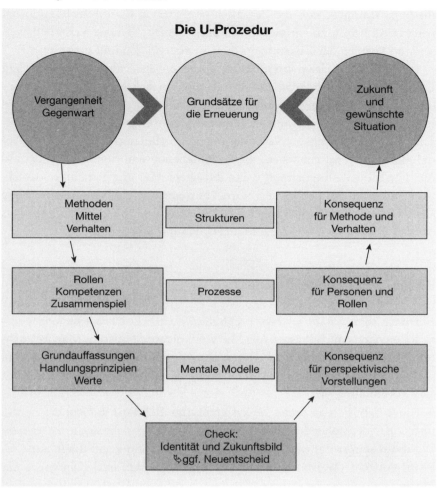

## Die U-Prozedur

Diese Prozedur wird deshalb U-Prozedur genannt, weil man mit ihrer Hilfe, ausgehend von der bestehenden Situation, bis zur Basis des organisatorischen Handelns durchdringt und danach wieder zum faktischen Ablauf, wie man ihn sich in Zukunft wünscht, zurückkommt.

Verwendet man diese Methode bewusst und systematisch mit den direkt Betroffenen als ein Instrument zur Selbstbeobachtung des eigenen Denkens, der eigenen Emotionen, des eigenen Verhaltens und der eigenen Organisationsgewohnheiten usw., dann werden die Betroffenen, indem sie sich mit dieser Analyse und den Zukunftsperspektiven beschäftigen, in die Lage kommen, sich von den alten implizierten Grundsätzen zu lösen, neue Denkweisen zu entwickeln und gegebenenfalls neue Verhaltensweisen und Formen der Zusammenarbeit zu akzeptieren und umzusetzen.

Das Besondere des methodischen Vorgehens im Rahmen eines solchen U-Prozesses besteht darin, dass die Beteiligten sich ihrer Denk-, Empfindungs- und Handlungsmuster bewusster werden, diese überprüfen und besser aufeinander abstimmen können. Denn eine ausreichende Bereitschaft und Fähigkeit zu Veränderungen, so die zugrunde liegende Annahme, kann erst entstehen, wenn bestehende emotionale Muster und mentale Modelle hinterfragt, wenn die eigene Haltung gemeinsam reflektiert und eventuell neu justiert wird. (Für eine ausführliche Beschreibung siehe Glasl, F. und Houssaye, L. (1975), *Organisationsentwicklung: Das Modell des Niederländischen Instituts*, Haupt: Stuttgart.)

## Beispiel 2: Das 6-Boxes-Modell

Ebenfalls sehr dynamisch lassen sich die wesentlichen Prozesse in Organisationen nach einem Ansatz von Marvin Weisbord erfassen. Man betrachtet dabei die Abteilung oder Unternehmung als eine Art Kasten, dessen sechs Schubladen auf systemische Weise durchgesehen werden müssen (siehe Abbildung 4).

Auf der Basis von sechs Teilsystemen mit Relevanz für ein effizientes und zufriedenstellendes Funktionieren von Organisationen beschreibt Weisbord sein stufenweises Vorgehen, an dessen Ende ein diagnostisches Profil entsteht (Weisbord, M. R. (1998), *Organizational Diagnosis: Six Places to Look for Trouble. A Workbook*, Addison-Wesley: Indianapolis).

# Organisationsdiagnose – Doppeldecker von Sachlogik und Emotionen

Es gibt eine ganze Reihe weiterer Formen der Datengewinnung. Unabhängig davon, welche Vorgehensweise gewählt wird, sind die Präsentation der Daten und die Aussprache darüber der sensibelste Teil organisatorischer

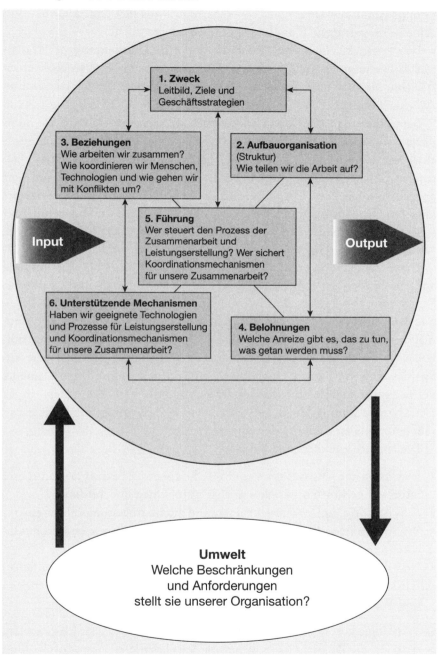

Diagnostik. Sie sollen zur Identifikation der betroffenen Personen (und Gruppen) mit den Daten und zu Folgerungen aus den Daten führen, um gemeinsam getragene Handlungsoptionen zu gewinnen.

Wie entwickelt man ein Drehbuch und eine Dramaturgie der Datenrückkoppelung, die darauf angelegt sind, sowohl Handlungsenergien freizusetzen als auch diese sogleich in konkrete Vorhaben einzubinden – und zwar nachhaltig?

Betrachtet man die Datenrückkoppelung insgesamt als eine Art komplexen Kick-off, so hat dieser – neben der produktiven Auseinandersetzung mit den relevanten Daten und den daraus abgeleiteten Schlussfolgerungen für das Veränderungsvorhaben – ein zweites, ein emotional sehr anspruchsvolles Ziel. Er soll bei den Beteiligten eine innere Empfangsbereitschaft für Aussagen schaffen, die in Teilen kritisch, unangenehm oder strittig und – was die Zukunft anlangt – gegebenenfalls herausfordernd, anstrengend und möglicherweise sogar schmerzhaft sind.

Dieser Doppeldecker strebt also mehr an als die schlichte Zustimmung aufgrund rationaler Erkenntnis: Er soll überdies Gefühlen und Gestimmtheiten vom Typ Zuversicht und realistischer Hoffnung den Boden bereiten. Dies aber bedeutet, depressive Stimmungslagen, Gefühle von Ohnmacht und Überforderung, aber auch Euphorie und Überschwang tunlichst ebenso zu verhindern wie defensive Vermeidungsroutinen oder aggressive Abwehr. Dies zu bewerkstelligen heißt, alle inhaltlichen Elemente der Diagnose und deren Feedback-Daten daraufhin zu überprüfen, ob ihr Umfang, ihr Timing, die angedachte Dosis und die angestrebte Tiefe diesem emotionalen Zielkorridor entsprechen.

Die leitenden Fragen sind dabei:

- Was kann die Organisation und was können die Betroffenen in dieser Situation verkraften, was können sie aufnehmen und verdauen?
- Was ist nötig, um zu energetisieren und nachhaltig zu mobilisieren?
- Wie tief müssen Konfrontationen greifen, um zu berühren und aufzurütteln, aber ohne zu verstimmen?
- Und welches Vorhandene und bisher Geleistete bedarf – bei aller Sensibilisierung für Veränderungsanstöße – der ausdrücklichen Würdigung und Wertschätzung?

Die Analogie zur Wirksamkeit von Medikamenten bietet sich hier wiederum an. Ist die Dosis zu klein, bleibt die Verfügbarkeit unterschwellig und das Medikament zeigt keine Wirkung; ist die Dosis aber zu hoch, dann wirkt sie toxisch und führt bisweilen zu überschüssigen Abwehrreaktionen des Immunsystems. Die Intervention muss ein ausgewogenes Maß an Spannung, an Betroffenheit und Erregung bewirken. Dieses Vorgehen von gleichzeitigem Beschleunigen und Innehalten stellt an den Change Manager streckenweise hohe – vor allem emotionale – Anforderungen:

Der Typ des Machers und Aufgabenorientierten ist in Versuchung, den Betroffenen eine Überdosis zu verpassen, weil er sich nur in seinem Element als Treiber so richtig wohlfühlt. Der stark Reflektierende ist gefährdet zu zögern, eher zu schwach zu dosieren, weil es ihm nur richtig gut geht, wenn er anderen – und damit auch sich selbst – nicht zu viel auf einmal zumuten muss.

## Die Verschränkung von formeller und informeller Organisation

Eine Diagnose mit dem Anspruch, Anstoß für gegebenenfalls notwendige Entwicklung und Veränderungen zu sein, darf sich nicht auf das formelle System des Unternehmens beschränken. Veränderungs- und Bremsenergie kann auch im informellen Bereich liegen oder von dort blockiert werden. Insofern ist es wichtig, beide Systeme und ihre Vernetzung unter die Lupe zu nehmen.

Sowohl für die Strukturen als auch für die Prozesse und Interaktionen gilt, dass sie mehr oder weniger stark formal geregelt sein können. So kann eine Organisationsstruktur tatsächlich so gelebt werden, wie sie auf dem Papier steht. Aber es kann genauso gut sein, dass sich die Menschen kaum um die vorgeschriebenen Über-, Zu- und Unterordnungen oder Ablaufschritte kümmern, sondern sich faktisch ganz anders verhalten.

Die informelle Organisation kann sich von der formalen Architektur sehr unterscheiden, weil zum Beispiel ein kurzer Dienstweg schneller zum Ziel führt als der offiziell vorgesehene Weg. Dabei können sich die Struktur und die Prozesse eines Unternehmens irgendwo im Spannungsfeld zwischen zu viel und zu wenig formeller Gestaltung und Verbindlichkeit befinden – und sie können im Extremfall einem dieser Pole äußerst nahe stehen, weil sie durch ihre Regulierungsdichte beinahe starr und sklerotisch sind oder aber chaotisch, der Auflösung nahe, weil das »ungeschriebene Gesetz« vorherrscht und sich die tatsächliche Aufgabenverteilung zum Beispiel maßgeblich nach den aktuellen Beziehungen der Menschen, nach ihren wirklichen Fähigkeiten oder aber nach ihrem Näheverhältnis zu den Machtträgern in der Organisation bemisst. Aber auch die informelle Organisation bildet dann eine Struktur und eine Ordnung aus, kennt Über- und Unterordnungen im Sinne eines Kraftfelds, etwa einer »Hackordnung« nach sozialer Beliebtheit oder einer unausgesprochenen Machtordnung durch Kompetenzzuschreibungen, Attraktivität, Verfügung über Geldmittel usw.

Beide Systeme greifen in Organisationen an unterschiedlichen Orten und in verschiedenen Kommunikationsformaten Platz. Das formelle System natürlich in Organigrammen, Dienstbesprechungen, Handbüchern, Anweisungen und den offiziellen Berichtswegen, das informelle System »zwischen Tür und Angel«, in der Kantine und in den Fahrgemeinschaften bei der Hin- und Heimfahrt. Dennoch beeinflussen sie sich gegenseitig, kompensieren aber auch die Mängel und Defizite des jeweils anderen Systems. Beispiel: Wenn das offizielle Informationswesen eher lückenhaft erscheint und Mitarbeiter das Gefühl haben, wichtige Dinge erst zu erfahren, wenn alles schon gelaufen ist, wird sich relativ schnell eine intensive, dichte »Gerüchteküche« als informeller Gegenpart entwickeln, in der »im Vertrauen und unter uns« auch eine Mixtur von »Hörensagen«, spekulativen Vermutungen und Wichtigtuereien transportiert und vermittelt wird. Gilt dagegen die betriebliche Information als verlässlich und zeitnah, wird das informelle Gegenstück schwach ausgeprägt und zur persönlichen Orientierung eher wenig genutzt bleiben.

Und so bleibt als eine nicht zu unterschätzende Herausforderung, welches der beiden Systeme bei gezielten Veränderungen jeweils am besten in Anspruch genommen werden sollte.

Kapitel 3

# Anfangssituationen

## Worum geht es – und warum ist die Gestaltung von Anfangssituationen von spezieller Bedeutung?

Immer wieder neue Themen, neue Erwartungen, neue Gruppierungen, neue Rollen, neue Strukturen, neue Prozesse, neue Projekte – je häufiger Veränderungen stattfinden, desto häufiger haben wir es mit Anfangssituationen zu tun. Erschwerend kommt dazu: Vor anderthalb Jahrzehnten war Change im Sinne von »Unternehmen oder Bereiche gezielt zu verändern« für viele Unternehmen und Mitarbeiter neu, für viele beunruhigend, für manche herausfordernd, aber auf jeden Fall ungewohnt. Heute ist der Begriff inflationär abgenutzt, Menschen haben gelernt, dass es wohl ohne laufende Veränderung nicht geht, haben aber auch gelernt abzutauchen, sich den eigentlichen Anforderungen zu entziehen, indem sie so tun als ob – und hoffen, dass alles nicht so schlimm kommt wie angekündigt oder befürchtet. Man flüchtet sich in die detaillierte Ausarbeitung von Konzepten, die Umsetzung wird zur normalen Führungsaufgabe erklärt – und nur in seltenen Fällen als die eigentliche Herausforderung entsprechend sorgfältig gesteuert. Kein Wunder, wenn die Erfolge sich nicht so einstellen, wie theoretisch geplant. Ein Zitat von Stanislaw Jerzy Lec »Meist ist der Ausgang dort, wo der Eingang war« kann in diesem Sinn übersetzt werden: Der Anfang beeinflusst maßgeblich, wie es dann weiter- und am Schluss schließlich ausgeht.

## Anfänge haben es emotional und gruppendynamisch in sich

Gleichgültig, ob für ein schwieriges Thema ein Projekt gestartet wird oder eine neue Gruppierung in Form einer Abteilung, eines Bereichs oder Teams seine Aufgabe aufnehmen soll – das jeweils verantwortliche Management erwartet von den Menschen, die in solchen Gruppen neu zusammenkommen, eigentlich, dass sie an die neue Situation offen herangehen und sich für daraus ergebende Aufgaben voll engagieren. So weit die naive Theorie. De facto laufen quasi automatisch typische gruppendynamische Prozesse ab mit entsprechenden emotionalen Empfindungen. Statt mit vollem Elan an die Arbeit zu gehen beziehungsweise gehen zu können, passiert Folgendes: Kommt jemand neu in eine Gruppe, sind meistens negative Gefühle wie Unsicherheit, Fremdheit, Beklommenheit, Anspannung bis hin zu Einsamkeit, Angst, Flucht- und Trotzimpulsen die normalen Begleiter. Diese negativen Gefühle sind sicher nicht bei allen Personen oder Gruppierungen gleich und gleich stark. Sie sind aber immer vorhanden, beschäftigen die Menschen innerlich und absorbieren einen großen Teil der Energie. Dies gilt auch für jemand, der in eine neue, ihm unbekannte Situation kommt, selbst wenn er die Anwesenden oder einige davon persönlich kennt, oder für Mitglieder in einer Gruppe, die in ihrem bisherigen Gefüge von Zuständigkeiten, Regelungen und Strukturen drastisch verändert wird.

## Grundlegendes Bedürfnis nach Zugehörigkeit

Das Bedürfnis Nummer eins lautet: Nicht isoliert sein, nicht allein dastehen, irgendwo dazugehören. Das Phänomen des Bedürfnisses nach Zugehörigkeit ist übrigens unabhängig davon, ob diese Gruppe ganz oben oder auch ganz unten auf der Skala der gesellschaftlichen Bewertung steht. Auch eine Gruppe von Ganoven oder von Rechtsradikalen bietet den gesuchten emotionalen Bezug. Für Menschen ist die Zugehörigkeit zu anderen Menschen absolut lebenswichtig. Sie leiden dermaßen unter sozialer Isolation, dass mit Recht von Isolationsfolter gesprochen werden kann. Selbst in Zwangssituationen, wie zum Beispiel bei Entführungen oder Geiselnahmen, tun Menschen nahezu alles, um nicht auf Dauer der Isolation ausgesetzt zu sein; obwohl von diesem mit dem Leben bedroht, verbünden sie sich mit dem Aggressor.

Das Bedürfnis nach Zugehörigkeit sichert auf der einen Seite das soziale Überleben, macht aber auf der anderen Seite gleichzeitig abhängig und manipulierbar. Die Angst vor dem Verlust der Zugehörigkeit reicht oft, um Menschen gefügig zu machen. Vor dem Hintergrund dieses Grundbedürfnisses kann man auch die häufige Forderung nach Loyalität als mögliches Druckmittel interpretieren.

## Emotionale Kernfragen binden einen Großteil der Aufmerksamkeit

Je nachdem, wie fremd man einander ist, wie durchschaubar oder ungewohnt die soziale Umgebung ist, wie klar oder unklar Sinn und Zweck, Ziel und Auftrag, wie gewohnt oder ungewohnt die eigene Rolle und die Reaktion der anderen darauf sind, stehen folgende Fragen unterschiedlich stark im Vordergrund:

- Mit wem habe ich es hier zu tun? Wer sind die anderen? Was wollen sie? Was kommt hier auf mich zu?
- Worauf kommt es hier an? Welche »Währung« hat hier Geltung? Inwieweit kann ich meine Kompetenz, meine bisherigen Erfahrungen und meine aktuellen Vorstellungen ins Spiel bringen?
- Wer genießt hier Anerkennung und hat Einfluss? An wem soll beziehungsweise muss ich mich orientieren?
- Wie kann ich mich hier verhalten? Welche (meiner vielen) Rollen soll beziehungsweise kann ich hier spielen? Was kann ich mir hier erlauben? Was werde ich hier gelten?
- Wie werde ich mit dieser Situation und diesen Menschen hier zurechtkommen?
- Kann ich mich hier behaupten? Werde ich fähig sein, meine Interessen zu verfolgen, meine Ziele zu erreichen? Welche Folgen wird dies haben?
- Was könnte mir hier schlimmstenfalls passieren? Wie kann ich mich dafür rüsten?

## Klärung der eigenen Rolle geht vor inhaltlicher Arbeit

Vier Dinge sind es, um die sich all diese Fragen drehen: Zugehörigkeit, Akzeptanz, Verhaltenssicherheit und die eigene Position. Solange die Frage gegenseitiger Anerkennung nicht beantwortet ist, hemmt die Furcht vor Ablehnung die volle Kreativität und Leistungsfähigkeit. Die anfängliche Unsicherheit bis zu Misstrauen ist der Nährboden von Irritationen aller Art.

Eine der Ursachen des Misstrauens liegt in der Unsicherheit darüber, was denn in der Gruppe mit der eigenen Leistung, mit den eigenen Ideen geschehen wird: Verschwindet der eigene Beitrag im Wir, oder gibt es auch eine persönliche Anerkennung und Möglichkeit zur Profilierung? Erst die verlässliche Erfahrung des Dazugehörens, die Sicherheit gegenseitiger Akzeptanz und Wertschätzung sowie die Hoffnung auf faire Kollegialität schaffen Vertrauen und bieten eine Basis für die verlangte sachliche Arbeit und Zusammenarbeit.

Mit der Sache, um die es geht, hat das alles kaum etwas zu tun. Es sind vielmehr Fragen, die die Gefühlslage betreffen – und die ist in Anfangssituationen selten uneingeschränkt positiv. Was aber unangenehm oder zumindest fraglich ist, dem möchten wir uns nicht länger als unbedingt nötig aussetzen. Also tun wir alles, um emotional (wieder) Boden unter die Füße zu bekommen – und uns einen Eindruck zu verschaffen und einen solchen zu machen; wir tun alles, um uns in die Lage zu versetzen, diese Fragen zu beantworten – und das möglichst positiv und möglichst schnell. Hierauf ist zunächst unsere gesamte Aufmerksamkeit gerichtet, darauf zielen einstweilen alle unsere Aktionen. Unsere ganze Energie gilt zunächst nur einem einzigen Ziel: Sich gegenseitig beschnuppern, Beziehungen herstellen, erste Duftmarken setzen und testen, wie darauf reagiert wird, andere diesbezüglich unter die Lupe nehmen. Für inhaltliche Diskussionen sind wir kaum empfänglich.

## Welche Folgerungen können wir daraus ziehen?

### Zum Start Raum geben für das Emotionale

Menschen in Anfangssituationen muss man zunächst einmal Raum geben, sich miteinander und mit der neuen Situation vertraut zu machen. Die Möglichkeit einräumen, Beziehungen zu knüpfen und sich dadurch eine emotionale Heimat zu schaffen. Sich in einer Konferenz sofort mit den Inhalten zu befassen ist ein richtiger Kunstfehler. Südländer und Asiaten wissen das hervorragend zu berücksichtigen. Zuerst kommen Beziehungsaufbau und Beziehungspflege. Erst wenn ein gewisses Maß an Sicherheit, Geborgenheit und Anerkennung die emotionale Basis gewährleistet, können Inhalte und Arbeit zugemutet werden. Nicht weil solche Inhalte oder Leistungsanforderungen sachlich nicht verkraftbar wären, sondern weil zunächst dieses grundsätzliche emotionale Thema »automatisch« Denken, Fühlen und Handeln bestimmt, egal ob es auf der Tagesordnung steht oder nicht. So wie ein Computer zunächst einmal seine Betriebssoftware aufladen muss, bevor er arbeitsfähig wird. Das gilt für jede neue Gruppierung, ob normale Arbeits- oder interdisziplinäre Projektgruppe, ob Trainings- oder Urlaubsgruppe, ob hochehrwürdiges Kardinalskollegium oder versoffene Pennerclique. Und eines ist klar: Es gibt dazu keine Alternative. Wird der Raum dafür nicht offiziell vorgesehen, so werden ihn sich die Betroffenen einfach nehmen: Die Aufmerksamkeit ist in vollem Maß auf die Befriedigung der emotionalen Bedürfnisse und damit auf die Beantwortung der oben skizzierten Fragestellungen gerichtet.

## Methodische Hinweise

Es gibt viele und unterschiedliche Möglichkeiten, diese erste Phase des Aufwärmens und emotionalen Reinfindens zu gestalten.

### Allgemeine Vorstellungsrunde

Üblich ist häufig, dass jeder sich in der Runde persönlich vorstellt mit Name, Funktion, Position und manchmal zusätzlich personalisiert durch die Nennung des Familienstandes und persönlicher Hobbys.

*Bewertung:* Wir halten dieses Vorgehen im Allgemeinen für zu oberflächlich – und in größeren Gruppen ab circa acht Mitgliedern aus Gründen der erforderlichen Aufmerksamkeit für ermüdend und völlig ungeeignet.

### Informeller Beginn

Manche schaffen vor dem offiziellen Beginn einen informellen Rahmen mit einem kleinen Getränke- und Speisebuffet. Dadurch können alle miteinander persönlich in Kontakt treten, sich durch unverfänglichen Small Talk bekannt und mit anderen vertraut machen, sich auch gezielter übereinander informieren und erste Kontakte knüpfen.

*Bewertung:* Vom Prinzip her nicht schlecht; es mindert die Fremdheit und schafft die Voraussetzung zu sondieren, wem man sich am ehesten anschließen könnte, um das fundamentale Bedürfnis nach Zugehörigkeit zu befriedigen. Richtig gut funktioniert es im oben definierten Sinn allerdings nur unter folgenden Bedingungen:

- Es stehen Namensschilder oder Kurzbiografien an Stellwänden zur Verfügung, damit man sich orientieren kann.
- Der verantwortliche Manager beziehungsweise Veranstalter betreibt aktiv Kontaktmanagement, das heißt, er geht auf Personen zu, begrüßt sie persönlich und bringt sie bei Bedarf auch direkt miteinander in Kontakt etc.
- Es wird ausreichend Zeit (circa 30 Minuten) eingeräumt.

Im formellen Rahmen gesteuerte Aufwärmphase

*Erster Schritt:* Offizielle Eröffnung
Der verantwortliche Manager eröffnet mit folgenden Punkten:

- Begrüßung der Teilnehmer
- Vorstellung der eigenen Funktion, Person und Aufgabe hier
- Überblick über die allgemeine Zielsetzung der Veranstaltung, das grundsätzliche Arbeitskonzept und die geplante (zeitliche) Strukturierung
- Relevante organisatorische Hinweise

*Zweiter Schritt:* Kennenlernen und Einstimmen der Teilnehmer in (wechselnden) Kleingruppierungen
Die Teilnehmer werden eingeladen, sich jeweils zu dritt oder zu viert in Gruppen zusammenzufinden nach dem Kriterium maximaler Fremdheit.
Diese Kleingruppen haben zwei Aufgaben: Erstens, sich persönlich bekannt zu machen (»Wer bin ich? Wo komme ich her? Was mache ich da?« ...), und zweitens, sich über ausgewählte Fragestellungen aus dem oben aufgezeigten Katalog – maßgeschneidert auf die aktuelle Situation – auszutauschen.
Bei größeren Gruppen, wo es von Bedeutung ist, den Grad der Fremdheit möglichst schnell abzubauen, kann es sich lohnen, die Gruppen drei bis vier Mal wechseln und nach dem gleichen Modell mit jeweils unter-

schiedlichen Fragestellungen arbeiten zu lassen, um so die Chancen zu mehren, mit Teilnehmern in einen intensiveren Kontakt zu kommen und dadurch die anfängliche Fremdheit abzubauen.

*Dritter Schritt*: Blitzlicht der Gruppen im Plenum
   Die Gruppen berichten im Plenum über wesentliche Diskussionspunkte – vor allem über Punkte, die sie am meisten und zum Teil kontrovers diskutiert haben.

*Bewertung*: Diese formelle Bearbeitung der emotionalen Fragen ist für einige recht ungewohnt – viele erwarten die übliche Vorgehensweise, direkt mit dem Sachthema zu beginnen – und muss deshalb entsprechend erläutert beziehungsweise begründet werden.
   Auf diesem Weg bestehen für alle zumindest grundsätzlich ausreichend Möglichkeiten, sich insgesamt eine Vorstellung zu machen, was sich hier so abspielen könnte – und auch selbst erste persönliche Positionslichter zu setzen.

## Kombination von informellem Beginn und formeller Aufwärmphase

Wenn immer es organisatorisch und zeitlich möglich ist, empfehlen wir, die beiden Möglichkeiten zu kombinieren. Für die anstehende inhaltliche Arbeit macht es sich in aller Regel bezahlt, eine stabile emotionale Grundlage zu schaffen.

## Das emotionale Grundbedürfnis bleibt immer bestehen

Wenn nun nach dieser emotionalen Vorphase die inhaltliche Arbeit beginnt, bleibt das emotionale Grundbedürfnis bestehen, allerdings jetzt weniger nach Zugehörigkeit, sondern eher anhand der Fragestellungen, an was und an wem kann beziehungsweise soll ich mich hier orientieren? Und welche Rolle will, kann oder soll ich hier spielen? Dabei geht es um Orientierung, welche Ziele konkret verfolgt werden, an welchen Werten man sich ausrichten will, wie man das Miteinander entsprechend organisieren will und um Macht. Die Kunst der Führung, ob als verantwortliche Führungskraft in der Linie oder als Projektleiter, besteht nun darin, diese zweite psychologische Ebene immer im Blick zu halten und gegebenenfalls zum Thema zu machen.

## Welche Folgerungen ziehen Sie daraus?

Sie können jetzt einige Anfangssituationen Revue passieren lassen:

- Einerseits Anfangssituationen, wo Sie selbst als Betroffener beteiligt, aber für die Gestaltung nicht verantwortlich waren – und sich in Erinnerung rufen, wie es Ihnen dabei erging.
- Andererseits Anfangssituationen, die Sie selbst zu gestalten hatten – und wie Sie diese im Nachhinein einschätzen.

Vielleicht haben Sie ja die Möglichkeit, in nächster Zeit eine Anfangssituation zu gestalten oder zumindest zu beeinflussen – und damit die Möglichkeit, einige von diesen Tools auszuprobieren.

Kapitel 4

# Energien erschließen

Betroffene zu Beteiligten zu machen ist einer der mittlerweile akzeptierten Erfolgsfaktoren des Change Management. Denn ohne Beteiligung keine Energie – und ohne Energie keine nachhaltige Veränderung. Was tun, wenn keine Energie zu verspüren ist? Wir möchten uns hier auf zwei Situationen konzentrieren – Schweigen und offener Schlagabtausch –, diese Situationen kurz charakterisieren und einige Empfehlungen dazu geben. Wir denken, dass diese Empfehlungen gut auch auf andere Situationen übertragen werden können, wenn zum Beispiel Energien blockiert oder unterdrückt sind oder wegen schlechter Erfahrungen zurückgehalten werden.

## Situation A: Schweigen im Walde ...

Es steht eine Veränderung ins Haus – und Sie verspüren bei den Betroffenen keinerlei Energie, diese Veränderung zu wollen, zumindest zu akzeptieren – und folgerichtig auch keinerlei Neigung, sich entsprechend zu engagieren.

Symptome: Sie haben zum Beispiel das Thema in einer Besprechung adressiert und zur offenen Diskussion eingeladen. Es gibt keine Wortmeldungen, die Teilnehmer spielen mit dem berühmten Blick auf die Tischkante das alte Kinderversteckspiel (Hände vors Gesicht und »ich bin nicht da« rufen), hantieren unterm oder auch auf dem Tisch mit ihrem Handy.

*Wie würde es Ihnen in einer derartigen Situation emotional gehen und wie würden Sie sich wahrscheinlich verhalten oder welchen Rat würden Sie geben?*

Als verantwortlicher Sitzungsleiter oder zuständiger Manager könnten Sie sich unsicher und/oder unter Druck fühlen und deshalb versucht sein, dieses Gefühl möglichst schnell zu überspielen oder loszuwerden, indem Sie

- die Situation durch eigene Aktivität überbrücken, Zeit schinden, zum Beispiel die Aufgabe nochmals erklären, die Rahmenbedingungen wiederholen, die Ziele abermals erläutern;
- vorwurfsvoll feststellen und aggressiv nachfragen, was denn hier los sei;
- sich schuldig fühlen, sich Selbstvorwürfe machen, eventuell schlecht vorbereitet zu haben – und dies vielleicht auch noch zum Ausdruck bringen.

### Bewertung und Empfehlungen

Alle drei Reaktionen sind suboptimal – sie lösen das Problem nicht, da Sie das Problem (noch) nicht kennen (können).

Es gibt drei unterschiedliche Arten von Schweigen:

- Nachdenkliches Schweigen; die Betroffenen überlegen zum Beispiel, was die Botschaft für sie bedeutet, ob und wie sie sich einschalten sollen usw.,
- Kampfschweigen (Trotz etc.),
- Schweigen aus Verlegenheit und Unsicherheit.

Solange Sie die Ursache einer Situation nicht diagnostiziert haben (»Was ist los?«), ist jegliche Therapie ein Vabanque-Spiel, eine Flucht aus der belastenden Situation.

☞ Trauen Sie sich zu, einen Rollenwechsel vorzunehmen und vom Modus des treibenden, aufgaben- und ergebnisorientierten Managers (Kernmotto: »Was ist zu tun?«) in den Modus des reflektierenden Begleiters (Kernmotto: »Was ist eigentlich los?«) umzuschalten.

☞ Und wie bei jeder Analyse ist es entscheidend, vorwurfs- und vorurteilsfrei, einladend nachzufragen und zu erkunden.

☞ Investieren Sie ausreichend Zeit, um in Ruhe die eigentlichen Beweggründe für das erlebte Verhalten zu erforschen, um auf der Basis dieser Erkenntnisse in einen echten Dialog zu treten.

## Situation B: Emotional aufgeladene Atmosphäre

Die Lokomotivführer in einem staatlichen Eisenbahnunternehmen hatten bislang relativ viele Freiheiten genossen. Überstunden sowie Sonn- und Feiertagsdienste wurden so gut bezahlt, dass man viel dafür tat, um in den Genuss von Überstunden zu kommen. Bei Bereitschaftsdiensten war es ähnlich, zumal man relativ exakt kalkulieren konnte, bei welchen Gelegenheiten der Ernstfall, einen Dienst tatsächlich antreten zu müssen, überhaupt wahrscheinlich war – und wann nicht. Die Einsatzzentralen, das heißt die Orte, von wo aus man seinen Dienst antreten musste, waren über das ganze Land verstreut und über Jahrzehnte festgelegt, dass man sicher war, wo man sich und die Familie so ansiedeln konnte, dass der Weg zur Arbeit keines besonderen Aufwands bedurfte. Es ging allen gut – und man war stolz, diesem Unternehmen und speziell auch dieser Funktionsgruppe anzugehören.

Und jetzt auf einmal, für einige wie aus heiterem Himmel, für andere der Eintritt einer schon länger befürchteten Entwicklung, soll dieser Zustand drastisch verändert werden: Die Eisenbahngesellschaft muss sich im Rahmen politischer Veränderungen internationaler Konkurrenz stellen. Die Geschäftsführung ist gefordert und auch entschlossen, die neue Situation zu bewältigen, um das Unternehmen zukunftsfähig zu machen. Unter anderem werden folgende Maßnahmen beschlossen: Die Streckenführung muss gestrafft, die Einsatzsteuerung muss zentralisiert und die Arbeitsleistungen müssen drastisch verdichtet werden. Für die Betroffenen ist das wie die Vertreibung aus dem Paradies. Die mittlere Managementebene, bislang in guter Kameradschaft mit den Lokomotivführern verbunden, ist nun mit der Aufgabe konfrontiert, diese Forderungen an die Basis weiterzugeben und dort umzusetzen. Die Erregung ist groß, das Ganze wird als eine unerhörte Zumutung abgewehrt, der Vorstand, noch nicht allzu lang im Unternehmen, also kein Eigengewächs und auch nicht verstrickt in die bislang Wohltaten spendende Managergruppe, wird massiv mit Vorwürfen konfrontiert.

Was tun, wie reagieren – unter der Voraussetzung, die Lage ist nicht dramatisiert, sondern tatsächlich so wie geschildert?

*Was würden Sie in einer derartigen Situation selbst tun oder raten?*

• Der Vorstand könnte stark unter Druck von oben stehen und von daher geneigt sein, diesen Druck einfach oder sogar verstärkt weiterzugeben – und entsprechend aggressiv auf die Anwürfe reagieren.

- Dem Vorstand könnte die bisherige »paradiesische Situation« persönlich schon länger ein Dorn im Auge gewesen sein, sodass er diese Veränderung als Anlass nehmen könnte, um endlich das »mit klammheimlicher Freude« zu exekutieren, wofür er bislang wegen fehlender Rahmenbedingungen keine Legitimation gesehen hatte.

## Bewertung und Empfehlungen

Beide Reaktionen sind zwar emotional verständlich, würden aber die Spannungen eher verstärken, weil die Überlagerung mit persönlichen Motiven des Managers wahrscheinlich doch irgendwie zum Ausdruck kommen und sich entsprechend auswirken würde.

☞ *Erster Schritt*: Die eigenen Gefühle überprüfen, um eventuell vorhandene persönliche Aspekte zu identifizieren und zu isolieren. Das heißt die eigenen Gefühle zur Kenntnis zu nehmen und unter Kontrolle zu bringen, zum Beispiel anhand folgender Fragen zur persönlichen Reflexion:

- Wie geht es mir selbst bei diesem Geschehen?
- Wie möchte ich am liebsten reagieren?
- Welche Grundmuster, in solchen Situationen spontan zu reagieren, könnte diese aktuelle Befindlichkeit bei mir jetzt auslösen (Flucht, Angriff, Abwehr etc.)?
- Was will ich in diesem Zusammenhang eigentlich erreichen, und welche Nebenwirkungen könnte meine Reaktion auslösen?

Diese innere Klärung beziehungsweise Reinigung mag zwar schwierig sein, ist aber möglich, wenn man sich die negativen Auswirkungen einer persönlichen Überlagerung, die nicht ur- und hauptsächlich von der Situation bestimmt ist, vor Augen hält.

Sagen Sie nicht, das geht nicht. Genauso spontan und schnell, wie Sie nach außen reagieren können, können Sie zunächst einmal reflektieren. Klar, es gehört Übung dazu, sich zu beherrschen (Herr über sich selbst zu sein), aber das Wichtigste ist, dies überhaupt zu wollen.

☞ *Zweiter Schritt*: In der generellen Haltung eines interessierten Forschers, Ethnologen oder Arztes mithilfe offener Fragen erkunden, was eigentlich abläuft:

- Was bewegt Sie?
- Worum geht es Ihnen?
- usw.

Motto: Was raus muss, muss raus (vergleiche Eiter, Virus), und zwar dort, wo es auftritt. Das bedeutet, die Spannungen zunächst einmal dort (in der jeweiligen Gruppe oder einem Gremium) zu bearbeiten, wo sie auftreten, statt dem Irrglauben zu folgen, man könne dies im Anschluss in Einzelgesprächen erledigen.

☞ *Spezielle Hinweise*:

- Vor allem Ruhe bewahren und diese innere Ruhe auch wahrnehmbar ausstrahlen in der Körperhaltung und im Gesichtsausdruck (Souveränität gibt Sicherheit – auch den anderen Beteiligten);
- keine Unterstellungen;
- keine Belehrungen (so können wir doch nicht miteinander umgehen ...);
- weder abwiegeln noch zur Versachlichung aufrufen, sondern zunächst einmal alles so aufnehmen, wie es hochkommt;
- sich nicht »anzünden« lassen (falls es passiert, umgehend abkühlen und zurücknehmen, sozusagen »von der Tafel wischen«);
- sich nicht einseitig auf die Wortführer und Kampfhähne konzentrieren, seien die Verlockungen auch noch so stark (das würde die Lage nur verschärfen);
- die Zurückhaltenden aktiv ansprechen, sie von der Zuschauertribüne auf das Spielfeld holen.

☞ *Gegebenenfalls vertieft nachfragen*, um auch verdeckte oder kaschierte Interessen offenzulegen, Hintergründe zu erkunden und genauer zu verstehen, was wirklich gemeint ist:

- Worum geht es Ihnen eigentlich?
- Was verfolgen Sie mit diesem Hinweis?
- Was ist die zusätzliche Botschaft
  - Ihres Tonfalls (der Ton macht die Musik),
  - Ihrer Körperhaltung,
  - Ihres Gesichtsausdrucks?

☞ *Zwischenbilanz(en)*. In solchen »erregten« Kommunikationsprozessen ist es hilfreich, immer mal wieder eine Zwischenbilanz zu ziehen. Eine Zwischenbilanz gibt allen die Möglichkeit, sich zu orientieren und zu überprüfen, was bislang angekommen ist und wie es verstanden wurde.

Je offener und ehrlicher Sie erkunden, desto größer ist die Chance, dass Sie verstehen, was wirklich los ist, und dass Ihre Gesprächspartner spüren, dass Sie es wirklich verstehen wollen.

Was für den Arzt gilt, gilt auch für den Konfliktmanager: Eine gute Diagnose ist die halbe Therapie – und was wir unter einer guten Diagnose verstehen (siehe Kapitel 2 in Teil II), ist gleichzeitig der Anstoß für die Betroffenen, zur »Gesundung« respektive Zukunftsfähigkeit des Unternehmens und damit zu ihrer eigenen beizutragen.

Kapitel 5

# Persönliches Navigationssystem – mentale Modelle, Grundwerte und innere Anker

Manager stehen immer wieder vor der Situation, sich schnell entscheiden zu müssen. Nicht selten erfordern neue, bislang ungewohnte Rahmenbedingungen eigentlich eine genauere Überprüfung der Situation, um die »richtige« Entscheidung zu treffen. Ist der Druck allerdings hoch und die Möglichkeit, sich für eine genauere Prüfung Zeit zu nehmen, sehr eingeschränkt, werden sich Manager intuitiv auf ihre Grundüberzeugungen beziehen, um ein Gefühl zu entwickeln, wie sie sich in dem entsprechenden Fall verhalten sollen, um sicheren Boden unter den Füßen zu haben.

Wir möchten mit dieser Übung ein Werkzeug bieten, sich seiner grundlegenden Einstellungen bewusster zu werden. Damit wollen wir eine Möglichkeit schaffen, zumindest im Nachhinein immer mal wieder zu reflektieren, inwieweit das Verhalten sich eher an den speziellen Herausforderungen der jeweiligen Situation oder mehr oder weniger ausschließlich an den eigenen Neigungen ausrichtete.

## Meine Grundwerte, Grundüberzeugungen und Anker

Bitte markieren Sie in der folgenden Abbildung in der jeweiligen Gegenüberstellung Ihre innere Positionierung, nach der Sie im Normalfall spontan Ihre Entscheidungen und Ihr (Führungs-)Verhalten ausrichten, soweit keine speziellen Gegebenheiten in der jeweiligen Situation Sie zur Änderung veranlassen.

Wenn Sie sich in den einzelnen Dimensionen positioniert haben, ziehen Sie eine Verbindungslinie zwischen Ihren Markierungen. So können Sie Ihr persönliches Profil reflektieren. Zur Ergänzung können Sie diese Ab-

# Abbildung 5: Grundwerte und Grundüberzeugungen

| | nahezu ausschließlich | überwiegend | hängt vom Kontext ab | überwiegend | nahezu ausschließlich | |
|---|---|---|---|---|---|---|
| analytisch, beschreibend | | | | | | lösungsorientiert |
| strategisch ausgerichtet | | | | | | operativ steuernd |
| Selbstverantwortung fordern und entwickeln | | | | | | führen durch An- und Zurechtweisung |
| Energien freisetzen, Ermöglicher | | | | | | Lokomotive, Treiber, Macher |
| konfliktfähig mit Feedbackpflicht | | | | | | Harmonie und Opportunismus |
| Zuhören, ⇦ Logik der anderen erkunden | | | | | | die Welt erklären ⇦ nach der eigenen Logik |
| emotionale Intelligenz und soziale Kompetenz | | | | | | Sachlogik, orientiert an Zahlen, Daten, Fakten |
| leistungs- und aufgabenorientiert | | | | | | orientiert an den Mitarbeitern |
| im System arbeiten, d. h. Fehler und Lücken durch eigene Eingriffe kompensieren | | | | | | am System arbeiten, d. h. gut beobachten und die Betroffenen zu Selbsthilfe anleiten |
| Unsicherheit souverän managen | | | | | | Klarheit/Sicherheit brauchen und bieten |
| Ambiguitätstoleranz | | | | | | Eindeutigkeit und Klarheit |
| orientiert an übergreifenden Netzwerken und Wertschöpfungsketten | | | | | | orientiert an Silos und »Zuständigkeiten« |
| Information | | | | | | Kommunikation |
| Teamspieler | | | | | | starker Kapitän |
| reflexionsfähig | | | | | | unbedacht spontan |
| Vertrauen | | | | | | Misstrauen |
| Input / Handeln | | | | | | Output / Wirkung |

bildung auch von Kollegen, Mitarbeitern oder Vorgesetzten für sich ausfüllen lassen, um Ihre Selbsteinschätzung mit den Bildern zu vergleichen, die andere aus Ihrem Umfeld sich von Ihnen gemacht haben.

Hinweise zur persönlichen Reflexion

☞ Entscheidend ist nicht nur Ihr Verhalten (Input), sondern die Wirkung (Output) Ihres Verhaltens.

☞ Deshalb ist nicht (nur) wesentlich, wie Sie sich selbst einschätzen, sondern wie Ihr Verhalten von Ihrem Umfeld erlebt wird – und herauszufinden, von welchen unterschiedlichen Bedürfnissen und Erwartungen diese Einschätzungen jeweils geprägt sind.

☞ Folgerung: Wer sich »richtig« verhalten will, tut gut daran, vorher zu bedenken, in welchem Kontext er sich befindet, welche speziellen Gegebenheiten diesen Kontext bestimmen und welche Wirkung er dort erzielen will.

☞ Wer sich immer konsistent verhält, mag zwar mit sich im Reinen sein, wird aber möglicherweise den speziellen Anforderungen der jeweiligen Situation nicht angemessen gerecht.

Kapitel 6

# Emotionales Konfliktmuster

Bei und in Konflikten spielen Emotionen eine zentrale Rolle. Wir wissen dies und wir wissen auch: Sie kosten Zeit, Kraft und Nerven. Allzu oft vermeiden wir Konflikte deshalb, selbst dort, wo sie unvermeidlich, ja sogar sinnvoll und notwendig wären. Für das Gelingen von Change-Prozessen ist das allerdings nicht unbedingt eine Hilfe, insbesondere dann nicht, wenn es um die zielgenaue Optimierung und eine nachhaltig tragfähige Lösung geht, die allerdings erst noch gesucht oder ausprobiert werden soll. Ähnlich kann sich die Situation entwickeln, wenn ein Change Manager versucht, seinen Vorstellungen und Visionen nicht mit, sondern ohne die Betroffenen durchzusetzen, und dabei ist, aus Mitarbeitern Gegenarbeiter zu machen. Er glaubt dann vielleicht, dass der fehlende Widerspruch schon Erfolg garantiert. In diesem Fall ist die Konfliktvermeidung, also die fehlende Auseinandersetzung mit Gegenpositionen, Vorbehalten, Befürchtungen und Widerständen, ebenfalls höchst kontraproduktiv. Auch dann, wenn es vielleicht kurzzeitige klimatische Eintrübungen oder Zeit ersparen hilft.

Darüber hinaus liegt auch in den neuen Organisationsstrukturen wie Matrix und Netzwerk erhebliches Potenzial, das unabhängig von einzelnen Personen Auseinandersetzung und Konflikte nicht nur generiert, sondern auch erfordert. Auseinandersetzung, Aushandlung und Kompromissbildung sind dort nötig. Konflikte – so die Idee der Organisatoren – sollen von den Schnittstellenpartnern bewusst und genau an dieser Stelle frühzeitig identifiziert, fair und kooperativ angegangen und im produktiven Interessenausgleich wirksam bewältigt werden. Konflikte gelten in solchen Organisationsformen nicht nur als Folge, sondern als Bedingung für das kreative Spiel der Kräfte und die produktive Balance in der operativen Umsetzung unterschiedlicher Zielsetzungen und komplexer Interessenlagen.

Doch auch bei solch konstruktiver Handhabung und trotz aller kommunikativer Mühen gelingt es eben nicht immer, die eigenen Absichten und den eigenen Standpunkt wirklich verständlich zu machen und verfügbare Spielräume für Kooperation und Zusammenspiel wirklich partnerschaftlich auszuloten. Der Druck und Konfliktstress, die ohne Aussprache und Klärung bleiben, liefern dann den Humus für die Entwicklung unschöner Fremdbilder, die Chronifizierung von Schuldzuweisungen, die Ritualisierung von Gegen- und Abwehrmaßnahmen.

Nun haben aber alle Seiten meist gute Gründe, die sie in diesen Konflikt geführt haben, und genau diese – zumeist durchaus rationalen Ursachen und sachlichen Interessenlagen – stehen eigentlich zur Bearbeitung an. Aber sie sind häufig überlagert von Gefühlen der Bedrohung, der bisherigen Missachtung eigener Interessen oder von Affekten, die sich auf Umstände beim Zustandekommen des Konflikts beziehen. Diese emotionale Überlagerung steht dann der Bearbeitung, der sachlichen Klärung der Interessengegensätze und sinnvollem Ausgleich im Wege. So ist nicht verwunderlich, dass einige Beteiligte sich vor der offenen Aussprache scheuen oder ängstigen und die Auseinandersetzung mit dem Konflikt lieber vermeiden.

Ziel des vorliegenden Werkzeugs ist, Ihnen Informationen über Ihr Profil bei der Verwendung verschiedener Grundmuster oder -strategien in Konfliktsituationen zur Verfügung zu stellen.

Bevor Sie sich jedoch an die Bearbeitung des Fragebogens machen, empfehlen wir Ihnen zur Einstimmung, aus Ihrer Erinnerung drei typische Konfliktsituationen auszuwählen, an denen Sie beteiligt waren. Fragen: Worum ging es denn? Wer war beteiligt? Wer war in welcher Rolle? Wie haben Sie sich verhalten? Inwieweit haben Sie den Standpunkt des anderen gesehen, seine Interessen verstanden? Wie stand es mit Ihrer Bereitschaft, wirklich zuzuhören? Welche Machtmittel oder Machttaktiken wurden eingesetzt? Wer hat wie eine Lösung versucht? Zieht sich durch die Situationen so etwas wie ein »roter Faden«? Können Sie ein für Sie typisches Muster entdecken?

Im Folgenden werden – in Anlehnung an eine Workshop-Unterlage von Klaus Hinst – Situationen beschrieben, die bestimmte Haltungen oder Meinungen veranschaulichen. Sie sind eingeladen, sich dort jeweils mit Ihrer eigenen Haltung beziehungsweise Ihrer eigenen Meinung zu positionieren. Ihre Antworten sollten dabei Ihre tatsächliche Einstellung widerspiegeln, nicht Ihre Idealvorstellung und auch keine Anpassung an die Erwartungen irgendwelcher Dritter. Und orientieren Sie sich nicht an Ausnahmen. Die gibt es immer. Beziehen Sie sich darauf, wie Sie es üblicherweise halten. Überlegen Sie bei den einzelnen Punkten nicht zu lange, sondern antworten Sie spontan »aus dem Bauch heraus« und aufgrund Ihrer reichhaltigen Erfahrungen mit sich selbst.

Kreuzen Sie jeweils bei jeder Frage die zutreffende Zahl an:

- trifft überhaupt nicht zu    − 2
- trifft kaum zu    − 1
- keine Meinung    0
- trifft schon mal zu    + 1
- stimmt genau    + 2

**Abbildung 6: Fragebogen emotionales Konfliktmuster**

| | | | | | |
|---|---|---|---|---|---|
| 1. Es gelingt mir manchmal nicht, klar »nein« zu sagen, wenn mich jemand um etwas bittet oder mir freundschaftlich etwas anbietet, auch wenn dies meinen Vorstellungen überhaupt nicht entspricht. | −2 | −1 | 0 | 1 | 2 |
| 2. Ich neige schon etwas dazu, mich einzumischen, Druck zu machen oder einfach auch für andere zu entscheiden, wenn mir etwas zu lange dauert. | −2 | −1 | 0 | 1 | 2 |
| 3. Im Falle eines Konfliktes vermeide ich es, allzu sehr auf eine Lösung zu drängen. Ich habe gelernt, dass sich viele Dinge mit der Zeit von alleine lösen. | −2 | −1 | 0 | 1 | 2 |
| 4. Ich führe meine Argumentation auch weiter, wenn ich merke, dass andere versuchen, mich zu unterbrechen, um mir zu widersprechen. | −2 | −1 | 0 | 1 | 2 |
| 5. Es ist oft viel besser, sich stillschweigend darüber einig zu sein, Konflikte, die emotional vorhanden und unterschwellig belastet sind, nicht anzusprechen, als sie unbedingt auf den Tisch bringen zu wollen. | −2 | −1 | 0 | 1 | 2 |
| 6. Zumeist ist es günstiger, ein Problem etwas ruhen zu lassen, als rasch auf eine Entscheidung zu drängen. | −2 | −1 | 0 | 1 | 2 |
| 7. Es gelingt mir meist gut, auch in festgefahrenen Situationen die Konflikte deutlich zu machen und unterschwellig Belastendes anzusprechen, ohne zu verstimmen oder zu verletzen. | −2 | −1 | 0 | 1 | 2 |
| 8. Langatmige Diskussionen über ein und dasselbe Thema sind mir unangenehm. Die Zeit ist zu kostbar, und man sollte eine Entscheidung treffen, auch wenn nicht alle einverstanden sind. | −2 | −1 | 0 | 1 | 2 |

9. Ich bin bekannt für meine Fähigkeit, Konflikte so zu lösen, dass alle Seiten zufrieden sind. Dies wird mir auch von anderen oft bestätigt.

| −2 | −1 | 0 | 1 | 2 |

10. Wenn ich mit jemandem in einer Besprechung starke Meinungsunterschiede zu meiner eigenen Überzeugung erkenne, so mache ich dies nicht dort in aller Öffentlichkeit deutlich, sondern rede darüber lieber außerhalb der Sitzung.

| −2 | −1 | 0 | 1 | 2 |

11. Wenn ich in einer Situation sehr angespannt bin, dann versuche ich nicht selten, dies durch Humor und witzige Bemerkungen zu überwinden.

| −2 | −1 | 0 | 1 | 2 |

12. Es gelingt mir gut, mich in einen anderen wirklich einzufühlen und ihm gut zuzuhören, auch und gerade wenn ich vorhabe, ihm meine unterschiedliche Position und Sichtweise entgegenzustellen.

| −2 | −1 | 0 | 1 | 2 |

13. Es ist mir peinlich und unangenehm, wenn andere in meiner Gegenwart miteinander zu streiten beginnen.

| −2 | −1 | 0 | 1 | 2 |

14. Ich kann strittige Themen gut so vortragen, dass sie harmloser und weniger provokativ erscheinen. Und ich tue das auch gerne.

| −2 | −1 | 0 | 1 | 2 |

15. Ich werde leicht ungeduldig, wenn andere nicht zu einer Einigung kommen, obwohl sie dafür ausreichend Zeit hatten. Konflikte sollten schnell auf den Tisch, offen ausgepackt und klar durchgefochten werden.

| −2 | −1 | 0 | 1 | 2 |

16. Ich gehe gerne auch einen mühsamen Weg, wenn meine Bedürfnisse mit jenen anderer Personen aufeinanderprallen. Ich nehme mir dann die Zeit, weil ich glaube, dass wir so eine optimale Lösung finden werden.

| −2 | −1 | 0 | 1 | 2 |

17. Wenn ich unerwartet jemandem auf der Straße begegne, mit dem ich eine unangenehme Angelegenheit offen habe, dann blicke ich in eine andere Richtung bzw. tue so, als bemerke ich ihn nicht.

| −2 | −1 | 0 | 1 | 2 |

18. Wenn mir etwas peinlich ist oder ich mich unsicher fühle, dann mache ich oft trotzdem ein fröhliches Gesicht oder eine humorvolle Bemerkung, um abzulenken.

| −2 | −1 | 0 | 1 | 2 |

19. Es ist besser, einen Konflikt auch mit etwas Druck zu beenden, als ihn sich offen und ungelöst dahinschleppen zu lassen.

| −2 | −1 | 0 | 1 | 2 |

20. Wenn ich die Möglichkeit sehe, einen Kompromiss zu erzielen, bin ich gerne bereit, mehr Zeit als ursprünglich geplant zu investieren, anstatt meinen Standpunkt einfach durchzudrücken.

| −2 | −1 | 0 | 1 | 2 |

21. Manche Konflikte lassen sich einfach nicht vernünftig regeln, und ich lasse dann lieber die Finger davon, bevor zu viel Porzellan zerschlagen wird.    −2  −1  0  1  2

22. Wenn zwei offen zu streiten anfangen, helfe ich, indem ich das Problem relativiere oder auf einen lustigen Aspekt darin hinweise.    −2  −1  0  1  2

23. Wenn beide Seiten gewinnen wollen, dann muss und wird es zum Schluss einen Verlierer geben.    −2  −1  0  1  2

24. Wenn ich mich mit einem Konflikt beschäftige, dann verbringe ich meistens mehr Zeit damit, der anderen Seite zuzuhören und mich in sie hineinzudenken, als ich für meine eigenen Argumente verwende.    −2  −1  0  1  2

25. Wenn ich spüre, dass in einem Gespräch Streitlust und Emotion aufkommt, dann wechsle ich schnell das Thema.    −2  −1  0  1  2

26. Meine Erfahrung hat mir gezeigt, dass sich Konflikte erfolgreich auch dadurch bewältigen lassen, dass ich Entscheidungen vertage und etwas Gras darüber wachsen lasse.    −2  −1  0  1  2

27. Ich bin dafür bekannt, hart *am Feind* zu bleiben und in einer Konfrontation überaus klar zu sein.    −2  −1  0  1  2

28. In einer Auseinandersetzung fällt es mir leicht, mich mit anderen auf halbem Weg zu treffen, auch wenn ich dabei von meinen ursprünglichen Zielen Abstriche machen muss.    −2  −1  0  1  2

29. Konflikte dadurch lösen zu wollen, dass man andere Leute offen konfrontiert, halte ich oft für ein Zeichen mangelnder Reife und manchmal auch einfach für rücksichtslos.    −2  −1  0  1  2

30. Solange eine Auseinandersetzung noch schwelt und ungelöst ist, ist es besser, den Eindruck zu vermitteln, dass alles o.k. und unter Kontrolle sei, als das Bild einer kritischen oder gar chaotischen Situation entstehen zu lassen.    −2  −1  0  1  2

31. Wenn ich in einen Konflikt gerate, will ich auch gewinnen und gebe nur dann nach, wenn ich dazu keine Chance mehr sehe.    −2  −1  0  1  2

32. Es lohnt sich, mit anderen auch mühsam, mit viel Ruhe und Geduld eine einvernehmliche Lösung zu suchen, statt sie mit Druck beschleunigen zu wollen.    −2  −1  0  1  2

33. Ich weiß, dass ich am liebsten wegsehe, wenn andere offen zu streiten anfangen und dabei Emotionen im Spiel sind, denn das führt ja nicht weiter und ist mir auch einfach unangenehm.    −2  −1  0  1  2

| | | | | | |
|---|---|---|---|---|---|
| 34. | Ich glaube, Leute, die mich kennen, würden mich als jemand beschreiben, dem auch in schwierigen Situationen immer noch ein Joke oder ein guter Spruch einfällt. | −2 | −1 | 0 | 1 | 2 |
| 35. | Bevor ich eine Entscheidung noch mal verschiebe oder einen ungünstigen Kompromiss eingehe, bin ich schon bereit, auch etwas Druck auszuüben. | −2 | −1 | 0 | 1 | 2 |
| 36. | Ich bleibe dabei, dass Konflikte so gelöst werden müssen, dass niemand verliert, selbst dann, wenn eine Seite mit Tricks operiert und gnadenlos auf Kampf und *Sieg* setzt. | −2 | −1 | 0 | 1 | 2 |
| 37. | Wenn es zu einem Streit kommt, bleibe ich distanziert, cool und rational in meinem Verhalten, um dämpfend auf die Gefühle einzuwirken, die da ins Spiel kommen. | −2 | −1 | 0 | 1 | 2 |
| 38. | Ich gelte als ausgesprochen geschickt, wenn es darum geht, einen Konflikt elegant und diplomatisch zu umschiffen. | −2 | −1 | 0 | 1 | 2 |
| 39. | Anstatt in einem Konfliktfall nur ständig zuzuhören, versuche ich, die Initiative zu gewinnen, indem ich meinen Standpunkt mit Vehemenz und einer gewissen Beharrlichkeit vertrete. | −2 | −1 | 0 | 1 | 2 |
| 40. | Ich bin sicher, dass es immer Möglichkeiten für eine Lösung gibt, und lege meine Karten offen auf den Tisch, selbst wenn andere das nicht tun, sondern Tricks versuchen oder *Versteck* spielen. | −2 | −1 | 0 | 1 | 2 |
| 41. | Wenn meine Vorgesetzten oder eine Mehrheit anderer Meinung sind als ich, halte ich meine Meinung lieber zurück. Ich will mich nicht unnütz verkämpfen. | −2 | −1 | 0 | 1 | 2 |
| 42. | Bevor ich mit jemandem wegen eines Konfliktes ernsthaft zusammenstoße, versuche ich diesem vorher die Spitze zu nehmen, schwäche ich ihn ab oder stelle das Problem etwas harmloser dar. | −2 | −1 | 0 | 1 | 2 |
| 43. | Es ist legitim und sehr oft richtig, einen Konflikt durch Druckmachen oder das Ausspielen von Macht zu lösen; ich praktiziere das auch, wenn es geht. | −2 | −1 | 0 | 1 | 2 |
| 44. | In einem Streit bin ich ebenso um das Ergebnis für die Gegenpartei und dessen Akzeptanz besorgt wie um ein Durchsetzen meiner eigenen Wünsche. | −2 | −1 | 0 | 1 | 2 |
| 45. | Ich lenke ein, wenn ich das Gefühl habe, ich müsste für das Durchsetzen meiner Ziele und Wünsche sehr hart werden oder sogar kämpfen. | −2 | −1 | 0 | 1 | 2 |
| 46. | Wenn ich jemandem, mit dem ich einen Konflikt habe, überraschend begegne, geschieht es durchaus, dass ich nur »*small talk*« mache, um auf eine bessere Gelegenheit für das eigentliche Problem zu warten. | −2 | −1 | 0 | 1 | 2 |

| 47. | In Konfliktsituationen bereitet es mir durchaus Spaß, meinen Standpunkt hartnäckig zu verteidigen, gute Gegenattacken zu landen und Punkte zu machen. | −2 | −1 | 0 | 1 | 2 |
|-----|---|---|---|---|---|---|
| 48. | Ich bemühe mich meistens um einen Kompromiss, selbst dann wenn ich meine Interessen ohne große Mühe durchsetzen könnte. | −2 | −1 | 0 | 1 | 2 |
| 49. | Ich finde es völlig richtig, einem Konflikt dann aus dem Weg zu gehen, wenn ich spüre, dass starke Emotionen im Spiel sind. Und ich mache das auch so. | −2 | −1 | 0 | 1 | 2 |
| 50. | Anstatt mich an einem widersprüchlichen Punkt zu zerstreiten, interpretiere ich ihn einfach aus meiner Sicht und hoffe, dass es gutgeht. | −2 | −1 | 0 | 1 | 2 |
| 51. | Wenn ich eine Niederlage auf mich zukommen sehe, kämpfe ich durchaus auch mit harten Bandagen. | −2 | −1 | 0 | 1 | 2 |
| 52. | Es macht mir nichts aus, kurzfristig mein *Gesicht zu verlieren*, wenn ich nachhaltig die tragfähige Lösung eines Konfliktes bewirken will. | −2 | −1 | 0 | 1 | 2 |

Tragen Sie Ihre Antworten in die folgende Abbildung ein und addieren Sie die einzelnen Spalten:

## Abbildung 7: Auswertung emotionales Konfliktmuster

| Frage:<br>Nr. | Nr. | Nr. | Nr. |
|-----|-----|-----|-----|
| 1 | 3 | 2 | 7 |
| 6 | 5 | 4 | 9 |
| 11 | 10 | 8 | 12 |
| 14 | 13 | 15 | 16 |
| 18 | 17 | 19 | 20 |
| 22 | 21 | 23 | 24 |
| 26 | 25 | 27 | 28 |
| 30 | 29 | 31 | 32 |
| 34 | 33 | 35 | 36 |
| 38 | 37 | 39 | 40 |
| 42 | 41 | 43 | 44 |
| 45 | 46 | 47 | 48 |
| 50 | 49 | 51 | 52 |
| Summe A | Summe B | Summe C | Summe D |

Übertragen Sie diese Werte nun bitte in die folgende Abbildung:

Abbildung 8: Vergleich mit der Bezugsgruppe

| A | B | C | D |
|---|---|---|---|
| | | | |

14                                             14

12                                             12

10                                             10

8   8

6   6

4   4

2   2

0   0

− 2   − 2

− 4   − 4

− 6   − 6

− 8   − 8

− 10   − 10

− 12   − 12

− 14   − 14

Auf dieser tabellarischen Darstellung vergleichen Sie sich mit insgesamt 180 Führungskräften, die diesen Fragebogen in den vergangenen Jahren bearbeitet haben.

Die Null-Linie in der Mitte der Skala repräsentiert als Bezugswert den Median und komprimiert gleichzeitig als Lageparameter jene Spanne, in der der Gipfelbereich der jeweiligen Normalverteilung liegt.

Haben Sie keine Scheu vor größeren Abweichungen, das heißt vor Ausschlägen nach oben oder unten: Diese zeigen zwar, wo Sie von diesem Durchschnittswert abweichen, sagen aber nichts darüber aus, was nun besser oder schlechter ist. Es kann dabei auch durchaus vorkommen, dass Ihr Wert außerhalb der vorgegebenen Skala liegt.

Wenn Sie Ihre Werte markiert haben, können Sie diesen mit dem folgenden 4-Fenster-Schema ihre jeweiligen Bedeutungen zuordnen.

Abbildung 9: 4-Fenster-Schema des emotionalen Konfliktmusters

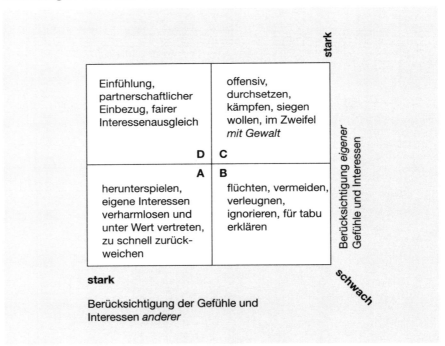

Wenn Sie nun Ihre Werte in der Abbildung 8 quer miteinander verbinden, erhalten Sie ein Profil Ihrer inneren Neigungen, wie Sie sich in Konfliktsituationen verhalten. Die Werte dieser Kurve spiegeln dabei Ihre Einstellungen und »inneren Haltungen« so, wie Sie sie angekreuzt haben, und nicht unbedingt Ihr tatsächliches Verhalten.

## Muster A: Die anderen gehen vor!

Sie kommen in erster Linie den Gefühlen und Bedürfnissen anderer nach, lassen dabei die eigenen allerdings unter den Tisch fallen. Sie sind auf diese Weise ein schlechter Anwalt Ihrer selbst.

Im persönlichen Stil und in der Ausformung des konkreten Verhaltens kann sich diese Neigung durchaus unterschiedlich darstellen. Ein Aspekt ist häufig eine fehlende Priorisierung der eigenen Anliegen nach den wirklich wichtigen Punkten. Die Folge ist, dass oft mehrere Streitgegenstände von ungleicher Bedeutung gleichzeitig und mit der gleichen Intensität vertreten werden. Das führt möglicherweise zu einer Verzettelung der Kräfte. Zudem fehlt dann die eigene Klarheit über das Mindestergebnis, das man nicht zu unterschreiten bereit ist. Dies kann dazu führen, dass Sie Ihr eigenes Interesse wenig nachdrücklich darlegen, sehr früh nachgeben oder sogar verzichten bis dahin, dass Sie es aktiv herunterspielen nach dem Motto »so wichtig ist es mir ja eigentlich gar nicht«. Oder zu einem pseudo-selbstironischen Habitus, bei dem das eigene Interesse durch entsprechende Floskeln »witzig« relativiert wird, wie zum Beispiel: »Ich bin halt etwas eitel.« Tatsächlich werten Sie allerdings die Substanz und Berechtigung Ihres Interesses deutlich ab. Folge: Ihr Interesse wird nicht mehr ernst genommen und kann von anderen leicht übergangen werden: »Ja, wenn's nur um die Eitelkeit geht …«

Führungskräfte mit dieser Neigung sind meist diplomatisch, versuchen, wenig Angriffsfläche zu bieten, und bewirken von sich aus selten Konflikte. Geht es um die Vertretung von Interessen der Abteilung oder des Projekts oder das Durchsetzen von Forderungen, tun sie sich emotional schwer. Ihre Art zu verhandeln ist pflegeleicht, produziert kaum Reibungen und Spannungen, wirkt zwar kollegial, bleibt aber ohne Stärke. Unbefriedigende Ergebnisse werden einfach »geschluckt«. Die Mitarbeiter leiden am mangelnden Durchsetzungsvermögen des Chefs.

## Muster B: Das gehört sich nicht!

Sie berücksichtigen weder wirklich ernsthaft die Gefühle und Bedürfnisse anderer noch Ihre eigenen. Motto: Weil nicht sein kann, was nicht sein darf!

Hier werden eine Neigung und ein Verhaltensmuster charakterisiert, das auf flüchten, »Augen verschließen« und »so tun als ob« hinausläuft. Dies bedeutet nicht nur Verzicht auf die Vertretung des eigenen Interesses, sondern auch die fehlende Bereitschaft, die Differenz dem Konfliktpartner überhaupt sichtbar zu machen. Führungskräfte mit diesem Muster lassen ihren Mitarbeitern meist viel Freiraum und neigen dazu, Spannungen zu ignorieren, in der Hoffnung, dass sie sich von selbst lösen. Das tun sie aber meist nicht, sondern die Spannungen bleiben, verstärken sich eher, vermiesen auch anderen das Klima und werden eventuell zu einer unterschwellig schwelenden und andauernden Reibungsfläche.

Bei kontroversen Entscheidungen erfolgt nicht selten die Flucht in die Rückdelegation oder sie werden aufgeschoben, selbst wenn Mitarbeiter darauf drängen. Das Muster erweist sich häufig als deutlich angstbesetzt, getrieben zum Beispiel vom intensiven Wunsch, gemocht zu werden, und der Angst vor der Beschädigung von Beziehungen, manchmal auch Ausdruck einer starken Gebundenheit an formelle Normen – Typ »Das gehört sich nicht, das sagt man nicht, das zeigt man nicht« –, von übertriebener Höflichkeit, eventuell auch »sozialer Unterlegenheit«. Dies betrifft ebenfalls die Tabuisierungen. Typisches Beispiel dafür ist die Political Correctness. Oder ein Vorgesetzter, der ein bestimmtes Thema dadurch tabuisiert, dass er etwa äußert: »Darüber möchte ich hier nie mehr sprechen müssen, und ich möchte, dass Sie dies auch nicht mehr tun!«

## Muster C: Ich habe Recht!

Sie wollen sich durchsetzen – koste es, was es wolle.

Diese Neigung ist geprägt von Kampf- und Sportgeist. Konflikte eignen sich gut als Anlass zum Kampfsport, zum lustvollen »Sich-Messen« oder auch bitteren Spiel »Wer ist der Stärkere, der Bessere« oder »Wer hat Recht«. Es geht um das Durchsetzen des eigenen Anspruchs, um Macht und Anerkennung, manchmal auch ums Gewinnen oder sogar »Besiegen«. Personen dieser Neigung setzen eine höhere Schwelle für das, was sie als Konflikt ansehen. Typische Merkmale sind Ungeduld, wenn es nicht schnell genug, und aggressiver Ärger, wenn es nicht in die gewünschte Richtung geht.

Nach außen werden Abteilungsinteressen entschieden bis robust vertreten. In einem politisch empfindlichen Projekt ist diese Art zu konfrontieren allerdings manchmal wenig förderlich, und die Gewohnheit, unangenehme Dinge immer unmittelbar und unverpackt anzusprechen, kann auf »glattem Parkett« durchaus zu Ausrutschern oder zum Sturz führen.

Diese Grundaggressivität ist auch die Energiequelle, der Treibsatz für das weitere Konfliktgeschehen. Sie mobilisiert und konzentriert alle Kräfte. Als Team- oder Projektleiter beanspruchen solche Personen klar Führung. Im Management wird diese Neigung gerne als Durchsetzungsstärke oder »Biss« gehandelt, privat spricht man eher davon, dass jemand »die Dinge in die Hand nimmt«, vielleicht auch, dass mit ihm »nicht gut Kirschen essen« ist oder dass man »gehörigen Respekt« vor ihm hat.

## Muster D: Wir können nur gemeinsam eine Lösung finden!

Die Gefühls- und Interessenlagen aller Betroffenen werden gleichwertig behandelt.

Wenn Sie hier Ihren deutlich höchsten Wert erreicht haben, sollten Sie Ihre Antworten sicherheitshalber daraufhin überprüfen, ob nicht Wunsch-, Soll- und Idealvorstellungen stark in Ihre Antworten eingeflossen sind und ob Ihre Markierungen wirklich Ihr übliches Alltagsverhalten spiegeln. Der unter D typisierte Konfliktstil ist gekennzeichnet durch ein partnerschaftliches und kooperatives Verhaltensmuster, das die Fähigkeit zur Einfühlung in die Situation und Interessenlage des Konfliktpartners, das Bemühen, diese wirklich zu verstehen, die Bereitschaft, intensiv zuzuhören und sich in Geduld zu üben, betont. Im betrieblichen Alltag sind dies häufig fast überirdische Eigenschaften. Die betreffenden Führungskräfte scheinen im Reinen mit sich selbst und ihren Gefühlen, haben meist ein breites Repertoire an Handlungsmöglichkeiten und keine allzu dominante Neigung in ihrem Verhalten. Auch bei konflikthaften Gelegenheiten ist ihre Haltung ausgewogen, von Respekt und Verständnis, aber auch von der notwendigen Klarheit geprägt. Impliziertes Ziel ist ein fairer Interessenausgleich. Der Weg dahin ist geprägt von dem Bestreben, die Interessen des Gegenübers gleichwertig neben die eigenen Interessen zu stellen und bei der Entwicklung einer Lösung zu kooperieren, Kompromisse mitzutragen und dabei auch auf Teilumfänge der eigenen Ansprüche zu verzichten. Die Amerikaner haben dafür den Begriff des Win-win geprägt, auch wenn wirkliche Win-win-Lösungen meist nur zu realisieren sind, wenn zusätzliche Interessenbereiche kreativ einbezogen werden können oder Dritte Kompromiss-Lasten zu übernehmen bereit sind. Dennoch, auch wenn lediglich erreicht wird, dass beide Seiten einfach zufrieden sind und sich wechselseitig respektieren und sich fair behandelt fühlen, halten wir Win-win für geglückt.

## Interessante Kombinationen

Suchen Sie Ihren höchsten Wert. Dies kann eventuell auch der niedrigste Minus-Wert sein. Die Neigung, die dieser Wert kennzeichnet, könnte ein Muster abbilden, in dem Sie sich am stärksten wiedererkennen oder in dem Sie sich am häufigsten wiederfinden – egal ob Ihnen dieses Muster nun gefällt oder nicht. Nehmen Sie nun Ihren zweithöchsten Wert. Dieser könnte das Muster abbilden, zu dem Sie greifen, wenn Sie mit Ihrem bevorzugten Muster nicht weiterkommen. Wenn Sie diese beiden Neigungen zueinander in Beziehung setzen, entstehen dynamische Muster und Verhaltensketten. Zwei Beispiele dafür:

### Ihr Erst-Stil ist D, Ihr Zweit-Stil ist C: Erst anschleimen, dann zuschlagen

Ihre persönliche Begründung dafür lautet: »Ich versuche immer als Erstes, zu kooperieren und die Dinge im beiderseitigen Einvernehmen zu erledigen. Aber bei manchen Menschen führt das nicht weiter. Dann, und erst dann, kann ich auch anders!«

Aus der Perspektive Ihrer Mitarbeiter oder Kollegen ergibt sich eventuell ein völlig anderes Bild. Vielleicht warnt ein Kollege einen anderen mit den Worten: »Bei Mr. X musst du sehr aufpassen, der ist heimtückisch. Der schleimt sich zunächst kooperativ an dich ran, und wenn du dann nicht zu allem Ja und Amen sagst, holt er den Knüppel aus dem Sack.«

## Ihr Erst-Stil ist C, Ihr Zweit-Stil ist D: Raue Schale, weicher Kern!

Ihre persönliche Begründung: »Man muss erst zeigen, dass man auch die harte Auseinandersetzung nicht scheut; dann ist ein Grund-Respekt da und die Kooperationsbereitschaft ergibt sich fast zwangsläufig von selbst.«

Unter den Mitarbeitern oder im Kollegenkreis kursiert vielleicht eine ganz andere Version: »Wenn Mr. X etwas durchsetzen will, baut er erst einmal ›Männchen‹ und spielt den ›wilden Mann‹. Da mach dir mal nichts draus, sondern lass ihn sich austoben. Und sag ja nichts zu. Nach einiger Zeit wird er ganz lieb und gibt nach.«

Es hält Sie niemand davon ab, sich auf geeignete Weise Informationen darüber zu beschaffen, wie die Mitarbeiter, Kollegen oder auch Vorgesetzte Sie diesbezüglich einschätzen.

Kapitel 7

# Mein emotionales Antriebssystem

## Worum geht es?

Wir haben in den ersten Kapiteln dieses Buches beschrieben, welche Rolle Gefühle in unserem Verhalten und bei unseren Entscheidungen spielen. Wir haben dies auch auf dem speziellen Hintergrund der Herausforderungen konkretisiert, die sich im Rahmen der Veränderungen in Unternehmen vielfach für Change Manager ergeben.

Wir haben hier bewusst eine Kollektion aus Gefühlen, Neigungen und damit auch Motivationen nach dem Kriterium zusammengestellt: *Was steuert in der beobachtbaren Praxis häufig Change Manager emotional in ihrem Verhalten und ist damit auch Ursache für das Gelingen oder auch Scheitern ihrer Vorhaben?*

Mit dieser Übung möchten wir Ihnen die Möglichkeit geben,

- zu reflektieren, in welcher Weise und wie stark Gefühle und grundlegende Neigungen Ihr Verhalten beeinflussen und steuern;
- Ihre speziellen Triggerpunkte zu identifizieren und sich bewusst zu machen, wie diese von Menschen in Ihrem Umfeld benutzt werden können, um Sie zu beeinflussen;
- durch Selbstreflexion Ihren Willen und Ihre Fähigkeit zu verstärken, aufmerksamer auf die Gefühle der Menschen aus Ihrem Umfeld zu achten, um zu erkennen, welche Gefühle ihrem Verhalten zugrunde liegen (können), als Bedingung der Möglichkeit, sie dort abzuholen beziehungsweise diese Gefühle zu beiderseitigem Nutzen zu berücksichtigen;
- durch höhere Achtsamkeit und verstärkte Bewusstheit die Voraussetzung zu schaffen, eigene Emotionen besser zu steuern, sie zu beherrschen, das heißt im wahrsten Sinn des Wortes Herr über sie zu werden

und sich dadurch in die Lage zu versetzen, die eigenen Emotionen und die Gefühlslage der anderen Beteiligten gezielt zu beeinflussen;

- insgesamt Gefühle als Signale zu verstehen, die Sie auf Ihre Bedürfnisse, deren mangelnde oder geglückte Befriedigung, verweisen – und dieses Signalsystem gebührend zu beachten.

## Spinne zur Selbsteinschätzung

Wir haben unterschiedliche Reaktionsmuster, je nachdem ob wir entspannt sind oder angespannt, ob wir unter Stress stehen oder locker im »Normalbetrieb« laufen.

Bitte positionieren Sie sich in der Darstellung von Abbildung 11 (unter Zuhilfenahme von Abbildung 10), und zwar in unterschiedlichen Farben in Bezug auf zwei verschiedene Zustände:

1. In »normalen« Situationen ohne spezielle Herausforderungen (grün)

2. In belastenden Situationen, in denen Sie unter starkem Druck stehen (rot)

Diese Positionierung kann Ihnen als Kompass dienen, um zu entscheiden, über welche Aspekte Sie sich speziell Rechenschaft ablegen wollen, um einerseits besser auf Ihr eigenes Wohlergehen achten und sich zudem die Auswirkungen Ihrer persönlichen Befindlichkeit auf andere nachdrücklicher bewusst machen zu können.

Dazu verwenden Sie bitte folgenden Bewertungscode:

0 Prozent: Kein Antrieb aus dieser Quelle zu verspüren.

25 Prozent: Diese Emotion/Stimmung ist mir zwar prinzipiell vertraut, kommt aber eher selten bei mir vor.

50 Prozent: Diese Emotion/Stimmung kenne ich gut, sie kommt relativ häufig bei mir hoch.

75 Prozent: Diese Emotion/Stimmung ist ein essenzieller Teil meiner Identität – und auch nach außen kaum zu verbergen.

100 Prozent: Diese Emotion/Stimmung hat mich so stark im Griff, dass sie mich in meiner ganzen Art prägt und im Grunde auch nie loslässt.

**Achtsamkeit,**
Aufmerksamkeit (awareness), Einfühlungsgabe, Anteilnahme, Wohlwollen,
Verständnisbereitschaft, Behutsamkeit

☐      ☐      ☐      ☐      ☐
0 %      25 %      50 %      75 %      100 %

**Neugierde und Tatendrang**
aufgeschlossen, ungeduldig, Forschungseifer, Wissbegier, Fragelust, Interesse,
voller Spannung, ehrgeizig, energiegeladen, initiativ, mutig

☐      ☐      ☐      ☐      ☐
0 %      25 %      50 %      75 %      100 %

**Egoismus**
Gewinnsucht, Geiz, rücksichtslos, eigennützig, selbstsüchtig, selbstherrisch,
egozentrisch

☐      ☐      ☐      ☐      ☐
0 %      25 %      50 %      75 %      100 %

**Dominanz**
Herrschsucht, Vorrang, Willkür, Geltungsbedürfnis, Arroganz, überheblich,
eingebildet, dreist, unverfroren

☐      ☐      ☐      ☐      ☐
0 %      25 %      50 %      75 %      100 %

**Bedürfnis nach Zugehörigkeit**
Kontaktbedürfnis; eine Aufgabe allein voranzutreiben erfüllt mich nicht. Auch bei
Entscheidungen beziehe ich deshalb, soweit es geht, die Betroffenen mit ein.

☐      ☐      ☐      ☐      ☐
0 %      25 %      50 %      75 %      100 %

**Kommunikationsbedürfnis**
verstehen wollen, was andere Menschen denken und in ihrem Handeln bewegt –
und interessiert sein, wie es ihnen mit mir und meinem Handeln geht

☐      ☐      ☐      ☐      ☐
0 %      25 %      50 %      75 %      100 %

**Entschlusskraft**
auch bei unpopulären Maßnahmen und in unsicheren Situationen

☐      ☐      ☐      ☐      ☐
0 %      25 %      50 %      75 %      100 %

## Konfliktfähigkeit und Fairness
sich gerne offen und direkt mit unterschiedlichen Meinungen, Sichtweisen und Interessen auseinandersetzen; Konflikte nicht verdrängen, sondern offen und fair austragen

| □ | □ | □ | □ | □ |
|---|---|---|---|---|
| 0 % | 25 % | 50 % | 75 % | 100 % |

## Indifferenz
Gegebenheiten gleichgültig hinnehmen, ohne diese zu werten oder sich dafür zu interessieren

| □ | □ | □ | □ | □ |
|---|---|---|---|---|
| 0 % | 25 % | 50 % | 75 % | 100 % |

## Harmoniebedürfnis
Bedürfnis nach Ausgeglichenheit, Scheu vor Konflikten

| □ | □ | □ | □ | □ |
|---|---|---|---|---|
| 0 % | 25 % | 50 % | 75 % | 100 % |

## Streitsucht
rechthaberisch, streitlustig, bissig, provokant, aggressiv, zwieträchtig

| □ | □ | □ | □ | □ |
|---|---|---|---|---|
| 0 % | 25 % | 50 % | 75 % | 100 % |

## Zuversicht
Freude, glücklich, heiter, zufrieden, optimistisch, guter Dinge, guter Stimmung, einfach gut drauf sein, in sich ruhend, mit sich im Reinen, gelassen

| □ | □ | □ | □ | □ |
|---|---|---|---|---|
| 0 % | 25 % | 50 % | 75 % | 100 % |

## Revierverhalten
Konkurrenz, Neid, Eifersucht, Rivalität

| □ | □ | □ | □ | □ |
|---|---|---|---|---|
| 0 % | 25 % | 50 % | 75 % | 100 % |

## Ambivalenz
mehrdeutig, zwiespältig, zögerlich, launisch, unbeständig, inkonsequent, wankelmütig, kapriziös, unzuverlässig, sprunghaft, unberechenbar

| □ | □ | □ | □ | □ |
|---|---|---|---|---|
| 0 % | 25 % | 50 % | 75 % | 100 % |

## Wut
Unzufriedenheit, Hass, Zorn, Ärger, Schadenfreude, Häme, Rachsucht

| □ | □ | □ | □ | □ |
|---|---|---|---|---|
| 0 % | 25 % | 50 % | 75 % | 100 % |

**Verzagtheit**
niedergeschlagen, mutlos, freudlos, bedrückt, depressiv, zaghaft, traurig

☐                    ☐                    ☐                    ☐                    ☐
0 %                  25 %                 50 %                 75 %                 100 %

**Misstrauen**
vorsichtig, absichernd, auf der Hut

☐                    ☐                    ☐                    ☐                    ☐
0 %                  25 %                 50 %                 75 %                 100 %

**auf Ausgleich aus**
versöhnen, vermitteln, schlichten, Frieden stiften

☐                    ☐                    ☐                    ☐                    ☐
0 %                  25 %                 50 %                 75 %                 100 %

**Angst**
vorsichtig, sich sorgen, befürchten, Panik

☐                    ☐                    ☐                    ☐                    ☐
0 %                  25 %                 50 %                 75 %                 100 %

**Stolz**
überheblich, eingebildet

☐                    ☐                    ☐                    ☐                    ☐
0 %                  25 %                 50 %                 75 %                 100 %

**Sicherheitsbedürfnis**
Wunsch nach Klarheit, Eindeutigkeit, Ordnung, Absicherung

☐                    ☐                    ☐                    ☐                    ☐
0 %                  25 %                 50 %                 75 %                 100 %

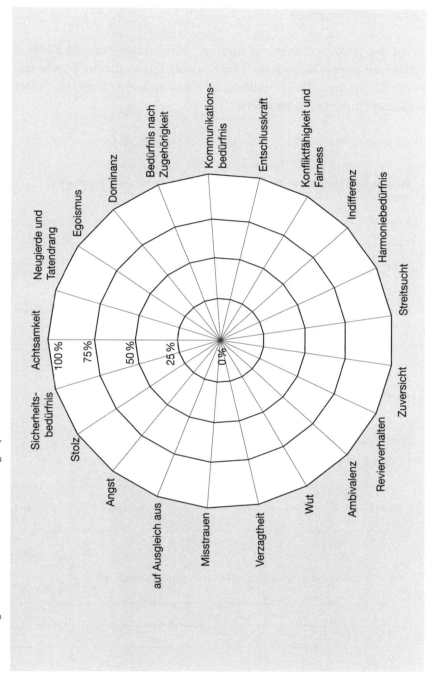

Kommunikations-
bedürfnis

Bedürfnis nach
Zugehörigkeit

Dominanz

Egoismus

Neugierde und
Tatendrang

Achtsamkeit

Sicherheits-
bedürfnis

Stolz

Angst

auf Ausgleich aus

Misstrauen

Verzagtheit

Wut

Ambivalenz

Revierverhalten

Zuversicht

Streitsucht

Harmoniebedürfnis

Indifferenz

Konfliktfähigkeit und
Fairness

Entschlusskraft

100 % 75 % 50 % 25 % 0 %

# Befund und Resümee

Bevor Sie diese Auswertung machen, können Sie zum Abgleich Ihres Selbstbildes einen Mitarbeiter oder Kollegen bitten, diesen Einschätzungsbogen für Sie auszufüllen – allerdings ohne ihn vorher über Ihre Selbsteinschätzung in Kenntnis zu setzen.

**Abbildung 12: Einschätzungsbogen emotionale Reaktionsmuster**

**Welche Gefühle und Neigungen bilden die Basis und den Kern meiner Energie?**

_____

_____

_____

**Welche Gefühle und Neigungen kommen mir speziell bei Change-Projekten in die Quere?**

_____

_____

_____

**Persönliche Triggerpunkte**

O die bei mir (spontan) bestimmte Emotionen/Neigungen auslösen

_____

_____

_____

O womit andere bei mir bestimmte Reaktionen auslösen können

_____

_____

_____

**Wesentliche Ansatzpunkte**, bei denen es sich lohnen würde, etwas zu unternehmen:

1. Aus meiner eigenen Sicht:

_____

_____

_____

2. Aus Sicht meines Umfeldes:

_____

_____

_____

Kapitel 8

# Umgang mit Macht und Mächtigen

## Worum geht es?

Wer verändern will, muss Einfluss wahrnehmen oder, direkter gesagt, Macht ausüben. Macht gehört – ähnlich wie Geld und Sexualität – in bestimmten Kreisen noch relativ stark in die Tabuzonen des gesellschaftlichen Lebens. Statt selbst Verantwortung zu übernehmen, stellen manche lieber normative Erwartungen an »die da oben« – Vorgesetzte, Staat, Eltern, Schule, Kirchen etc. – und beklagen, dass die Erwartungen nicht erfüllt werden. Von oben vorgegebene Ordnungen werden sehr schnell anerkannt, ohne sie näher zu überprüfen. Das wissen und damit kalkulieren alle, die an die Macht kommen oder sich an der Macht halten wollen. Wer sich mit dem Thema Macht intensiver auseinandersetzen will, dem sei das kleine Buch von Heinrich Popitz »Prozesse der Machtbildung« empfohlen.

Wir möchten Ihnen zunächst einige wesentliche Aspekte zum Thema Macht aufzeigen und Sie im Anschluss daran mithilfe einer Checkliste anleiten, Ihr Verhältnis zur Macht zu reflektieren – und gegebenenfalls daraus Folgerungen im Hinblick auf Ihre Kompetenz als Change Manager abzuleiten. Falls Ihnen das Thema vertraut ist, können Sie gleich zur Frageliste (Abbildung 15) weitergehen.

## Grundsätzliches zum Thema Macht

### Ohne Macht kann man nichts machen

Der Mensch hat das Grundbedürfnis zu überleben. Daraus ergibt sich das Bestreben, sich Raum zu nehmen, um sich zu entfalten – und der Wunsch, den gewonnenen Raum und die dadurch erwirkte Entfaltungsmöglichkeit sicherzustellen. Dieses Grundbedürfnis kann er auf zwei Arten gewährleisten: Entweder er schafft sich diesen Raum selbst oder er delegiert diese Aufgabe an eine andere Funktion oder Person und unterwirft sich deren Spielregeln.

## Frühe Wurzeln sitzen tief

Die innere Einstellung zur Macht und der Umgang mit eigener und fremder Macht sind mit einiger Wahrscheinlichkeit sehr früh grundgelegt. Jede Art von Erziehung kann auch als eine Form gegenseitiger Machtausübung gesehen werden. Insofern verspürt jeder bereits als kleines Kind Macht am eigenen Leib und an der eigenen Seele – aktiv und passiv. Und das zu einer Zeit, wo sich das Kind körperlich und psychisch nur begrenzt wehren kann und deshalb in mehrfacher Weise emotional erpressbar ist: Es bedarf nicht nur der regelmäßigen körperlichen Nahrungszufuhr, Fürsorge und Pflege, sondern gerade auch emotionaler Zuwendung. Andererseits lernt das Kind sehr früh, wie es gelingen kann, das zu erreichen, was man unbedingt und möglichst ohne Verzögerung will. Beide Parteien erproben ihre Machtstrategien einerseits aktiv und erleben sich andererseits als Adressaten der Machtstrategien der anderen: Die Erwachsenen wollen ein braves, sprich angepasstes Kind – und dieses lernt, sich auf seine Art zu unterwerfen, zu wehren oder zu Wort zu melden.

Spätere Korrekturen an diesen Grunderlebnissen und daraus resultierenden Grundmustern werden nicht so ohne weiteres zu bewerkstelligen sein.

## Ohne Macht kein Unternehmertum

Jegliche Art von Unternehmertum lebt von einem natürlichen Verhältnis zur Macht. Unternehmerisch handeln bedeutet allerdings, den Mut zu haben, in ein bestehendes Interessengefüge »störend« einzugreifen.

Speziell in Zeiten knapper Ressourcen, gesättigter Märkte und sich schnell ändernder Rahmenbedingungen hängt Erfolg häufig davon ab, nicht nur richtig, sondern vor allem auch schnell zu handeln, um dem immer vorhandenen Wettbewerb voraus zu sein.

Ebenso setzen Unternehmen, die sehr viel Selbstorganisation und damit Selbstverantwortung und Selbststeuerung verlangen, einen natürlichen Umgang mit Macht voraus – weil immer weniger Verantwortung nach oben oder auf Zwischenhierarchien abgeschoben werden kann.

## Wie zeigt sich Macht?

Bei der Betrachtung von Macht wird der Fokus häufig auf die Dimension Entscheidungsmacht im Rahmen von hierarchischen Positionen gelegt. Wir sind der Überzeugung, dass Macht weit über den Rahmen von Hierarchie hinaus eine zentrale Rolle spielt. Denn Macht zeigt sich in sehr unterschiedlichen Dimensionen:

### Rollen und Positionen

Macht wird grundsätzlich benötigt, um an Rollen oder Positionen geknüpfte Erwartungen einlösen zu können. Deshalb sind diese immer auch mit einer ganz spezifischen Macht ausgestattet. Ihr Gebrauch muss vom Grundprinzip her bis zu einem gewissen Grad im Einzelnen nicht gerechtfertigt werden. Ein Streifenbeamter hat eben das Recht, nach den Ausweispapieren zu fragen, ein Lehrer darf erwarten, dass der Schüler sich prinzipiell ihm gegenüber als Lernender versteht, ein Vorgesetzter hat nicht nur die Pflicht, sondern das Recht, sich um seine Mitarbeiter zu kümmern.

### Funktionen

Je nach Marktwert, persönlicher Lage oder unternehmerischen Erfordernissen wird bestimmten Funktionen mehr oder weniger Macht zugesprochen: Der IT-Manager wird in der einen Firma lediglich als Kostenfaktor angesehen, in einer anderen als Schlüsselfigur, ohne die nichts läuft.

## Kompetenz

In unserer Zeit, geprägt von permanentem unternehmerischem Wandel, starkem Wissenszuwachs und hoher Flexibilitätserwartung an die beteiligten Menschen, gilt in vielen Unternehmen das Modell: der Einzelne als selbstverantwortlicher Unternehmer seiner selbst mit dem Konzept, die persönliche Kompetenz als inhaltlich-fachliches Expertenwissen und Können fortlaufend zu ergänzen und zu ersetzen – und der Kompetenz, dieses Wissen und Können optimal zu vermarkten.

## Regelungen und Prozesse

Regelungen und Prozesse ermöglichen und schränken ein; Geschäftsprozesse beschreiben und schreiben letztendlich vor, wer mit wem in welcher Weise, wann und zu welchem Zweck zu kommunizieren und zu kooperieren hat – und wie viel Ressourcen ihm dazu zur Verfügung stehen.

## Strukturen

Strukturen bedeuten in aller Regel Festlegungen auf längere Zeit, mit Positionen, die dazu dienen, diesen Zustand zu sichern. Auf diesem Weg sind Kommunikations- und Entscheidungswege, Karrierepfade und Beförderungsrichtlinien gleichsam zementiert, dadurch natürlich auch Wertigkeiten definiert oder interpretiert – sowohl für diejenigen, die drinnen, als auch diejenigen, die draußen sind, sowohl für diejenigen, die oben, als auch diejenigen, die unten sind.

## Mikropolitik

Wo verlässliche Rollen, Strukturen und Karriereentwicklungsprozesse nicht mehr die gewohnten Mittel und Wege bieten, um sich den Gestaltungsraum zu schaffen, der den eigenen Vorstellungen entspricht, gilt es mehr und mehr, die Dinge in eigener Verantwortung in die Hand zu nehmen. Immer mehr Organisationen ermutigen ihre Mitglieder, sich unkonventioneller Mittel zu bedienen, um sowohl anstehende Probleme schnell zu lösen als auch sich selbst im Unternehmen gut sichtbar zu machen. Die zeitgemäße Form dafür: Netzwerken!

## Persönlichkeit

Es kommt immer auch noch auf die Wirkung und die Ausstrahlung des Macht-Inhabers an – in einem breiten Spektrum von Unscheinbarkeit, Souveränität bis zu alles überstrahlendem Charisma.

## Deutungsmacht von Experten

So wie Hierarchen auf der Basis ihrer Position oder Gurus auf der Basis ihres Charismas erheben immer häufiger Experten auf der Basis ihrer Professionalität den Anspruch auf Deutungshoheit.

## Dienst als sublimste Art der Machtausübung

Eine ganz spezielle Art von Macht, die sich demonstrativ im Gewand der Dienstleistung oder der moralischen Vertretung der Armen so versteckt, dass sie jederzeit ihre eigentliche Oben-Rolle aufdecken kann: früher der Herrscher, der sich im Bettlergewand oder als normaler Bürger verkleidet unter das Volk mischt, um später zu offenbaren, wie sehr ihm daran gelegen ist, Rückmeldungen und Anregungen zu bekommen, wie das Volk regiert werden will; heute der Manager oder Vorstand, der im Gewand eines einfachen Angestellten oder Kunden sein Unternehmen durchstreift, um Schwachstellen zu entdecken – und um klarzumachen: Mir wird nichts entgehen; Manager, die ihr ganzes Sinnen und Trachten angeblich am Wohl des Unternehmens ausrichten usw. Alle allerdings mit einer Gemeinsamkeit: Erwartet wird zumindest Dankbarkeit und damit eine spezielle Form der Unterwerfung.

## Widerstand und Blockademacht

In der Regel geht es darum, dass die eigenen Interessen nicht genügend berücksichtigt scheinen. Es gibt die offene Blockade und eine Vielzahl von Formen der viel häufigeren verdeckten Blockaden, zum Beispiel Schweigen, gezieltes Missverstehen, »Dienst nach Vorschrift«.

Die hier skizzierten Formen von Macht können in unterschiedlicher Weise gemischt sein – und sich dadurch nochmals wechselseitig beeinflussen, sich gegenseitig potenzieren oder auch lahmlegen: So kann zum Beispiel die persönliche Souveränität einer Person die Macht oder Ohnmacht einer Position, die sie innehat, fast völlig vergessen lassen. Es gibt große patriarchalische Führer, denen man ob ihrer Weisheit und ihrer Fürsorge fast alle direktiven Eingriffe verzeiht. Und es gibt Menschen, die eigentlich für die Fürsorge zuständig sind, auf deren Hilfe man aber wegen ihrer Herrschsucht und Regelungswut am liebsten verzichten würde.

## Zusammenfassung

Macht hat, wem es gelingt, den

- Empfindungs-,
- Bedürfnis-,
- Denk-,
- Wahrnehmungs-,
- Deutungs-,
- Bewertungs-,
- Entscheidungs- und
- Verhaltensspielraum

anderer gezielt zu beeinflussen – auch gegen deren Willen beziehungsweise ohne dass sie es bemerken.

## Wie funktioniert Macht?

- Macht ist auf Mitspieler angewiesen. Jede Macht ist als Versuch der gezielten Beeinflussung anderer von ihrem Wesen her interdependent. Das heißt, sie ist auf der einen Seite der Versuch, in den Steuerungsbereich anderer einzudringen, und andererseits kann dieser Anspruch abgewehrt, zumindest muss er innerlich nicht akzeptiert werden. Die Macht lebt davon, dass die Adressaten den Versuch der Beeinflussung freiwillig oder gezwungenermaßen akzeptieren. Ohne Akzeptanz der Adressaten gibt es auf Dauer keine Macht. Ein Vorgesetzter ohne Untergebene, die zu folgen bereit sind, ist wie ein Offizier ohne Soldaten, für die es selbstverständlich ist zu gehorchen, oder wie ein Herrscher ohne Volk, das bereit ist, sich regieren zu lassen.
- Mächtige kalkulieren immer mit der Tendenz der Bereitschaft zur Selbstentwertung und Selbstunterwerfung der Machtlosen und Unterprivilegierten – und das meist mit Erfolg.
- Auch ungerechte Formen von Macht werden nicht selten erduldet, weil sie immerhin Ordnungssicherheit bieten, das heißt, man weiß wenigstens, wie man dran ist. Das löst auch einen Teil des Rätsels, warum sich Diktaturen (auch in Unternehmen) häufig so lange halten können.
- Wenn Mächtige sich von Menschen oder Gruppen bedroht fühlen, versuchen sie sich unter anderem dadurch vor dem drohenden Machtverlust zu schützen, dass sie diejenigen, die sie bedrohen, partiell an ihrer Macht teilhaben lassen. Dies ist aber bei Licht besehen keine Abgabe von Macht, sondern eine raffinierte Form, durch diese Beteiligung einen Schutzwall um sich herum aufzubauen – denn Beteiligte sind dankbar und haben nun ein eigenes Interesse daran, dass die bestehende Machtkonstellation möglichst lange aufrechterhalten bleibt.
- Die Besitzenden sind schnell dabei, sich zu solidarisieren, um ihren Besitz gegenseitig zu sichern, nicht selten durch demonstrierte Selbstverständlichkeit.
- Die Besitzlosen haben eine prinzipielle Startschwierigkeit, sich zu organisieren, weil sie sich nichts zu bieten haben – beziehungsweise solange sie dies glauben. Solidarität auf zukünftigen Gewinn hin ist allemal schwieriger als Solidarität auf der Basis aktuell vorhandenen Besitzes.

Überraschend viele Menschen beklagen oder empören sich über diejenigen, die an der Macht sind, und übersehen dabei, dass sie selbst es sind,
die ihnen die Macht geben (Interdependenz). Sie haben sich nie richtig
damit auseinandergesetzt, wie sie ihr eigenes Machtpotenzial identifizieren und dazu nutzen könnten, die Dinge selbst »besser« zu machen.
Vielleicht wollen sie dies auch nicht, weil sie sich, wie es so schön heißt,
die Hände nicht schmutzig machen wollen.

## Persönliche Einschätzung: Ich und die Macht

Die folgenden Leitfragen dienen dazu, sich bewusst zu machen,

• welches grundsätzliche Verhältnis Sie zum Thema Macht haben,
• wie gut Sie bislang Ihr eigenes Machtpotenzial kennen und nutzen,
• inwieweit Sie sich von anderen vereinnahmen lassen, ohne zu überprüfen,
  ob Sie das so wollen, und, falls nicht, wie Sie sich auskoppeln können,

um auf der Basis Ihrer Erkenntnisse den eigenen Gestaltungsspielraum
gegebenenfalls besser zu nutzen – und auszubauen.

Abbildung 13: Fragebogen zum Thema Macht

○ **Wie stehe ich innerlich zum Thema Macht:**
  • Ich bin eher machtgeil. Ich verspüre vielfach einen starken Wunsch nach
    Macht.
  • Wenn es irgendwie geht, flüchte ich davor, Macht auszuüben. Mir geht es
    nicht gut, wenn ich in einer Machtposition bin. Es strengt mich an und gibt
    mir wenig.
  • Ich verspüre bei mir eine regelrechte Tendenz, mich immer wieder klein zu
    machen und mich anderen unterzuordnen.
  • Mein Verhältnis zur Macht und der Wunsch, Einfluss zu nehmen, hängen von
    der jeweiligen Situation ab. Ich betrachte mich als flexibel, nicht festgelegt.
  • Ich habe Freude daran, Macht zu übernehmen und auch auszuüben.

○ **Ich kann mir auf dem Hintergrund meiner Erziehung und Entwicklungsgeschichte ganz gut erklären, wie mein Verhältnis zur Macht entstanden ist:**
  _____
  _____
  _____

☺ **Wo habe ich ungenutzte Potenziale, um andere zu beeinflussen:**
  - ☺ Positionen und Rollen:
  - ☺ Funktion (⇨ Marktwert):
  - ☺ Kompetenzen:
    - ↳ <u>fachlich:</u>
    - ↳ <u>sozial:</u>
  - ☺ Regelungen und Prozesse:
  - ☺ Strukturen:
  - ☺ Mikropolitik (⇨ Netzwerke):
  - ☺ Persönlichkeit (⇨ Ausstrahlung):
  - ☺ Deutungsmacht (⇨ Expertenrolle):
  - ☺ Dienst als sublimste Art der Machtausübung
  - ☺ Widerstand und Blockade:
  - ☺ *Was habe ich zu bieten*, was **kostbar, gefragt und rar** ist – und somit als Potenzial für Machtbildung dienen kann – und wie gut habe ich das bislang »auf den Markt gebracht«?

☺ Wie kann ich (noch mehr) **Gleichgesinnte** gewinnen, sodass wir uns gegenseitig in unseren Ansprüchen bestätigen und dadurch nach außen *demonstrativ eine beeindruckende Selbstverständlichkeit unserer Ansprüche* an den Tag legen können?

☺ Wie und wo könnte ich die *generelle Akzeptanz und das Zutrauen*, das man mir bekundet, als Basis nutzen, um Dinge in Bewegung zu bringen, die andere aus meinem Umfeld veranlassen könnten, mir zu folgen?

☺ Wo lasse ich mich von anderen für deren Zwecke instrumentalisieren?
  - Wie weit unterstütze ich deren Ziele aus Überzeugung?
  - Wie weit habe ich einen persönlichen Nutzen von dieser Vereinnahmung?
  - Wie weit ist mir das gleichgültig?
  - Wie weit bin ich eigentlich dagegen?

☺ Auf welche Weise könnte ich mich nicht gewollten Vereinnahmungen entziehen?

☺ **Welche Kompetenz wird zurzeit im Unternehmen generell benötigt** – und wo und wie könnte ich mein Potenzial konkret einbringen?

☞ Welches Fazit ziehen Sie insgesamt aus diesen Überlegungen – und wie zufrieden sind Sie damit?

☞ Gestalten Sie für sich ein Bild mit dem Titel »Ich und die Macht«.

Kapitel 9

# Der Konfliktmanager als Ringrichter und Vermittler

Konflikte, die in Unternehmen relevant sind, entwickeln sich immer dann, wenn Verunsicherungen, Unklarheiten und Divergenzen bei Zielen, Absichten und Interessen auftreten. Auch zwischen der Linienorganisation und Projekten oder zwischen hierarchischen Ebenen lassen sich typische unterschiedlich vorgeprägte Themen und Muster aufzeigen, die im Aufeinandertreffen Irritationen, Störungen und regelmäßig auch Konflikte generieren.

So vielfältig die Anlässe und Themen von Konflikten sein können, sind es auch die Ursachen, die bei einer Meinungs- oder Interessendifferenz eine Kontroverse auslösen. Aber Konflikte sind nicht grundsätzlich negativ zu bewerten. Sie sind auch nützlich! Sie wecken auf, weisen auf Probleme hin, verhindern Stagnation, begünstigen Selbsterkenntnis der Beteiligten. Sie führen häufig zu neuen Lösungen und können sinnvolle Veränderung bewirken.

Konflikte tragen also nicht nur das Potenzial destruktiver Entwicklungen in sich, sondern auch die Ansatzpunkte zu einer Lösung. Damit diese genutzt werden und der Konflikt nicht toxisch eskaliert, ist es günstig, die Bewältigung des Konflikts zu strukturieren und zu lenken. Dabei bedarf es einer Art Ringrichter, der das Streitgeschehen taktet, den Ring absichert, Spielregeln durchsetzt, auf Fairness achtet und – dann schon über die Funktion eines Ringrichters hinaus – beratend, vermittelnd und bisweilen auch konfrontierend Einfluss auf das Prozessgeschehen nimmt. Diese Rolle verlangt allerdings Mut, auch Emotionen zuzulassen, offen anzusprechen, deren Ursachen nachzuspüren und diese auch zu benennen. Das setzt allerdings die Bereitschaft voraus, auch die eigenen Emotionen zu reflektieren.

Bevor Sie weiterlesen, können Sie sich auf dem folgenden Schema selbst einschätzen:

| A. | B. | C. | D. | E. |
|---|---|---|---|---|
| eher unterdurchschnittlich, mit deutlichen Defiziten und Verbesserungspotenzial | im knappen Mittelfeld mit einigen Verbesserungsmöglichkeiten | im guten Mittelfeld, öfter mit einer durchaus zufriedenstellenden Wirkung | rundum zufriedenstellend, gelegentlich auch für andere erkennbare Wirkung | wirkliche durchgängige Stärke, die auch von Dritten anerkannt und genutzt wird |
| → ☒   A | B | C | D | E |

## Die Schritte im Konfliktmanagement

### Die Vorbereitungsphase

*Ziel:* Die grundsätzliche Bereitschaft zur Konfliktlösung erkunden und die wesentlichen Aspekte und Schritte der geplanten Strategie der Konfliktbewältigung vereinbaren.

Wir wissen zwar, dass bei allen Konflikten, welche Verlaufsform sie auch immer annehmen, Emotionen eine zentrale Rolle spielen. Dennoch wird ein sinnvolles Konfliktmanagement nicht automatisch die Bearbeitung von Emotionen in den Vordergrund stellen. Gutes Konfliktmanagement setzt dort an, wo es am schnellsten entlastet. Meist bedeutet das – zumindest zu Beginn – eine Konzentration auf die Sachebene und auf den relevanten Kern der im Spiel befindlichen Interessen der Konfliktbeteiligten.

Hinweise für den Konfliktmanager:

☞ Eine erfolgversprechende Konfliktbearbeitung bedarf eines grundsätzlichen Interesses der Konfliktbeteiligten, den Konflikt wirklich lösen zu wollen.

☞ Wenig förderliche Haltungen:

• die Beteiligten zu überreden, zu belehren, zu predigen, wie wichtig es ist, den Konflikt zu lösen,

- nur cool und indifferent wie ein Jurist die prinzipielle Bereitschaft abzufragen.

☞ Hilfreich kann sein, darauf zu verweisen, wie stark die Konfliktsituation gegebenenfalls von außen wahrgenommen und »gefilmt« wird – und welche Auswirkungen dies im Endeffekt für die Konfliktbeteiligten hat.

## Die Orientierungsphase

*Ziel:* Alle müssen sich ein Bild von der Konfliktsituation machen – und zwar von den Perspektiven aller am Konflikt Beteiligten, inklusive aller möglichen Interpretationen, Verzerrungen und mittlerweile entstandenen Feindbilder.

### Hinweise für den Konfliktmanager:

☞ Es muss alles auf den Tisch und auf dem Tisch bleiben, um es in Ruhe anschauen und sortieren zu können – auch die damit verbundenen Emotionen.

☞ Wenig förderliche Haltungen:

- die Emotionen wegzudrücken und versuchen zu versachlichen,
- die Emotionen unkontrolliert laufen zu lassen,
- scheinbare Verzerrungen und Feindbilder sofort zurechtzurücken und zu korrigieren.

☞ Hilfreich kann sein,

- darauf zu achten, dass alle Themen und damit verbundene Überlagerungen deutlich hochkommen,
- eventuell bestimmte Aspekte zu wiederholen, damit sie deutlich(er) werden,
- durch den eigenen ruhigen Ton ein Modell zu bieten, wie auch problematische Themen offen angesprochen werden können,
- regelmäßig Zwischenbilanz zu ziehen, um zu überprüfen, was alles schon aufgezählt wurde, und einzuladen, die noch nicht genannten Aspekte zu benennen.

## Die Phase der Konfliktbearbeitung

*Ziel:* Sortieren! Zum Beispiel: Was war eigentlich Anlass für den Konflikt, was ist mittlerweile daraus entstanden?

Das ist das Schwierigste. Denn die starken Emotionen, Verletzungen oder Racheimpulse haben oft mit den eigentlichen Sachfragen, um die es (auch) geht, relativ wenig zu tun. Jeder will Recht haben: Die Meinungen haben sich zu Standpunkten verfestigt, die Beteiligten wurden zu Parteien, Scheuklappen verengen das Blickfeld, der Interessengegner wurde mittlerweile zum Feind und Aggressor. Eine Neigung zur Simplifizierung greift Platz. Gefühlsqualitäten, die hier ins Spiel kommen, sind häufig aufgestaute Wut, Trotz und Rachegelüste, das heißt Lust auf Vergeltung. Gleichzeitig können Revierimpulse zur »Gebietssicherung« und zur Abwehr von »Gebietsabtretungen« durch faule Kompromisse treiben. Solche Emotionen zu erspüren, nachzuempfinden und sie den Konfliktparteien bewusst zu machen ist hier die Kunst.

Gefragt sind jetzt Sensibilität und Einfühlungsvermögen des Konfliktmoderators als Radar in diesem Irrgarten von Impulsen und Affekten. Gefragt ist gleichzeitig die Rolle als Interpret und Analytiker.

Hinweise für den Konfliktmanager:

☞ Alles in Ruhe zu sortieren heißt: Emotionale Überlagerungen von sachlichen Themen trennen, Anlass vom Geschehen vor dem Anlass, Ausgangssituation von Spätfolgen – und vor allem immer wieder zur gleichen Situation die unterschiedlichen Sichtweisen und Interpretationen der Beteiligten sichtbar machen und die Unterschiedlichkeit zunächst aufrechterhalten.

☞ Wenig förderliche Haltungen:

- auf möglichst schnelle Vereinbarungen zu drängen,
- schnell eigene Kompromissvorschläge zu machen,
- unstrukturiert alles laufen zu lassen,
- moralische Bewertungen über bestimmte Inhalte oder beteiligte Personen abzugeben,
- einseitig Partei zu ergreifen,

- Indifferenz (»ist mir doch egal, was ihr hier treibt ...«)

☞ Hilfreich kann sein:

- immer wieder zu vermitteln, zu übersetzen, um den unterschiedlichen Perspektiven und Interpretationen Raum zu schaffen,
- die Beteiligten zu ermutigen, den eigenen Standpunkt deutlich zu machen und ihre Interessen offenzulegen,
- durch Zwischenbilanzen aufzuzeigen, wie der Stand des gegenseitigen Verständnisses oder erster Einigungen ist, um aufzuzeigen, wenn erste Schritte zur Lösung getan wurden,
- gegebenenfalls an die Vereinbarungen in der Vorbereitungsphase zu erinnern, den Konflikt wirklich lösen zu wollen – und zu überprüfen, ob diese noch gelten, ansonsten die Aufgabe zurückgeben wegen fehlender »Geschäftsgrundlage«.

## Die Bewältigungsphase

*Ziel:* Vereinbarungen treffen zur Beendigung des aktuellen Konflikts und gegebenenfalls Spielregeln für die Zukunft formulieren.

Wenn die Ursachen, die eigentlichen Gründe für den Konflikt klargelegt und von den Parteien anerkannt, die Interessen benannt und die Erwartungen an den anderen bekannt sind, beginnt die Schlussphase.

Aufgaben des Konfliktmanagers in dieser Phase: die Vereinbarungen auf Fairness zu überprüfen und in der Gesprächsführung darauf zu achten, dass sich die ehemaligen Konfliktparteien auf Lösungen für die Zukunft konzentrieren, statt moralische Bewertungen des Vergangenen zu erstellen oder Schuldanteile für ehemals Schiefgelaufenes gegeneinander aufzurechnen.

Hinweise für den Konfliktmanager:

☞ Die Vereinbarungen müssen für alle fair und tragfähig sein. Spielregeln für die Zukunft sollten auch als Lernergebnis aus dem praktischen Geschehen der Vergangenheit und aus zukünftigen Rahmenbedingungen abgeleitet werden und nicht auf Basis von normativen Forderungen.

☞ Wenig förderliche Haltungen:

- anstelle die Beteiligten die Vereinbarungen selbst erarbeiten zu lassen, ihnen die Arbeit abzunehmen und eigene Formulierungsvorschläge zu machen – und damit zu riskieren, dass dann die eigentliche Ownership beim Konfliktmanager liegt,
- nur cool und indifferent zuzuschauen und »abzusegnen«, wie die Beteiligten (eventuell auch »*quick and dirty*«) die Dinge untereinander regeln.

☞ Hilfreich kann sein:

- mit den Betroffenen einige Kriterien zu formulieren, denen die Vereinbarungen entsprechen müssen,
- pragmatische Spielregeln für die Zukunft vereinbaren zu lassen,
- Feedbackschleifen vorzuschlagen, damit die Vereinbarungen rechtzeitig überprüft werden und gegebenenfalls angepasst werden können,
- darauf aufmerksam zu machen, dass das vom Konflikt tangierte Umfeld in angemessener Weise auf die neue Situation eingestellt werden sollte – und bei Bedarf dabei beraten.

## Versuch eines Anforderungsprofils – und Ihre Einschätzung

Zusammengefasst kann sich daraus ein Anforderungsprofil für den Konfliktmanager ergeben.

Abbildung 15: Fragen zu einem Anforderungsprofil für Konfliktmanager

- **Konflikttoleranz** im Gegensatz zum Bedürfnis nach großer Harmonie und Konsens, d.h. die Fähigkeit, eine Vielzahl sachlicher und emotionaler Aspekte und Faktoren in ihrer Vernetzung zu überblicken, einzuordnen und dabei Vordergründiges von Hintergründigem zu unterscheiden.

| ☐ | ☐ | ☐ | ☐ | ☐ |
|---|---|---|---|---|
| 0 % | 25 % | 50 % | 75 % | 100 % |

- **Ambiguitätstoleranz**, d.h. die Fähigkeit, Mehrdeutigkeiten zulassen und ertragen zu können, Widersprüche auszuhalten, sich auf andersartige Prämissen und auch neue Denkweisen einzulassen, im Gegensatz zur Suche nach einfachen Lösungen und im Gegensatz zum Wunsch nach Eindeutigkeit, Absehbarkeit und Berechenbarkeit um jeden Preis.

  □     □     □     □     □
  0 %     25 %     50 %     75 %     100 %

- **Emotionale Kompetenz**, d.h. die Fähigkeit, typische Verhaltensmuster in Konflikten zu erkennen und zu verstehen, was sich dabei in den Menschen emotional abspielt, um eine belastete und gestörte Kommunikation aktiv und initiativ bereinigen zu können.

  □     □     □     □     □
  0 %     25 %     50 %     75 %     100 %

- **Einsicht in die eigene Gefühlsparteilichkeit,** Subjektivität und Verzerrung der eigenen Wahrnehmung sowie die Bereitschaft, die eigenen Emotionen zu reflektieren, um Überlagerungen bei der Arbeit als Konfliktmanager besser zu erkennen.

  □     □     □     □     □
  0 %     25 %     50 %     75 %     100 %

- **Ertragen von Diskontinuitäten,** d.h. lebens- und entscheidungsfähig sein in einem heterogenen Nebeneinander von unterschiedlichen Interessen, Perspektiven, Einstellungen, Weltanschauungen, Denkmustern, Lebensentwürfen und Organisationsmodellen – ohne feste und klare Spielregeln, mit vielen scheinbaren Brüchen und Ungereimtheiten und daraus folgendem Widerstreit nicht nur zwischen verschiedenen Menschen, Gruppen und Unternehmen, sondern innerhalb der Personen selbst, je nach Befindlichkeit und Situation.

  □     □     □     □     □
  0 %     25 %     50 %     75 %     100 %

Kapitel 10

# Führung – auf die Wirkung kommt es an!

## Worum geht es?

Die Aus- und Fortbildung von Führungskräften konzentriert sich relativ stark darauf zu vermitteln, was Führung bedeutet, welche Erwartungen an die Führungsrolle gerichtet werden – und welche Kompetenz es benötigt, um diesem Anspruch gerecht zu werden. Nicht selten wird die eigentliche Führung von Menschen als Leadership hervorgehoben und abgegrenzt gegenüber dem bloßen Management von Aufgaben.

Aus unserer Sicht ist allerdings nicht entscheidend, was Führungskräfte tun, wie sie sich etikettieren und sich in ausgefeilten Kompetenzprofilen positionieren, sondern wie sich das, was und wie sie es tun, tatsächlich auf Haltung und Verhalten der »Geführten« auswirkt – speziell, wenn Veränderungen zugemutet werden.

Bei dieser Übung geht es also nicht darum, sich in Ihrer Rolle als Führungskraft zu reflektieren, sondern sich ein Bild darüber zu machen, was Sie eigentlich bei den Adressaten Ihres Handelns bewirken. Es geht also nicht um säen und pflanzen, sondern darum, sich ein Bild über das Wachstum und das Erntepotenzial zu machen.

## Vorgehen

Wählen Sie einige Mitarbeiter aus, an deren Einschätzung Sie interessiert sind, und erläutern Sie diesen Ihren Wunsch zu erfahren, wie Ihre Führung insgesamt erlebt wird und wie sie sich auswirkt. Es kann allerdings auch klug sein, diese Auswahl nicht selbst vorzunehmen, sondern einen Menschen Ihres Vertrauens damit zu beauftragen.

Entscheidend für den Erfolg dieser Aktion ist allerdings, dass Sie an einer offenen Einschätzung wirklich interessiert und im Anschluss daran auch bereit sind, sich von den Beteiligten genauer anzuhören, wie sie zu ihrer Einschätzung gekommen sind und welche Vorschläge beziehungsweise Erwartungen diese für die Zukunft im Hinblick auf Führung haben.

Derartige Aktionen wecken bei den Beteiligten Hoffnungen, dass sich gegebenenfalls einiges ändert. Wenn sich diese Hoffnungen nicht erfüllen – und es dafür auch keine nachvollziehbare Erklärung gibt –, ist die Stimmung nachher schlechter als vorher. Überlegen Sie also gut, ob Sie tatsächlich bereit sind, sich mit den Ergebnissen fair auseinanderzusetzen – und in diesem Rahmen zum Beispiel auch bereit sind, bei Einschätzungen, die von Ihren eigenen abweichen, darauf zu verzichten, den Abweichlern Ihre eigene Welt nochmals neu zu erklären.

## Arbeitsanleitung für die befragten Mitarbeiter

Die folgenden Fragen dienen dazu zu erkunden, wie es Ihnen als Mitarbeiter im Hinblick auf solche Bereiche und Themen geht, die für Ihre Wirksamkeit und Energie im und für das Unternehmen sowie Ihre persönliche Stimmungslage relevant sind.

Damit verfolgen wir zwei Ziele: Erstens, den Menschen, die dafür die Verantwortung haben, wichtige Hinweise zu geben, welche Auswirkungen ihr (Führungs-)Handeln hat, und zweitens, Sie selbst dafür zu sensibilisieren, die Verantwortung für gegebenenfalls notwendige Veränderungen in die eigene Hand zu nehmen.

Bitte beantworten Sie die Fragen spontan, ohne lange darüber zu grübeln!

● **Strategische Ausrichtung des Unternehmens:**

○ *Bescheid wissen*

☺ Ich kenne die strategische Ausrichtung.

☺ Ich weiß einiges, aber beileibe nicht alles.

☹ Ich tappe völlig im Dunkeln.

☞ Wünsche und Anregungen:

_____

○ *verstehen*

☺ Ich habe mich mit der Strategie intensiv auseinandergesetzt und kann diese sehr gut nachvollziehen.

☺ Einiges habe ich verstanden, aber nicht alles.

☹ Mir fehlen die notwendigen Hintergründe und Zusammenhänge, um die Strategie wirklich verstehen zu können.

☞ Wünsche und Anregungen:

_____

○ *übereinstimmen*

☺ Ich persönlich bin mit unserer strategischen Ausrichtung voll einverstanden.

☺ Ich habe folgende Einschränkungen:

☹ Ich bin völlig anderer Meinung:

☞ Wünsche und Anregungen:

_____

○ *verwirklichen*

☺ Ich bin bei der Umsetzung der Strategie voller Energie dabei und habe konkrete Vorstellungen, was ich dazu beitragen werde.

☺ Ich werde die Umsetzung sicher nicht blockieren – muss aber erst mal sehen, was ich da machen soll.

☹ Mehr als das, was ich jetzt tue, werde ich nicht leisten können.

☞ Wünsche und Anregungen:

_____


● **Mein Aufgabenfeld im Unternehmen:**

○ *Klarheit*

☺ Ich weiß genau, was man von mir erwartet.

☺ Mir sind folgende Punkte unklar …

☹ Es ist alles ziemlich diffus.

☞ Wünsche und Anregungen:

_____

○ *Sinn in meiner Arbeit*

☺ Ich sehe in meiner Arbeit einen Sinn für das Unternehmen und für mich, ich verstehe die Zusammenhänge und die Anforderungen – und das macht mich innerlich richtig zufrieden.

☺ Manchmal frage ich mich schon, wozu das alles gut sein soll.

☹ Irgendwer wird schon wissen, wozu das gut ist; ich selbst finde keinen großen Sinn in dem, was ich tun soll und tue.

☞ Wünsche und Anregungen:

_____

○ *Gefühl der Machbarkeit*

☺ Ich habe das Gefühl und die Sicherheit, dass ich die Möglichkeit habe, durch mein aktives Handeln die Entwicklung wirklich beeinflussen zu können, und dass die notwendigen Ressourcen zur Verfügung stehen.

☺ Ich tue, was in meiner Möglichkeit liegt, erlebe aber nicht selten, dass der Rahmen zur eigentlichen Wirkung nicht gegeben ist.

☹ Von oben werden immer nur Wunder verlangt, ohne die Voraussetzungen dafür zu schaffen.

☞ Wünsche und Anregungen:

_____

○ *Gefühl der Bedeutsamkeit*

☺ Ich erlebe die verlangten Anforderungen als echte Herausforderungen, die mein Engagement verdienen.

☺ Ich kann nicht immer nachvollziehen, warum ich mich so engagieren soll.

☹ Ich bin abends kaputt – und weiß eigentlich nicht, warum und wofür ich das alles tue.

☞ Wünsche und Anregungen:

_____

● **Arbeitsstruktur, Arbeitsprozesse und Produktivität:**

○ *Effizienz der Organisation*

☺ Ich finde, wir sind optimal organisiert.

☺ Ich erlebe immer mal wieder auch gravierende Mängel.

☹ Ich finde unsere Organisation einfach desolat.

☞ Wünsche und Anregungen:

_____

○ *Produktivität durch Vernetzung und Zusammenspiel*

☺ Wir sind hervorragend bereichsübergreifend vernetzt.

☺ Wir leiden immer mal wieder unter Schnittstellenproblemen.

☹ Jeder sitzt in seinem Silo und konzentriert sich nur auf seinen Teilbereich.

☞ Wünsche und Anregungen:

_____

• **Wertschätzung und Spaß im Zusammenspiel:**

☺ Ich erlebe hohe gegenseitige Wertschätzung, und so macht die Arbeit bei allen Belastungen richtig Spaß.

☺ Wir müssen halt zusammenarbeiten, ob man will oder nicht.

☹ Jeder versucht, sich auf Kosten der anderen zu profilieren.

☞ Wünsche und Anregungen:

_____

• **Balance zwischen Arbeits- und Privatleben:**

☺ Flexible Arbeitsformen und -zeiten sowie persönliche Rücksichtsnahmen ermöglichen eine gute Balance zwischen meinem Arbeits- und Privatleben.

☺ Bei allem Bestreben kommt doch das Private häufiger zu kurz.

☹ Die Arbeit hat prinzipiell immer Vorrang.

☞ Wünsche und Anregungen:

_____

• **Spezielle Erwartungen an die Führung:**
○ *Persönliche Präsenz vor Ort (»Management by Walking around«)*

☺ Es passt gut, wie es ist – weder zu viel noch zu wenig.

☺ Die Führungsverantwortlichen könnten häufiger mal persönlich vorbeikommen.

☹ Bei mir lässt sich von der Führung kaum jemand sehen, außer zum Kritisieren.

☞ Wünsche und Anregungen:

_____

○ *Führung, die die Mündigkeit und das jeweilige Können der Mitarbeiter ernst nimmt*

☺ Ich fühle mich von meiner Führungskraft entsprechend meinem Können sehr gut betreut.

☺ Manchmal greift meine Führungskraft zu stark ins Lenkrad, und manchmal fühle ich mich vernachlässigt.

☹ Ich fühle mich in meinem Können überhaupt nicht ernst genommen.

☞ Wünsche und Anregungen:

_____

○ *Orientierung an der Lösung gegenüber Fokussierung auf die Tätigkeit*

☺ Bei meiner Arbeit orientiere ich mich nicht nur an dem, was ich zu tun habe, sondern immer auch an der eigentlichen Zielsetzung, nämlich Probleme zu lösen – und so werde ich auch geführt.

☺ Wichtig ist vor allem, dass mein Teil in Ordnung ist.

☹ Jeder soll nur vor seiner Haustüre kehren.

☞ Wünsche und Anregungen:

_____

○ *Leistungsorientierung, Ergebnisverantwortung und Fürsorgepflicht*

☺ Ich erlebe meine Führungskraft sehr achtsam in Bezug auf eine wirklich gute Ausgeglichenheit von Leistungsorientierung und Fürsorge für uns Mitarbeiter.

☺ Er/sie ist nicht unmenschlich, aber die Leistung und das Ergebnis haben immer Vorfahrt.

☹ Fürsorge: Fehlanzeige!

☞ Wünsche und Anregungen:

_____

○ *Delegation von Verantwortung und Teilhabe an Entwicklungs- und Change-Prozessen und -Projekten*

☺ Ich fühle mich in die laufenden Prozesse und Projekte sehr gut einbezogen.

☺ Manchmal ärgere ich mich schon, dass ich nur berücksichtigt werde, wenn Not am Mann ist.

☹ Die oben machen eh, was und wie sie es wollen. Ich bin nur ein kleines Rädchen im Getriebe.

☞ Wünsche und Anregungen:

_____

○ *Persönlichkeitsentwicklung und Potenzialentfaltung*

☺ Ich sehe sehr gute Chancen, mich im Unternehmen weiterzuentwickeln und mein Potenzial zu zeigen und zu entfalten.

☺ Wenn man sich nicht selbst drum kümmert, wird man leicht übersehen.

☹ Das Unternehmen und mein Chef sind nur an meiner Leistung interessiert.

☞ Wünsche und Anregungen:

_____

○ *Meine Führungskraft im Quervergleich zu anderen Führungskräften*

☺ Ich bin richtig froh, bei beziehungsweise mit ihm/ihr arbeiten zu können.

☺ Nun ja, wir hätten es noch schlechter erwischen können.

☹ Es gäbe so viele andere, bessere Führungskräfte, wir haben halt Pech gehabt.

☞ Wünsche und Anregungen:

_____

● **Individuelle Entwicklungsplanung – beruflich und persönlich:**

☺ Ich habe auch unabhängig vom Unternehmen eine persönliche Entwicklungsplanung.

☺ Ich nehme es, wie es kommt – und versuche, schnell zu reagieren.

☹ In diesen unsicheren Zeiten kann man einfach nichts mehr planen.

☞ Wünsche und Anregungen:

_____

● **Zukunftsfähigkeit und Zuversicht:**

○ *in Bezug auf das Unternehmen*

☺ Soweit ich das beurteilen kann, ist das Unternehmen in allen relevanten Punkten (Produkte, Prozesse, Strukturen, Personal) gut gerüstet, um auch in der Zukunft den Markt mitzugestalten.

☺ Ich hoffe das Beste, aber sicher bin ich mir nicht, weil: …

☹ Ich bin mir absolut nicht sicher, aber ich selbst kann ja nichts tun.

☞ Wünsche und Anregungen:

_____

○ *in Bezug auf mein Arbeitsgebiet*

☺ Mein Fachgebiet wird immer gebraucht werden.

☺ Ich halte meine Qualifikation zwar für gut, aber ob und wie sehr sie auch in Zukunft von Bedeutung ist, bin ich mir nicht sicher.

☹ Ich sehe bei all diesen Veränderungen der Zukunft eher pessimistisch entgegen.

☞ Wünsche und Anregungen:

_____

○ *in Bezug auf mich*

☺ Ich bin mobil und flexibel, sowohl beruflich wie auch persönlich, sodass ich mich auch, wenn es enger und härter werden sollte, gut über Wasser halten kann.

☺ Je nachdem, was kommt, könnte es für mich eng werden.

☹ Ich warte einfach ab, ändern kann ich eh nichts.

☞ Wünsche und Anregungen:

_____

● **Stimmung, Energie und Motivation:**

☺ Ich bin insgesamt gut drauf.

☺ Prinzipiell geht es mir nicht schlecht, aber auch nicht so richtig gut.

☹ Ich fühle mich ausgereizt und unter Druck.

☞ Wünsche und Anregungen:

_____

● **Feel the Change?**

☺ Leben ist Wandel – und ich bin neugierig wie bei einer Expedition auf das, was uns noch bevorsteht.

☺ Veränderungen sind Zumutungen. Manches muss vielleicht auch sein. Da kann man nur abwarten und das Beste hoffen.

☹ Ich habe Angst, was die oben uns noch alles zumuten. Es kann nur schlechter werden.

☞ Wünsche und Anregungen:

_____

Kapitel 11

# Analyse der Kraftfelder –
# Antrieb und Widerstand

## Mithilfe von Widerständen Optionen erweitern

> Entscheide dich stets so, dass durch deine
> Entscheidung deine Optionen vergrößert werden.
>
> *Heinz von Förster*

Opposition und Widerstände haben im Rahmen eines Change-Prozesses meist einen negativen Beigeschmack, werden als ärgerlich, lästig, zumindest zeitraubend, wenn nicht sogar destruktiv erlebt. Widerstände können aber auch sehr produktiv sein. Als Kräfte, die entgegentreten, die sich widersetzen, zeigen sie an, wo Energien sitzen, aber in Ambivalenzen zwischen Veränderungswünschen und Veränderungsängsten blockiert sind.

Wir können zum Beispiel die Perspektive wechseln und Widerstand als ein Warnsignal analog dem Schmerz in der Physiologie unseres Organismus betrachten. Genauso, wie es falsch ist, Schmerz einfach durch Betäubungsmittel zu unterdrücken, genauso unangemessen ist es, Widerstand durch disziplinarische Maßnahmen zu unterbinden. Als natürliche Reaktion gegen Ungewolltes, Aufgezwungenes fordern Widerstände dazu heraus, nach den Ursachen zu forschen, in diesem Zusammenhang manche Begründungen nochmals sorgfältig zu durchdenken, manche Realisierungsvorschläge nochmals zu überprüfen, die eine oder andere Zielsetzung nochmals zu überdenken. Widerstände zeigen nicht nur Defizite in der Akzeptanz auf, sondern weisen gegebenenfalls auch auf Schwachstellen in den Veränderungskonzepten hin. Sie bieten Anlässe und Chancen zur kritischen Überprüfung, Reflektion und Korrektur.

Die Bedrohlichkeit des Neuen, die die Widerstände ja erst auslöst, stellt meist nicht ab auf die rationalen Gründe für eine Veränderung oder die rationale Anweisung zu deren Umsetzung. Es geht vielmehr um Befürchtungen im Hinblick auf Einschränkungen bisheriger Handlungsspielräume, vertrauter Routinen oder auch Einbußen von Kompetenzen, Einflussmöglichkeiten oder Privilegien. Auch erweiternde Veränderungen können Widerstände auslösen. Ängste, neuen Aufgaben und Anforderungen nicht gewachsen zu sein, Befürchtungen, sich Neues aneignen zu müssen, und die Erfahrung, den eigenen Wissensbestand entwertet zu sehen, spielen dann eine Rolle, ebenso wie die Sorge, eingespielte Beziehungen zu verlieren. Natürlich kommt bisweilen auch noch die Angst vor materiellen Verlusten hinzu, vor Einkommenseinbußen oder gar dem Verlust des Arbeitsplatzes.

Dennoch, auch wenn bei solchen Überlegungen manches klar erscheint, liegt vieles im Dunkeln. Die Erscheinungsformen des Widerstands sind verschlüsselt. Was gesagt wird, muss nicht gemeint sein. Die Darlegung und Erklärung von Vorbehalten und Gegenpositionen ist ein idealer Tummelplatz für Verschleierung, »Versachlichung« und Rationalisierung. Denn manches bedrohte Gut ist nicht veröffentlichungsfähig: Das Geständnis, wie viel einem ein interner Titel, ein Ausstattungsdetail oder der Typ des Dienstfahrzeugs oder ein Parkplatz innerhalb des Werksgeländes bedeutet, wäre oft peinlich. Befürchtete Veränderungen der Macht- und Einflussstrukturen bis hinein in die oberen Etagen werden kaum offengelegt. Folglich gibt es mikropolitische Schachzüge und Rituale, die vor Bedrohung schützen und verhindern sollen, dass Einzelne in Verlegenheit geraten. Dennoch muss decodiert werden, auch wenn starke Kräfte gerade zu verhindern suchen, dass die Ursachen von Verlegenheit und Bedrohung offen diskutiert werden. Ohne den wirklichen (Hinter-)Grund zu kennen, lassen sich Angebote zur Entlastung und Entängstigung aber nur schwer entwickeln.

Dazu gilt es eine Atmosphäre zu schaffen, die deutlich macht, dass die Position des Gegenübers als Gegenkraft respektiert, in ihrer Funktion des Bewahrens verstanden und als Ausgleich allzu drängender Veränderungsimpulse gewürdigt wird.

Mit dem Respektieren des Widerstands bietet sich auch die Gelegenheit, die eigene Intention deutlich zu machen, nämlich sowohl Lösungen auf der Grundlage von Übereinstimmung finden zu wollen als auch den Verhandlungspartner zu gewinnen und in den Prozess des Veränderns – wenn auch vielleicht als kritische Größe und Anstoßgeber für Verbesserungen – zu integrieren. Das schafft Vertrauen und demonstriert, dass

Widerstände auch positive Anteile haben, die sich produktiv und gestaltend einsetzen lassen.

Genau an dieser Stelle setzt unser Tool-Angebot an. Wir bieten Ihnen drei Möglichkeiten, Widerstände nicht zu vermeiden oder zu umschiffen, sondern sie frühzeitig zu identifizieren und sich damit die Möglichkeit zu eröffnen, prophylaktisch vorzusorgen, präventiv zu handeln, zumindest aber sich vorzusehen und sich darauf einzustellen.

## Portfolio der Widerstände

> Wer widerspricht, ist nicht gefährlich.
> Gefährlich ist, wer zu feige ist zu widersprechen.
>
> *Napoleon*

Ein erstes, sehr einfaches Instrument ist, sich zu verdeutlichen, welche Formen und Ausdrucksweisen Widerstände in dem betreffenden Unternehmen überhaupt annehmen. Das Spektrum reicht hier von offenen, direkten Ausdrucksformen bis hin zu defensiven Routinen des bürokratischen Alltags inklusive Aufschieben, Vergessen, »Dienst nach Vorschrift« oder »Flucht in die Krankheit«. Und es gibt Widerstände, die sehr aktiv handelnd realisiert werden, im Gegensatz zu solchen, die sich passiv, aus abwartender Defensive heraus entwickeln. Das jeweils organisationstypische Spektrum lässt sich gut verdeutlichen und abbilden, wenn man es in eine Art Widerstands-Portfolio einzeichnet: Welche Form von Widerstand kann ich mir wo und von wem gut vorstellen?

Fragen Sie dazu auch andere Mitstreiter und lassen sie deren Vermutungen und Befürchtungen ebenfalls platziert einzeichnen. Dann überlegen Sie gemeinsam, was Sie tun können, um diejenigen Mitarbeiter oder Kollegen, die Sie unter die Rubrik passive und verdeckte Widerstandsäußerungen platziert haben, für einen offenen Dialog zu gewinnen. Denn Lustlosigkeit, Ausweichen und Schweigen bedeuten eben nicht Zustimmung, auch wenn sie für Sie im Moment und auf offener Bühne komfortabler sind als Streit und Widerspruch, Polemik, Vorwürfe oder Drohungen.

Wenn Sie die Realisierungschancen und Widerstandspotenziale einer Veränderung im Vorfeld einer Aktion einschätzen wollen, denken Sie

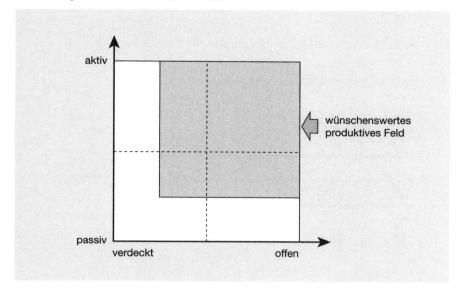

daran, das jeweilige Macht- oder Einflussfeld zu berücksichtigen, aus dem die Einschätzungen und Bewertungen stammen: Für die Unternehmensleitung ist Widerstand alles, was ihren Absichten entgegensteht, für den Betriebsrat ist die Ablehnung seiner Forderungen der Widerstand. Widerstand ist letztlich immer eine Frage der Ausrichtung von Kräften im Hinblick auf die dahinter liegenden Interessen.

## Die Kraftfeldanalyse

Dieses Instrument, das auf Kurt Lewin zurückgeht, beschreibt ein Kräftefeld, das sich in einem vorübergehenden Gleichgewicht befindet: Die Kräfte, die an der Veränderung einer Situation arbeiten, werden dabei durch die Kräfte ausbalanciert, die der Veränderung entgegenstehen, die Widerstände.

Die Chancen der Veränderung können vergrößert werden, indem man

- die Stärke oder die Zahl der unterstützenden/treibenden Kräfte vermehrt,

- die Stärke oder die Zahl der hemmenden Kräfte und Widerstände vermindert.

Dies kann in einem einfachen Diagramm dargestellt werden:

Abbildung 18: Unterstützende und hemmende Kräfte

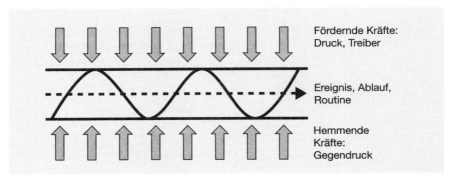

Fördernde Kräfte:
Druck, Treiber

Ereignis, Ablauf,
Routine

Hemmende
Kräfte:
Gegendruck

Die Kraftfeldanalyse ist ein wichtiges diagnostisches Mittel für die Einschätzung der Chancen für eine Realisierung und Stabilisierung einer angestrebten Lösung oder Veränderung. Eine gegebene Situation kann analysiert werden, indem man die verschiedenen Kräfte abwägt: ihre Art, ihre Richtung, ihre Kraft, ihren Ursprung und ihre Veränderungsfähigkeit. Dies bietet einem Change Manager die Voraussetzung zu überlegen, wie er möglicherweise die Richtung oder Stärke der identifizierten Kräfte beeinflussen könnte.

## Vorgehen bei einer Kraftfeldanalyse

Sie können die folgende Übung auch mit anderen von der Situation Betroffenen gemeinsam machen.

### Schritt 1

Wählen Sie als konkretes Übungsbeispiel eine aktuelle Situation im Rahmen eines Change-Projektes aus, in der es notwendig ist, eine nicht einfache Veränderung herbeizuführen. Es sollte ein reales Problem sein, das Sie zurzeit wirklich betrifft. Skizzieren Sie es in Stichworten.

Schritt 2

Definieren Sie das Problem möglichst genau:

- Wer ist beteiligt? Welche Interessen verfolgt er?
- Wer nimmt Einfluss? Wie? Wodurch?
- Wer hat (gegebenenfalls einen versteckten) Nutzen?
- Was wird durch das Problem möglicherweise vermieden?
- Welche anderen Faktoren spielen gegebenenfalls eine Rolle?

Schritt 3

Beschreiben Sie jetzt genau, wie Sie die Situation beeinflussen wollen. Machen Sie diese Darstellung so überprüfbar wie möglich, sodass Sie ein klares Ziel formulieren und auch abschätzen können, wann Sie es erreichen.

Schritt 4

Betrachten Sie den gegenwärtigen Stand des Problems als ein vorläufig erreichtes Gleichgewicht von gegenläufigen Kräften. Beschreiben Sie zunächst die Kräfte, die Ihre Absichten zur Veränderung unterstützen.
Tragen Sie diese in die folgende Abbildung ein.

**Abbildung 19: Unterstützende Kräfte**

a.

b.

c.

d.

e.

f.

g.

Beschreiben Sie dann die vermutlichen oder absehbaren Gegenkräfte, die Widerstände, die sich Ihrem Ziel widersetzen beziehungsweise eine Veränderung auf Ihr Ziel hin hemmen oder zu verhindern trachten.

**Abbildung 20: Hemmende Kräfte**

a.

b.

c.

d.

e.

f.

g.

## Schritt 5

Schätzen Sie nun die fördernden Kräfte in ihrer unterstellten Wirkung beziehungsweise Stärke ein, in einer Gewichtung zwischen 1 und 5 (1= sehr geringer, 5 = sehr starker Druck in Richtung Veränderung), und schreiben Sie diese Zahl links vor die Buchstaben in Abbildung 19.

Anschließend schätzen Sie die hemmenden Kräfte je nach der von Ihnen vermuteten Stärke ein, wieder von 1 bis 5 (1 = sehr gering, 5 = sehr stark), und tragen Sie die Zahlen vor den Buchstaben in die oben stehende Abbildung ein.

## Schritt 6

Stellen Sie nun die Kräfte, die Druck oder Gegendruck ausüben, grafisch dar, indem Sie einen Pfeil von der Linie aus zeichnen, die die Stärke der Kraft anzeigt, hin zur »Status-quo-Linie«.

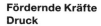

**Fördernde Kräfte**
**Druck**

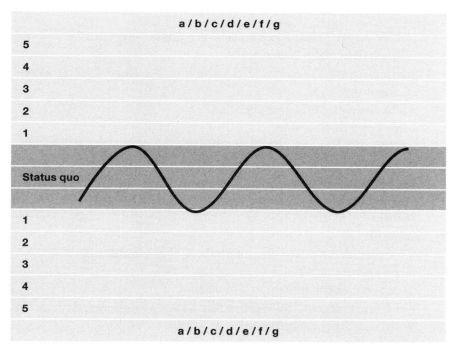

Abbildung 21: Darstellung der unterstützenden und hemmenden Kräfte

**Hemmende Kräfte**
**Gegendruck**

Reflektieren Sie das Ergebnis unter anderem anhand folgender Fragen:

- Was entnehme ich daraus für die konkreten Chancen meiner angepeilten Lösung?
- Wo stecken möglicherweise noch Ressourcen oder Interessensynergien?
- Welche Angebote könnte ich möglichen Verlierern machen, die sie vielleicht umdenken lassen?
- Wie und wo könnte ich absehbaren Gegenmeinungen, Irritationen oder Konflikten gegensteuern?
- Was kann ich tun, um weitere Verbündete zu gewinnen? (Wie?)
- Wo sollte ich gegebenenfalls Kontakte nutzen oder aufbauen, die meine Intentionen verstärken könnten?

Schritt 7: Change Management

Bereiten Sie eine Strategie vor, um die Dinge in Bewegung zu setzen. Bedenken Sie dabei Folgendes:

- Wenn Sie die treibende Kraft zu sehr verstärken, erzeugen Sie dadurch möglicherweise mehr Widerstand.
- Neuerungen und Veränderungen werden in der Regel leichter akzeptiert, wenn sie
  - nachvollziehbar und plausibel sind,
  - nicht zu vermeiden sind,
  - ein Minimum an Anstrengung erfordern,
  - wenig Störung von Routinen bewirken,
  - die Realisierung persönlicher Interessen wenig beeinträchtigen,
  - falls Verlustängste drohen, als »kleineres Übel« dargestellt werden können.
- Können Sie ...
  - die treibenden Kräfte aufrechterhalten, aber gleichzeitig einige hemmende Kräfte reduzieren?
  - neue Schubkräfte finden?
  - wenn Sie stärkeren Schub geben, die Kräfte so dosieren, dass sie den Widerstand nicht vergrößern?
  - Widerstände wie Skepsis, Hemmungen oder Zögern aufgrund vermuteter Einbußen oder Bedrohungen (zum Beispiel von Einfluss, Geltung, Bequemlichkeit, Handlungssicherheit, Kontaktchancen usw.) reduzieren durch Information oder Interessenausgleich?
  - hemmende Kräfte umleiten zu neuen Zielrichtungen oder zu anderen Nutzenpotenzialen?
- Sind Sie sicher, dass es nicht eine Ihrer Schubkräfte ist, die das Problem zuallererst überhaupt schuf? Würde eine Reduktion dieses Schubs gleichzeitig die hemmenden Kräfte reduzieren?

## Stakeholder-Analyse

Stakeholder-Management bedeutet Spannungsausgleich. Jede der Anspruchsgruppen erwartet sich einen bestimmten Nutzenzuwachs. Und es ist klar, dass die jeweiligen Interessen nicht immer auf einen Nenner zu bringen sind. Der Change- oder Konfliktmanager, der nachhaltig etwas bewegen will, muss deshalb danach trachten, den bestmöglichen Ausgleich dieser Interessen zu finden. Das geht nicht ohne Spannungen. Zumal auch innerhalb der einzelnen Stakeholder-Gruppen unterschiedliche Interessen gegeben sein können.

Wie Sie auf die unterschiedlichen Interessen eingehen können oder wollen, ist eine Frage Ihrer Ziele und Schwerpunkte – eventuell auch Ihrer Sensibilität und grundlegenden Wertauffassungen.

Bei der Berücksichtigung der Anliegen unterschiedlicher Anspruchsgruppen wird alles, was Sie tun, Vermutungen oder sogar Befürchtungen ermöglichen, dass dadurch eigene Handlungsoptionen in irgendeiner Form tangiert werden. Und dies kann Widerstände bewirken.

Eine Stakeholder-Analyse bildet – bezogen zum Beispiel auf ein bestimmtes Vorhaben oder Ereignis – eine Handlungsstrategie oder eine Veränderungsabsicht ab. Und sie versucht, diese mit den absehbaren Erwartungen und dem vermuteten Interessengeflecht in der Organisation zu verbinden. Dadurch können Einflüsse, Interessenlagen und Einflussstrukturen sichtbar gemacht, hinsichtlich Stärken oder Richtung zugeordnet und das damit verknüpfte Risikopotenzial für Gegenkräfte und Widerstände abgeschätzt werden. Für strategische Anlage, Maßnahmenplanung und praktische Umsetzung lassen sich daraus Handlungsszenarien ableiten. Manchen Widerständen kann so frühzeitig der Boden entzogen oder gegengesteuert werden, mögliche Mitstreiter können bereits von Anfang an identifiziert und angemessen einbezogen, notwendige Allianzen frühzeitig verabredet werden.

Nehmen Sie exemplarisch ein konkretes Change-Vorhaben, das Sie zurzeit beschäftigt oder vielleicht sogar belastet. Skizzieren Sie die Veränderungsidee oder auch Ihre Wunschlösung. Und anschließend überlegen Sie, was deren Realisierung bei anderen auslösen, bewirken, verändern oder infrage stellen würde.

*Erstens:* Wer hätte Vorteile? Wer Nachteile, Aufwände, Einbußen?

Wer würde Sie wohl aktiv unterstützen, wer würde Ihr Vorhaben eher be- oder eher verhindern wollen?

Wer von diesen Gruppen oder Personen hat wo wie viel Einfluss?

Wen können Sie oder gegebenenfalls einer Ihrer Unterstützer (Wie? In welchem Umfang?) beeinflussen?

*Zweitens:* Welche Personen, Gruppen oder Organisationseinheiten wären direkt oder indirekt betroffen?

Welche Interessen wären gegebenenfalls tangiert und welchen Einfluss würden diese nehmen wollen?

Mit welchen Haltungen könnten sich diese Ihnen, Ihrer Wunschlösung oder Ihrem Bereich gegenüber verhalten?

*Drittens:* Positionieren Sie jetzt all diese Betroffenen, Tangierten oder Interessenträger – die Stakeholder also – in einem Portfolio und zeichnen Sie eine Diagonale ein, durch die Sie erkennen können, auf welche Stakeholder Sie sich konzentrieren sollten.

Entwickeln Sie dann eine Strategie, wie Sie sich diesem Interessenfeld gegenüber verhalten und wie Sie Mitstreiter gewinnen wollen, um Ihre Ziele zu erreichen.

**Abbildung 22: Stakeholder-Analyse**

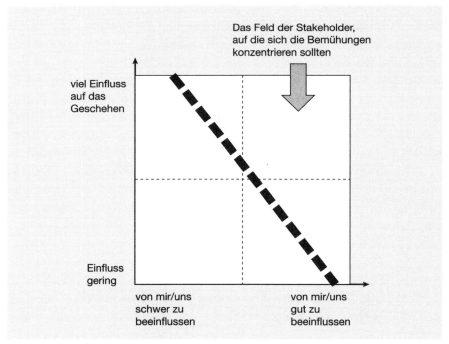

Kapitel 12

# Emotion-Gate, oder: Drum prüfe, wer sich ewig bindet ...

## Worum geht's?

In der Industrie hat sich mit dem Konzept *Quality Gate* ein Vorgehen etabliert, das dazu beitragen soll, die Qualität in Projekten und Prozessen, vor allem im Rahmen industrieller Fertigung, besser zu gewährleisten. Quality Gates sind Sperren, die sich nur öffnen, wenn bestimmte, vorher definierte messbare Qualitätskriterien erfüllt sind. Ist dies nicht der Fall, so kann die nächste Projektphase nicht begonnen werden.

Wir haben in diesem Buch mehrfach beschrieben, wie stark Emotionen Verhalten steuern – manchmal bewusst, sichtbar und nachvollziehbar, nicht selten aber auch verdeckt, kaschiert und auch unterbewusst. Manchmal haben wir sozusagen ein gutes Gefühl, manchmal ein schlechtes.

Wir haben uns von dem Modell *Quality Gate* anregen lassen, etwas Ähnliches zu entwickeln, um den Einfluss von Emotionen auf Entscheidungen transparenter zu machen und damit eine letzte Sperre vor der endgültigen Entscheidung zu errichten. Bedingt durch unseren Gegenstand Emotionen sind allerdings die Messkriterien weicher und interpretierbarer. Aber sie können trotzdem ihre Aufgabe erfüllen, einen letzten Check zu machen, wenn man ihn denn machen will – oder durch entsprechende Spielregeln und Verfahrensanweisungen dafür Sorge trägt, dass er gemacht werden muss.

Wir möchten diese Barriere für zwei Situationen bauen:

- einmal für den Fall (A): Sie haben für sich selbst eine wichtige Entscheidung getroffen und sind dabei, diese auszuführen;
- zum zweiten für den Fall (B): Sie haben einzelne Mitarbeiter oder eine Projektgruppe mit einer Aufgabe beauftragt, die Ihnen nun ihr Ergebnis zur Entscheidung vorlegen werden.

In beiden Fällen setzen wir voraus, dass es sich um relevante Themen handelt und die sachlich-fachlichen Aspekte hinreichend geprüft sind.

In beiden Fällen geht es darum, sich zu vergewissern, dass Sie bei Ihrer Entscheidung ein gutes Gefühl haben.

## Vorgehen

### A. Sie haben sich innerlich eigentlich entschieden oder stehen kurz davor. Die sachlich-fachliche Begründung wirkt logisch überzeugend

Auch wenn Entscheidungen noch so fachlich-sachlich stringent beschrieben und legitimiert sind – Emotionen spielen immer eine mehr oder weniger bestimmende Rolle. Sollten Sie der Überzeugung sein, das würde bei Ihnen nicht zutreffen, unterstellen wir, dass Sie zu Ihren Emotionen entweder keinen Zugang haben oder dass Sie dies mehr oder weniger bewusst oder unbewusst verleugnen, um auf der sachlichen Ebene nicht angreifbar zu sein.

Es geht also nicht darum zu beweisen, dass keine Emotionen im Spiel sind, sondern vielmehr darum, den emotionalen Anteil daraufhin zu überprüfen, inwieweit die Emotionen die notwendige Energie liefern, um das mit der Entscheidung verbundene Thema mit der notwendigen Dynamik und Zuversicht auf den Weg der Umsetzung zu bringen, oder ob das Thema durch verdeckte emotionale Überlagerungen von der eigentlichen Zielrichtung abgelenkt wird.

Sie können sich bei der folgenden Übung gerne an dem emotionalen Navigationssystem orientieren, das in Kapitel 5 (Teil II) skizziert ist.

### Erster Schritt: Gefühlsinventur

Beschreiben Sie zunächst Ihre Gefühle, die Sie mit der bevorstehenden Entscheidung verbinden: *Was gefällt mir so gut an dieser Variante?*

Rufen Sie sich dann in Erinnerung, welche Gefühle beziehungsweise Gestimmtheiten Sie zu dieser Entscheidung getrieben haben.

Überlegen Sie schließlich, welche Gefühle oder Neigungen andere Ihnen bei dieser Entscheidung unterstellen könnten. Unterscheiden Sie dabei zwischen Menschen, die Ihnen wohlgesinnt sind, und solchen, die Ihnen eher skeptisch und distanziert gegenüberstehen.

**Abbildung 23: Gefühlsinventur**

| Gefühle, die Sie mit dieser Entscheidung verbinden | Gefühle/ Neigungen, die Sie zu dieser Entscheidung getrieben haben | vermutete Unterstellungen von Wohlgesinnten | vermutete Unterstellungen von eher Distanzierten |
|---|---|---|---|
|  |  |  |  |

Und nun die Prüffragen:

- Wie in sich stimmig ist die mit der bevorstehenden Entscheidung verbundene Gefühlswelt, wenn Sie Ihre eigene Darstellung vergleichen mit den vermuteten Unterstellungen aus Ihrem Umfeld? (Übrigens: Alles, was Ihnen an Vermutungen einfällt, ist auch als Grundidee in Ihnen drinnen, sonst würde es Ihnen nicht einfallen.)
- Wie gut passen die sachlich-fachlichen Aspekte zu den emotionalen Beweggründen?

Falls Sie spüren, dass emotionale Kriterien doch sehr stark die sachlich-fachlichen Aspekte überlagern, gehen Sie einen Schritt zurück. Nicht von ungefähr rät der Volksmund bei emotional aufgeheizten Situationen, eine Nacht darüber zu schlafen. Wägen Sie in Ruhe mögliche Alternativen ab, zum Beispiel anhand folgender Fragen:

- Brauchen wir das überhaupt?
- Wer will das außer mir – und welche Interessen verfolgt er damit?
- Zahlt sich die vorgesehene Entscheidung wirklich (auch längerfristig) aus?

- Bin ich vielleicht doch zu sehr verliebt in diese Entscheidung und übersehe, dass Liebe auch blind machen kann?
- Gibt es eventuell (ganz) andere Lösungen, die weniger emotional überlagert sind?
- Möchte ich eigentlich gerne eine Kehrtwendung machen, glaube aber, mir dies nicht erlauben zu können, weil ich mich schon zu weit aus dem Fenster gelehnt habe?

Entscheiden Sie erst, wenn Sie ein wirklich gutes Gefühl haben.

## B. Sie haben Mitarbeiter oder eine Projektgruppe mit einer Aufgabe beauftragt, die Ihnen nun ihr Ergebnis zur Entscheidung vorlegen.

Gehen Sie prinzipiell von der Möglichkeit aus, dass die von Ihnen Beauftragten ihren Überlegungen nicht nur sachlich-fachliche Aspekte zugrunde gelegt, sondern bewusst oder unbewusst mit bedacht haben, welcher Vorschlag Ihnen am liebsten wäre, oder mit ihrer Variante verdeckt auch eigene Interessen verfolgen. Ziel dieser Übung ist, solche möglichen Überlagerungen und Vermischungen zu entdecken, den sachlich-fachlichen Vorschlag von diesem Beiwerk zu trennen, um beide Felder, den fachlich-sachlichen Kern und die damit verbundene Welt von verdeckten Interessen und Gefühlen, nebeneinander betrachten und abwägen zu können.

### Wahrnehmungsverzerrungen

Wir haben im Teil I (Kapitel 6) beschrieben, wie stark subjektive Befindlichkeiten durch Selektion und Akzentsetzung unsere Wahrnehmung beeinflussen (siehe Irrtum Nr. 13: Die Wahrnehmung vermittelt uns ein objektives und genaues Bild). Clevere Menschen nutzen diese Erkenntnisse, um ihre Präsentationen und die damit einhergehende Diskussion entsprechend zu steuern. Hier einige Fakten, damit Sie prüfen können, inwieweit Ihre Beurteilung des vorgelegten Vorschlags durch solche Aspekte beeinflusst ist:

- Der Halo-Effekt: Ein Merkmal kann alle anderen überstrahlen. Wir machen uns aus wenigen Puzzlestücken ein in sich schlüssiges Gesamtbild.

- Wir bevorzugen Varianten, die unser vorhandenes Wissen bestätigen, und was in unser Konzept passt.
- Wir legen großen Wert auf ein Selbstbild, das geprägt ist von persönlicher Kompetenz und Handlungsfähigkeit. Alles, was nicht in dieses (positive) Selbstbild passt, grenzen wir aus.
- In einer eher anonymen Situation macht andere besonders aufmerksam, wer sie beim Namen nennt oder einen persönlichen Bezug herstellt, zum Beispiel durch einen gemeinsamen Bekannten oder einen gemeinsamen Hintergrund.
- Wir sind besonders aufnahmefähig für das, was uns momentan am meisten beschäftigt.
- Die letzten Ereignisse beeinflussen uns stärker als weiter zurückliegende – unabhängig von ihrer eigentlichen Bedeutung.
- Wir stehen unter Druck und sehnen uns nach einer schnellen Lösung.
- Schönheit der Darstellung und Darsteller überlagern den Inhalt.
- Wir fürchten Verluste mehr, als wir Gewinne begrüßen.
- Wir richten unsere Aufmerksamkeit eher auf
  - Veränderungen, also auf etwas Neues oder Unerwartetes;
  - etwas, das in Größe oder Gestaltung herausragt;
  - Wiederholungen.

*Empfehlung:*

- Zwingen Sie sich, nach Einzelheiten zu fragen (die nicht oder nur grob dargestellt wurden), und richten Sie so durch gezielte Fragen den Scheinwerfer radikal auf nicht ausgeleuchtete Ecken.
- Beobachten Sie die Reaktion auf Ihre Rückfragen: Gehen die Be- beziehungsweise Hinterfragten entspannt mit oder versuchen sie mit allen Mitteln, nur auf der vorgelegten Spur zu bleiben?

## Opportunismus

In hierarchisch geführten Unternehmen haben Mitarbeiter gelernt, sich Vorgesetzten anzupassen, damit sie sich nicht gefährden, und Vorgesetzte haben gelernt, diese Tendenz zu nutzen. Es kann aber auch so sein, dass Sie selbst dies nicht bewusst wollten, die Menschen aber, die Sie beauftragt haben, Ihnen einen Gefallen tun wollten, um sich dadurch zugleich in scheinbar sicherem Gewässer zu bewegen.

*Prüfschleifen zur Reflexion:*

- Die Beauftragten könnten in vorauseilendem Gehorsam beziehungsweise im Kopf des Entscheiders (also Ihrem Kopf) denken.
- Vielleicht haben Sie in Ihrer Aufgabenstellung sogar selbst die Richtung vorgegeben. Besondere Betonungen, wie zum Beispiel, man solle »ganz offen, völlig wertfrei, neutral, ohne Denkverbote« an die Sache herangehen, sind Indizien dafür, dass Sie entsprechende Befürchtungen beziehungsweise Hoffnungen hatten, die Sie in Form von Selbstbeschwörung versuchen zu verleugnen oder zu bannen.
- Sie haben einen Projektleiter ausgewählt, dessen Vorlieben bekannt sind und in die Richtung der erhofften Alternative gehen.

*Empfehlung:*

- Den Auftrag nochmals wiederholen lassen, inklusive der gehörten beziehungsweise interpretierten »Bei«-Botschaften.
- Distanziert nachfragen:
  - Was hat Sie denn eigentlich zu dieser Lösung bewogen?
  - Welche Lösungen haben Sie verworfen – und warum?
  - Was glauben Sie, warum mir dieser Vorschlag gefallen sollte?
- Taxieren, wie echt die Alternativen sind und wie diese positioniert werden.

Mit dieser Herangehensweise können Sie auch ganz gut verdeckte eigene Interessen der Beauftragten aufdecken.

*Mögliche zusätzliche Prüffragen:*

- Wem wird diese Variante gefallen, wem sicher nicht – und was bedeutet mir das?
- Was soll durch diese Entscheidung ermöglicht beziehungsweise verhindert werden? Welche Interessen sind insgesamt im Spiel?
- Mit welchen Argumenten werde ich arbeiten, um diese Entscheidung zu erläutern oder zu verteidigen?
- Welche (persönlichen) Motive könnten mir andere unterstellen – und könnte da was dran sein?

- Wie ginge es mir, wenn diese Entscheidung sich als nicht erfolgreich erweisen würde – und wie würde ich dann argumentieren?
- Wie lange will ich das schon – und was gefällt mir daran, was treibt mich an?
- Stimmen die früheren Beweggründe auch heute noch – oder hat sich die Rahmensituation geändert?
- Wie offen bin ich tatsächlich für Alternativen?
- Wie offen kann ich zu meinem emotionalen Anteil stehen, den ich hier herausgefunden habe?

## Modell Advocatus Diaboli

Seit Jahrhunderten hat sich das Modell *Advocatus Diaboli* in Situationen bewährt, wo es wichtig ist, Gegenmeinungen nicht nur zuzulassen, sondern geradezu herauszufordern. Diese spezielle Rolle schützt einerseits vor Opportunismus und zugleich auch vor möglichen Retourkutschen bei nicht geschätzten Rückmeldungen.

Dort, wo die Relevanz des Themas den Aufwand rechtfertigt, dürfte es Ihnen nicht schwerfallen, eine kleine Gruppe zusammenzustellen mit dem Auftrag, Ihre beabsichtigte Lieblingsvariante nach allen Regeln der Kunst unter die Lupe und gegebenenfalls auseinanderzunehmen.

Einen ähnlichen Effekt könnten Sie übrigens erzielen, wenn Sie sich dafür temporär einen Hofnarren installieren. Es verlangt allerdings einen nicht geringen Grad an Souveränität, sich bewusst einer solchen Prozedur zu unterziehen.

Kapitel 13

# Die Change-Story

## Worum geht es?

Für einen »rationalen« Entscheider macht es durchaus Sinn, ein wichtiges Vorhaben mittels PowerPoint schematisch zu visualisieren, auf Excel-Listen zu verdeutlichen, wie die verschiedenen relevanten Aspekte ineinandergreifen, und dies alles möglichst faktenbasiert und logisch stringent. Wer solche Inhalte jedoch an jene zu kommunizieren hat, die von ihnen betroffen sind, die ihr Verhalten ändern und zudem aktiv dabei helfen sollen, ihr gewohntes Umfeld umzugestalten, der spürt relativ schnell, dass die Botschaft nicht landet. Sie packt nicht emotional.

Um erfolgreich dazu einzuladen, sich auf eine gemeinsame Reise zu begeben, um einem Ziel zuzustreben, das man noch gar nicht so genau kennt, reichen ein neu geschriebener Geschäftsplan und ein paar simple Diagramme nicht aus. Es geht vielmehr darum, eine Ahnung vom tieferen Sinn dieses Ziels und seiner Perspektive zu vermitteln, Anhaltspunkte zu bieten, wie der Weg dahin verlaufen soll, und vor allem Zuversicht zu wecken, um damit Energien zu generieren, die den Prozess treiben können. Das aber heißt, die Herzen der Menschen anzusprechen. Damit stehen Change Manager vor der Kernfrage: Wie kann über die übliche Information mit ihren Limitierungen und Kaskaden hinaus sowohl eine tragfähige Akzeptanz als auch eine positiv-zuversichtliche Stimmung für das Veränderungsvorhaben entstehen, um dann möglichst multipliziert und weitergetragen zu werden?

In Organisationen werden ständig und ganz spontan Geschichten geboren, weitererzählt, ergänzt und immer wieder neu angepasst. Dabei werden subjektive Unternehmenswirklichkeiten erzeugt, die persönlich, funktions- und abteilungsspezifisch »richtiges« Verhalten anleiten oder besonders typische Verhaltensmuster positiv oder kritisch herausstellen.

Darunter gibt es heroische, verständnisvolle, ironische und auch schadenfrohe Geschichten, manche hilfreich und konstruktiv, aber natürlich auch solche, die destruktive, an Misserfolg und Scheitern ausgerichtete Gefühlslagen zu generieren trachten. Insgesamt sind Geschichten ein wesentliches und natürliches Transportmittel gelebter Unternehmenskultur und subjektiv erlebter Wirklichkeiten. Und genau dieses Medium bietet sich an, wenn Botschaften beim Einzelnen wirklich landen und weitertransportiert werden sollen.

Eine Geschichte macht es möglich, die aktuellen oder zu erwartenden emotionalen Lagen wie Irritation, Unsicherheit, Empörung, Enttäuschung, Angst und Ärger, aber auch Lust am Verändern und Gestalten aufzugreifen und für die Veränderung möglichst produktiv zu machen.

Wir möchten Sie mit diesem Instrument vertraut machen und Sie in die Lage versetzen, für Ihr Change-Vorhaben eine passende Geschichte zu verfassen.

## Vorüberlegungen

Ähnlich einem Theaterstück braucht auch ein Veränderungsprozess für die ihn begleitende Kommunikation und deren Steuerungsleistung eine emotional erlebbare Struktur, das heißt eine Dramaturgie, die Themen und Inhalte vorwärtsdrängend gestaltet. Man kann auf die Grundstruktur einer Veränderung – also dem Weg von ... (dem derzeitigen unbefriedigenden, veränderungsbedürftigen Zustand) und dem Hin zu ... (einer gemeinsamen Vorstellung von einer attraktiven Zukunft und einem gemeinsamen Willen, diese anzustreben) – den klassischen Aufbau eines Dramas zumindest in Teilen übertragen. Denn die Themen, Motive und Konsequenzen einer Veränderung sind meist sehr vielfältig. Und sie sollen ja nicht nur mitgeteilt werden. Sie wollen erklärt und begründet, nachempfunden und emotional verankert sein. Ziel: Zögernde gewinnen, gemeinsame handlungsleitende Zielvorstellungen in den Köpfen bewirken, aber auch Herz und Hände mental handlungsbereit machen mit einer Geschichte, die eine Perspektive, ein »Gestern-Heute-Morgen« aufzeigen kann und so wirklich Agendakraft entwickelt. Dies kann durchaus auch durch dramaturgisch gezieltes Einblenden kritischer Kennzahlen oder

Marktdaten des Unternehmens unterstützt werden. Allerdings können solche Belege nur das verstärken, was die Mitarbeiter bei sich und in ihrer Umgebung bereits spüren. »Zahlen, Daten, Fakten« können den Blick schärfen, aber sie müssen darüber hinaus auch angebunden sein an persönliche Betroffenheit, an die eigenen Interessen, an die je eigene Emotion.

Damit eine Geschichte als Vehikel für die wesentlichen Botschaften dienen kann, muss sie

- an bekanntem Vergangenem anbinden,
- Erwartungen und Wege für die relevante Zukunft verdeutlichen
- und so bildhaft-emotionales Verstehen ermöglichen.
  Dazu braucht es
- eine Einführung oder ein Vorwort, das ein Thema aufschließt und ihm den Boden bereitet,
- ein beispielhaftes, möglichst identifikationsfähiges Handlungsgeschehen, dessen Verlauf zum einen erwartbare Schwierigkeiten und typische Konflikte deutlich sichtbar und nachvollziehbar macht, aber auch zeigt, wie man die Dinge anders machen könnte,
- ein abschließendes Nachwort oder Resümee mit Nachhall.

Gesucht ist also eine Story mit »didaktischem« Anspruch. Die so vermittelten Inhalte und Aspekte sollen möglichst haften bleiben, zum Nachdenken anregen, nachwirken und Handlungsenergie generieren. Der Funke muss überspringen!

Dies bedeutet, dass die Story

- insgesamt einem offenkundigen dramaturgischen Handlungsbogen (Storyline beziehungsweise roter Faden) folgen muss,
- eine prägnante, eingängige Form hat,
- geeignet ist, Vergangenes mit zukünftig Gewolltem nachvollziehbar zu verknüpfen,
- ausreichend Möglichkeiten für positive Assoziationen sowie entsprechend emotionale Haftfläche für aktivierende, Mut machende Anmutungsqualitäten bietet.

Zum Aufbau eines solchen dramaturgischen Spannungsbogens kann es dienlich sein, auch unternehmenshistorische Entwicklungen aufzugreifen. Das können »Gallionsfiguren« sein, also prägende Personen für bestimmte zurückliegende Phasen, vielleicht typische Ereignisse, denen sich bildhafte und charakteristische Symbole zuordnen lassen, oder »Organisationslegenden«, also immer wieder erzählte Geschichten von »damals«, die das Neue mit dem Altbekannten und vielleicht manch »Selbst-noch-Erlebtem« verbinden können. Dabei können auch Mitarbeiter helfen, indem sie zum Beispiel Ereignisse und Geschichten sammeln, in denen das in der Welt von morgen angestrebte Verhalten schon früher beobachtbar war oder heute noch beziehungsweise schon ist.

## Vorgehen und Schrittfolge für eine tragfähige Storyline

Abbildung 24: Dramaturgie einer zündenden Story

| Dramaturgie einer zündenden Story |
|---|
| **A. Einstieg**<br>Kernbotschaft:<br>*Ich habe euch etwas Wichtiges zu erzählen.*<br><br>Kurz skizzieren, weshalb …<br>… das Change-Projekt angegangen wurde;<br>… das Vorhaben nicht einfach zwischen Tür und Angel zu erledigen ist;<br>… es von Bedeutung für die Adressaten ist;<br>…<br>… |
| **B. Rückblick auf erfolgreiche Zeiten**<br>Kernbotschaft:<br>*Wir waren schon immer gut und haben (viele) Krisen erfolgreich bewältigt!*<br><br>Beispiele bringen, wann das Unternehmen oder Mitarbeiter schon vor großen Herausforderungen standen – und wie diese erfolgreich bestanden wurden (Heldengeschichten, Gallionsfiguren etc..)<br>• _____<br>• _____<br>• _____ |

**C. Die Herausforderungen, denen wir aktuell gegenüberstehen**
Kernbotschaft:
*Die Welt ist anders geworden, nichts ist, wie es einmal war!*

In Stichworten die Ausgangssituation und die vorhandenen Problemlagen beschreiben:

- Was kennzeichnet die aktuelle Situation? Zum Beispiel neue Herausforderungen aus dem für das Unternehmen relevanten Umfeld (Markt, Kunde, Wettbewerb, technologische Entwicklungen, gesellschaftliche Trends etc.)
- Exemplarische typische, veränderungsbedürftige Situationen, Muster, Verläufe und/oder typische Folgewirkungen charakterisieren.
- Eventuell schon aus der Vergangenheit mitgeschleppte Konflikte beschreiben, die sich noch schemenhaft abzeichnen, und absehbare neue, die sich beginnen bereits im Ansatz zu konstellieren.
- Ggf. die Gefahr aufzeigen, dass Tabuzonen mit als dauerhaft betrachteten Alibis, jahrelang akzeptierten Ausreden oder gut ausgebauten Komfortnischen nicht angetastet werden wollen und versuchen werden, robuste Verteidigungsstrategien und kampfstarke Abwehrmanöver gegen die Veränderung insgesamt zu entwickeln.
- Sichtbar machen, welche Umstände, Motive, Interessen oder Verhaltensmuster bewirken könnten, dass unbefriedigende Zustände fortbestehen, obwohl vielleicht alle Beteiligten darunter leiden und unisono starken Frust verspüren.
- Verständnis bekunden, dass der anstehende Prozess Gefühlsbewegungen auslösen wird, weil sich alte Sichtweisen sowie andersartige oder neue Erlebnis- und Verhaltensmuster gegenseitig blockieren oder konflikthaft aufeinandertreffen werden – und dass genau dieses auch gewollt ist, zumindest temporär in Kauf genommen wird, damit man an die Wurzeln des Bestehenden und zukünftig Notwendigen kommt. (Vgl. Kurt Lewin, Urvater des heutigen Change/Managements: Wenn Du etwas wirklich verstehen willst, versuche es zu verändern!)
- _____
- _____
- _____


**D. Blick auf das Ziel (das »gelobte Land«)**
Kernbotschaft:
*Wir werden es schaffen ... we shall overcome ...!*

Beamen Sie sich sozusagen in eine Zukunft, in der Sie und die anderen Beteiligten/Stakeholder hochzufrieden sind sowohl mit dem Ergebnis der Veränderung als auch mit dem Prozessverlauf.
Beschreiben Sie diese »Zukunft« so, als ob sie bereits gegenwärtig wäre:

- Machen Sie ein positiv-realistisches Szenario: Was hat sich verändert? Was ist besser geworden? Welche Erwartungen haben sich erfüllt? Was ist geblieben, wie es war?

- Versetzen Sie sich beispielhaft auch in die Rolle/Situation von betroffenen Mitstreitern, Mitarbeitern oder auch Kunden: Welchen Nutzen, welchen Vorteil hat dieser Personenkreis nun nach der Veränderung. Was wird in diesem Kreis vielleicht besonders bedauert, wenn es nicht erreicht wurde?
- Schildern Sie kurz im Rückblick den Prozessverlauf: Wie ist diese erfolgreiche Veränderung verlaufen? Was ist geschehen? Wodurch war er so erfolgreich?

- _____
- _____
- _____
- _____

## E. Was wir jetzt tun (werden), um das Ziel d.h. diese Zukunft zu erreichen – und was dabei alles passieren kann

Kernbotschaft:
_Wir kennen den Weg, wissen, was zu tun ist, und wissen auch, was uns unterwegs erwartet!_

Geben Sie einen Überblick über die wesentlichen Themen, Inhalte und Projekte, die in die Wege geleitet werden – und soweit schon bekannt, wie der Prozess in etwa gestaltet wird.
Konkretisieren Sie die Notwendigkeit der geplanten Schwerpunkte auch anhand von detaillierteren »Zahlen, Daten, Fakten«.
Machen Sie deutlich, dass Sie durchaus damit rechnen, dass die dem Status quo und dem in der Zukunft vorgesehenen Zustand zugrunde liegenden teilweise divergierenden Bestrebungen, Interessen- und Handlungsstrategien sich gegebenenfalls zuspitzen und latente Konflikte eskalieren werden.
(Ähnlich wie im dramatischen Bühnengeschehen im Theater gehen in dieser Phase des Geschehens die Dinge häufig durcheinander und überstürzen sich. Es gibt Eifersuchtszenen, Intrigen, Machtdemonstrationen und (Konkurrenz-)Kämpfe, die sich vorerst einer einfachen, wünschenswerten und befriedigenden Lösung in den Weg stellen oder sie gar versperren und den damit identifizierten Betrachter unzufrieden, aufgewühlt und in emotionaler Spannung zurücklassen.
Im Change-Prozess des Unternehmens geht es nun darum, aus dem Leidensdruck, der vielleicht aufgrund gegebener und für alle spürbarer Schwierigkeiten bereits vorhanden ist, der ja nun nochmals demonstriert, differenziert und greifbar gemacht wurde, aufrüttelnde, aber dennoch positiv-zuversichtliche Gefühlsqualitäten, aber auch Impulse im Sinne des Weg von ... abzugewinnen. Es geht darum, gemeinschaftsfähige emotionale Haftpunkte zu gewinnen, ohne dabei die Konsequenzen der anstehenden Veränderungen zu verleugnen oder kleinzureden.

## F. Verknüpfung zwischen B/C/D zur Verankerung der Gegenwart mit Zukunft und Vergangenheit

Kernbotschaft:
_Wir bewegen uns nicht in absolutem Neuland, sondern können an die Vergangenheit anknüpfen, um die Zukunft zu bestehen._

Im letzten Schritt geht es nun darum, Verknüpfungen zwischen den drei Zeithorizonten zu bilden und die »storyline« – einen roten »Faden« – deutlich zu machen. Steht dessen Grobstruktur, gilt es den roten Faden weiterzuspinnen, ihn mit Personen, mit Protagonisten und Antagonisten, mit ehemaligen Heroen und gegenwärtigen Champions zu verbinden, mit Gegebenheiten und Begebenheiten zu bebildern. Die »story« also erzählbar zu machen! Und sie dann auch zu erzählen:

- Welche (Verhaltens-)Muster standen damals an der Stelle, an der jetzt der Veränderungsbedarf liegt? Was waren damals die typischen Kompetenzstrukturen, typische Abläufe, Einschränkungen, Erfolgsfaktoren?
- Gab es im Unternehmen früher Dinge, die Ähnlichkeiten, Parallelen oder Bezugspunkte zur aktuellen Situation oder dem Veränderungsbedarf heute herstellen lassen? Welche Personen verbinden sich damit? In welcher Weise? Und welche Ereignisse, Auswirkungen lassen sich damit verbinden? Gibt es Analogien? Welche Lösungsansätze gab es dabei?
- Wie sah wohl damals eine »Zukunftsprojektion« auf das »Heute« aus?
- Wie ist es dazu gekommen, dass die Dinge heute so veränderungsbedürftig sind, wie sie es sind. Was hat sich wann angedeutet? Wo wurden erste Symptome sichtbar, spürbar? Wo hat das welche Reaktionen ausgelöst? Gab es Vorfälle, Ereignisse, die damit unmittelbar im Zusammenhang standen?
- Vielleicht werden wir in Zukunft sagen: Worauf hätte man – vom Ergebnis her betrachtet – noch mehr achten, was mehr berücksichtigen sollen? Was hätte vielleicht besser, schneller, reibungsärmer laufen können und was hätte dazu geschehen/unterbleiben müssen? Anker zwischen Zukunft und Vergangenheit.

- _____
- _____
- _____

**G. Schlusswort**
Kernbotschaft:
_Das war der Startschuss – und niemand wird mich/uns aufhalten, den Weg gemeinsam zu gehen._

Verweisen Sie auf die soziale Projektarchitektur (s. Kapitel 1 in Teil 2) und versprechen Sie im Hinblick auf das weitere Vorgehen, dass Sie rechtzeitig und offen kommunizieren werden.

Fazit: Strategische Ziele sowie deren rationale und analytisch fundierte Begründungen geben in Change-Prozessen die Richtung vor. Emotionen und auch affektbesetzte Handlungsverläufe, Gestimmtheiten und Reaktionsbildungen tragen und unterfüttern den Prozess, führen und begleiten ihn durch seine Höhen und Tiefen. Aber es sind Kommunikation, Interaktion und gelingende emotionale Integration, die den Prozess spürbar machen und ihn gleichzeitig weitertreiben. Und eben diesen Teil als Storyline oder als »Drehbuch« zu gestalten und damit im Prozessgeschehen emotional erlebbar zu machen, ist Ziel der hier skizzierten Überlegungen.

# Kapitel 14

# Die Energie im Projekt

## Worum geht es?

Change wird meist mithilfe einer Projektorganisation durchgeführt, teils auch deshalb, weil die hierarchische Struktur selbst Teil des Problems ist. Wir haben dies vor allem in Kapitel 4 des ersten Teils beschrieben. Das Zusammenkommen von vertikal strukturierter hierarchischer Organisation und bereichsübergreifender Projektorganisation gibt viel Raum für Gefühle, Befindlichkeiten und Affekte. Die Projektteams müssen sich oft erst finden und sich trauen, bisher gewohnte Regeln, Wege und Denkweisen zu verlassen, wirklich und wirksam über Hierarchien und Funktionen hinweg zu kooperieren und kommunizieren.

Wir haben betont, dass Hemmungen und Ängste, sich von den eigenen Vorgesetzten im Fachbereich – zumindest was Angelegenheiten des Projekts betrifft – abzunabeln und sich ihnen gegenüber zeitweise gar kommunikativ zu verweigern, erst noch schrittweise abgebaut werden müssen. Eine per Aufgabenstellung und Struktur zusammengestellte Gruppe wird nicht automatisch zum Team, zumal wenn die Mitglieder aus unterschiedlichen Bereichen stammen und diesen auch weiterhin angehören. Über die Klammer des sachlichen Auftrags hinaus braucht es eine emotionale Gemeinsamkeit.

Folgende Voraussetzungen dienen dazu, eine gemeinsame emotionale Basis zu schaffen für ein neues, eventuell zeitlich begrenztes WIR:

- alle sind auf dem gleichen Informationsstand,
- jeder hat den ihm angemessenen Raum, um seine inhaltliche und emotionale Ausgangssituation darzulegen,
- Rollen, Verantwortung und Ressourcen für die Arbeit im Projekt sind geklärt beziehungsweise vereinbart,

- das Projekt hat im Unternehmen ein gutes Image.

Auf dieser Basis kann sich in der Projektstruktur eine interessante Verknüpfung von kollegialer Bereitschaft und gesunder Wettbewerbsspannung entwickeln, als Kernzelle der Energie und Treiber der Dynamik – und geeignet, Konflikte in engen Grenzen zu halten.

All dies beansprucht den Gefühlshaushalt der Beteiligten. Wirklich gefährlich wird eine solch emotionale Dynamik zwischen Projekt und Linie, wenn dieses psychodynamische Geschehen nicht offen angegangen und geklärt, sondern ausgegrenzt wird.

Mit diesem Werkzeug möchten wir Sie als Change Manager dafür sensibilisieren, mit der Hand am Puls des emotionalen Geschehens zu führen, sich regelmäßig einen Eindruck über die Stimmungslage in Ihrem Projekt zu verschaffen, Blockaden zu lösen, Energien zu erspüren und freizusetzen.

## Vorgehen

Lassen Sie die Mitglieder der Projektgruppe den Einschätzungsbogen jeweils individuell ausfüllen.

Anhand der Ergebnisse können Sie sich zunächst zusammen mit der Projektgruppe ein Gesamtbild machen,

- wie viel Energie insgesamt vorhanden ist,
- welches die wesentlichen Antreiber für die Energie sind,
- wo Potenziale (noch) brachliegen und
- wo Blockaden und Störfaktoren liegen.

Sie können anschließend gemeinsam mit den Mitgliedern des Projekts analysieren, wo die hauptsächlichen Stellhebel sind, um die Arbeit der Projektgruppe zu stabilisieren beziehungsweise zu verbessern.

Eventuelle Defizite können nur innerhalb des jeweiligen Bereichs, in dem sie auftreten, behoben und kaum durch Verbesserungen in einem der beiden anderen Bereiche kompensiert werden. Falls es zum Beispiel an der Attraktion des Ziels mangelt, nützt es wenig, das Klima in der Projektgruppe weiter zu optimieren.

Sie können sich übrigens anhand ausgewählter Fragen auch aus dem Umfeld des Projekts ein Bild erstellen lassen, wie die Projektgruppe und die Projektarbeit von außen erlebt und beurteilt werden.

Abbildung 25: Einschätzungsbogen: Zielgerichtete Energie im Change-Projekt

| Einschätzungsbogen<br><br>**Zielgerichtete Energie**<br>**im Change-Projekt** | ++<br>+<br>+/–<br>–<br>– – | *stimmt …*<br>*voll und ganz*<br>*weitgehend*<br>*teils – teils*<br>*eher nicht*<br>*gar nicht* | | | | |
|---|---|---|---|---|---|---|
| **A  Persönliche Antriebsenergie** | | ++ | + | +/– | – | – – |
| 1. Ich habe generell eine positive Grundstimmung und konstruktive Einstellung. | | ☐ | ☐ | ☐ | ☐ | ☐ |
| 2. Ich erlebe meine Potenziale gut genutzt und auch meine individuellen Interessen ausreichend berücksichtigt. | | ☐ | ☐ | ☐ | ☐ | ☐ |
| 3. Ich fühle mich in diesem Projekt emotional zu Hause. | | ☐ | ☐ | ☐ | ☐ | ☐ |
| 4. Ich verspüre in mir eine unternehmerische, auf Ergebnis und Erfolg bezogene Grundhaltung. | | ☐ | ☐ | ☐ | ☐ | ☐ |
| 5. Ich bin stolz, bei diesem Projekt mitwirken zu können. | | ☐ | ☐ | ☐ | ☐ | ☐ |
| 6. Ich fühle mich ausschließlich dem Projekt und der damit verbundenen Projektsteuerung verpflichtet. | | ☐ | ☐ | ☐ | ☐ | ☐ |
| 7. Die Arbeit in diesem Projekt ist für mich eine lästige Mehrbelastung. | | ☐ | ☐ | ☐ | ☐ | ☐ |
| 8. Ich spüre in mir null Energie, mich zu engagieren. | | ☐ | ☐ | ☐ | ☐ | ☐ |
| **B. Attraktion des Zieles** | | | | | | |
| 1. Ich habe ein klares Zukunftsbild vor Augen, das mich richtig anzieht wie das ersehnte Ziel einer Reise. | | ☐ | ☐ | ☐ | ☐ | ☐ |

2. Ich bin von der Zielrichtung des
   Projektes voll überzeugt und
   innerlich gezündet. ☐ ☐ ☐ ☐ ☐

3. Wir leisten mit diesem Projekt einen
   wichtigen Beitrag zur Zukunftsfähigkeit des Unternehmens. ☐ ☐ ☐ ☐ ☐

4. Wir sind ein wesentlicher Teil
   in einer Gesamtstory. ☐ ☐ ☐ ☐ ☐

5. Das Projekt hat im Haus
   ein gutes Image. ☐ ☐ ☐ ☐ ☐

6. Ich sehe nicht, wohin das Ganze
   führen soll. ☐ ☐ ☐ ☐ ☐

7. Vor lauter Bäumen kann man den
   Wald nicht mehr sehen. ☐ ☐ ☐ ☐ ☐

## C. Die Arbeits- und Verhaltenskultur in der Projektgruppe

1. Ich erlebe bei uns im Projekt durchgängig eine unternehmerisch
   verantwortungsvolle, auf Ergebnis
   und Erfolg bezogene Grundhaltung. ☐ ☐ ☐ ☐ ☐

2. Unsere Einstellung im Projekt ist
   insgesamt geprägt von Pioniergeist,
   Forscherdrang und Suche nach
   neuen Wegen. ☐ ☐ ☐ ☐ ☐

3. Bei allem kreativen Suchen nach neuen
   Wegen spüre ich insgesamt doch eine
   solide Bodenhaftung, die uns davor
   bewahrt, Luftschlösser zu bauen. ☐ ☐ ☐ ☐ ☐

4. Wir pflegen einen lockeren Umgang
   miteinander, wobei auch der Humor
   nicht zu kurz kommt. ☐ ☐ ☐ ☐ ☐

5. Ich erlebe in der Projektgruppe insgesamt
   ein Klima der Offenheit und
   des Vertrauens untereinander. ☐ ☐ ☐ ☐ ☐

6. Es gelingt uns im Projekt immer
   wieder, mögliche Konfliktherde
   rechtzeitig zu identifizieren, direkt
   anzusprechen und in offenem Dialog
   so weit zu klären, dass sie uns nicht
   behindern. ☐ ☐ ☐ ☐ ☐

7. Die Projektleitung bewahrt auch in turbulenten und emotional aufgeladenen Situationen stets die innere Ruhe. ☐ ☐ ☐ ☐ ☐

8. Ich erlebe in unserem Projekt eine gesunde Mischung von kollegialer Bereitschaft und anspornendem Wettbewerb untereinander. ☐ ☐ ☐ ☐ ☐

9. Ich verspüre viel Energie und Freude an der Zusammenarbeit in der Gruppe. ☐ ☐ ☐ ☐ ☐

10. Als Mitglied dieser Projektgruppe fühle ich mich zugehörig zu einem eigenen WIR. ☐ ☐ ☐ ☐ ☐

11. Ich schätze die unterschiedlichen Perspektiven und Logiken der anderen Mitglieder im Projekt und bin sehr bemüht, mein eigenes Denken und Handeln gut in deren Denk- und Sprachwelt zu übersetzen. ☐ ☐ ☐ ☐ ☐

12. Ich erlebe mich als wesentliche Stütze in diesem Projekt. ☐ ☐ ☐ ☐ ☐

13. Ich kann im Rahmen dieses Projektes viel lernen und mich weiterentwickeln. ☐ ☐ ☐ ☐ ☐

14. Abgrenzungsmanöver und Funktions-konkurrenzen behindern immer wieder eine fruchtbringende Zusammenarbeit. ☐ ☐ ☐ ☐ ☐

15. Die starke interne Konkurrenz um Ressourcen ist wenig hilfreich für das gemeinsame Ziel. ☐ ☐ ☐ ☐ ☐

16. Ich beobachte bei uns im Projekt immer wieder ein opportunistisches Doppelspiel zwischen der Orientierung an den eigentlichen Projektzielen und Partikularinteressen der verantwortlichen Manager. ☐ ☐ ☐ ☐ ☐

17. Allgemein menschliche Eitelkeiten stören immer wieder das Zusammenwirken und den offenen Austausch untereinander. ☐ ☐ ☐ ☐ ☐

18. Ich habe in und mit diesem Projekt insgesamt ein gutes Gefühl. ☐ ☐ ☐ ☐ ☐

# Kapitel 15

# Change Manager und die Gefühle – eine Checkliste

Damit Sie sich in den vielfältigen Betrachtungen von Gefühlshaushalten nicht verlieren und auch bei vielen Bäumen immer noch den Wald sehen, können Sie sich anhand der folgenden Checkliste (Abbildung 26) immer mal wieder verorten. Einerseits können Sie Ihre Prioritätensetzung regelmäßig überprüfen oder sich dazu auch Rückmeldungen aus dem Projekt oder dem Umfeld holen. Zum anderen haben Sie die Möglichkeit, sich in komprimierter Form vor Augen zu führen, wo es gut läuft und wo Sie Handlungsbedarf entdecken.

Sie können diese Liste selbstverständlich auch verändern oder aufgrund Ihrer speziellen Situation und Erfahrung ergänzen.

Abbildung 26: Change Manager und die Gefühle

| Bedeutung A / B / C | wesentliche Aspekte | perfekt vorhanden und wirksam | im Ansatz vorhanden bzw. wirksam | Schwachstelle/ Defizit |
|---|---|---|---|---|
| | **Attraktive übergreifende Story** | | | |
| | glaubwürdige »Gallionsfiguren«, Protagonisten und Antagonisten von früher | | | |
| | hoffnungsvolle Champions von heute | | | |
| | alte (Helden-)Geschichten von früher | | | |
| | aktuelle Erfahrungen, dass es geht … | | | |

**Die richtigen Leute und gute Organisation im Projekt**

Kerngruppe von »wild Entschlossenen«

ausreichender Energiepegel bei allen

klare Aufgaben- und Rollenverteilung

Zeit für präventive Konfliktbearbeitung

**sozial-emotionale Projektarchitektur**

*»lernender« Masterplan des mentalen Wandels*

durchgängiges echtes Kommunikationskonzept

**Emotionsmanagement**

*die alten Anker und Leuchttürme* sind identifiziert und stehen unter Beobachtung

*neue Anker und Leuchttürme* sind definiert und in Gebrauch

*Emotionen* werden *als Energiefelder* betrachtet und entsprechend gesteuert

Widerstände, Konflikte und divergierende Interessen sind Anstoß für produktive Auseinandersetzung

**Führung**

Grundprinzip: *Selbstverantwortung*
⇨ Prinzip der Subsidiarität

*Haftfläche für gute Gefühle*
⇨ Ausstrahlung, Identifikation, Motivation

| | | | |
|---|---|---|---|
| *Ablage für schlechte Gefühle*<br>⇨ Container für Enttäuschungen,<br>Zorn, Vergeltung und Angst | | | |
| Zugang zu den eigenen Gefühlen | | | |
| Beachtung und Beherrschung der<br>eigenen Gefühle | | | |
| *Kräftefeld der Interessen* im Blick<br>⇨ Mikropolitik | | | |
| **Auf Überraschungen gefasst** | | | |
| *»Life is what happens to you while<br>you're busy making other plans«*<br>John Lennon | | | |
| *Ambiguitätstoleranz*<br>⇨ handlungsfähig auch bei Unklarhei-<br>ten und Widersprüchlichkeiten | | | |

# Anstelle eines Schlussworts

Ohne Emotionen kein wirklicher Antrieb, so unsere Hauptthese. Aber ohne langen Atem keine Nachhaltigkeit. Es reicht nicht, sich auf den Weg zu machen, man muss auch ankommen wollen – und einen weitergehenden Plan haben, was man dann tun wird. So mancher hat einen Kampf gewonnen, hatte dann aber keinen Plan, was er mit dem Frieden anfangen wollte.

Wenn sich der erhoffte Erfolg nicht unmittelbar einstellt, wenn immer wieder Zweifel, Unwille und Widerstand, Resignation oder gar Ohnmachtsgefühle auftreten, dann hilft es vielleicht, in all der Hektik und Enttäuschung innezuhalten und Albert Camus zu lesen. In seiner Interpretation des Sisyphus-Mythos bietet er an, uns Sisyphus als einen glücklichen Menschen vorzustellen. Dies sei keine Parabel für mühselige Dauerrituale ohne Zweck und Nutzen. Denn Sisyphus käme ja gerade dadurch zu seinem Erfolg, zu Bedeutung und zu seinem Selbstwert, dass er zwar den Stein dem Anschein nach vergeblich, aber eben keinesfalls sinnlos immer wieder zum Gipfel zu schaffen sich müht. Die Spuren seines Tuns bleiben! Und er wird in seinem Durchhaltewillen und seiner Beharrlichkeit auch gesehen: Er gibt nicht auf!

Ob wir uns als erfolgsträchtigen Sisyphus empfinden, glücklich, weil wir die Kraft und den Willen haben, dranzubleiben, oder eben als einen ermattet und unglücklich gescheiterten, hängt wesentlich von unserer eigenen Einstellung ab, von unserer emotionalen Neigung, uns Stimmungen hinzugeben und uns anstecken zu lassen, statt sie zu reflektieren, oder liegt vielleicht auch daran, dass wir dazu neigen, in kurzfristigen Ereignissen und unmittelbarem Erfolg und Misserfolg zu denken und nicht in langwierigen Prozessen und den kleinen Entwicklungsschritten darin. Sie wissen ja: Wie isst man einen Elefanten? ...

# Literatur zur Vertiefung

Compi, L. und Endert, E. (2011): *Gefühle machen Geschichte*. Göttingen: Vandenhoeck & Ruprecht.

Dörner, D. (2008): *Die Logik des Misslingens*. Hamburg: Rowohlt.

Doppler, K., Fuhrmann, H., Lebbe-Waschke, B. und Voigt, B. (2011): *Unternehmenswandel gegen Widerstände*. Frankfurt am Main/New York: Campus, 2. Auflage.

Doppler, K., Lauterburg, Ch. (2008): *Change Management. Den Unternehmenswandel gestalten*. Frankfurt am Main/New York: Campus, 12. Auflage.

Frevert, U. u. a. (2011): *Gefühlswissen. Eine lexikalische Spurensuche in der Moderne*. Frankfurt am Main/New York: Campus.

Goleman, D. (1997): *EQ. Emotionale Intelligenz*. München: dtv; 2. Auflage.

Hartmann, M. (2010): *Gefühle. Wie die Wissenschaften sie erklären*. Frankfurt am Main/New York: Campus, 2. Auflage.

Hüther, G. (2009): *Biologie der Angst. Wie aus Stress Gefühle werden*. Göttingen: Vandenhoeck & Ruprecht.

Luhmann, N. (2000): *Vertrauen: Ein Mechanismus der Reduktion sozialer Komplexität*. Stuttgart: UTB, 4. Auflage.

Merten, J. (2003): *Einführung in die Emotionspsychologie*. Stuttgart: Kohlhammer.

Popitz, H. (1976): *Prozesse der Machtbildung*. Tübingen: J. C. B. Mohr, 3. Auflage.

# Register